上海政法学院党内法规与纪检监察研究丛书

丛书总主编：葛卫华　潘牧天　刘长秋

依规治党理论问题研究

刘长秋 ／著

法律出版社
LAW PRESS·CHINA
北京

图书在版编目（CIP）数据

依规治党理论问题研究 / 刘长秋著 . -- 北京 : 法律出版社 , 2025. -- (上海政法学院党内法规与纪检监察研究丛书 / 葛卫华 , 潘牧天 , 刘长秋总主编). -- ISBN 978-7-5244-0145-2

Ⅰ. D262.13

中国国家版本馆 CIP 数据核字第 2025KX3178 号

依规治党理论问题研究
YIGUI ZHIDANG LILUN WENTI YANJIU

刘长秋 著

策划编辑 李 军
责任编辑 李 军
装帧设计 贾丹丹

出版发行 法律出版社
编辑统筹 法律应用出版分社
责任校对 张翼羽
责任印制 刘晓伟
经 销 新华书店

开本 A5
印张 11 **字数** 300 千
版本 2025 年 6 月第 1 版
印次 2025 年 6 月第 1 次印刷
印刷 北京建宏印刷有限公司

地址：北京市丰台区莲花池西里 7 号（100073）
网址：www.lawpress.com.cn
投稿邮箱：info@lawpress.com.cn
举报盗版邮箱：jbwq@lawpress.com.cn
销售电话：010-83938349
客服电话：010-83938350
咨询电话：010-63939796

书号：ISBN 978-7-5244-0145-2
定价：68.00 元
凡购买本社图书，如有印装错误，我社负责退换。电话：010-83938349

《上海政法学院党内法规与纪检监察研究丛书》

编 委 会

总　序

党内法规学与纪检监察学，是党的十八大以来伴随全面依法治国战略与全面从严治党战略深入推进而越来越受关注和重视的两个新显学，也是因在强化党的领导和党的建设方面承担无以替代的特定使命而兴起于中国特色社会主义新时代这样一个伟大时代的两个重要学科。作为新学科，党内法规学与纪检监察学是两个不同的学科，但又彼此关系密切。两者都是以马克思主义理论学科为魂、中共党史党建学为根、法学为要的交叉性学科，都需要在包括法学、政治学、中共党史党建学以及马克思主义理论等在内的多个学科共同助力的基础上逐步形成自身的学科体系、学术体系和话语体系。相比中共党史党建学与马克思主义理论学科而言，法学尽管无法担当铸造这两个学科灵魂与根脉的重任，但在这两个学科的研究中极为重要、不可或缺。也正因为如此，中共中央办公厅、国务院办公厅印发的《关于加强新时代法学教育和法学理论研究的意见》中明确将纪检监察学与党内法规学作为优化法学学科体系以加快完善法学教育体系必须高度重视的两个基本学科，要求“坚持依法治国和依规治党有机统一，加强纪检监察学、党内法规学学科建设”。

党的二十大提出今后中国共产党的中心任务是：团结带领全国各族人民全面建成社会主义现代化强国、实现第二个百年奋斗目标，以中国式现代化全面推进中华民族伟大复兴。这意味着中国共产党已经带领中国人民全面踏上了党和国家事业的新征程。新征程势必会对作为中国特色社会主义事业领导核心的中国共产党的领导及其建设提出更高要求，对反腐败斗争带来新的挑战。正如党的二十大报告指出的，“全面建设社会主义现代化国家、全面推进中华民族伟大复兴，关键在党……全党必须牢记，全面从严治党永远在路上，党的自我革命永远在路上，决不能有松劲歇脚、疲劳厌战的情绪，必须持之以恒推进全面从严治党，深入推进新时代党的建设新的伟大工程，以党的自我革命引领社会革命”。而要“持之以恒推进全面从严治党”“以党的自我革命引领社会革命”，就必须以解决大党独有难题的清醒和坚定不断加强党内法规制度建设，深入推进依规治党，就必须持续强化党的纪检监察工作，坚持把权力关进制度的笼子。这无疑为作为新时代新显学的党内法规学与纪检监察学之发展提供了良好机遇。

上海政法学院是一所以努力创建具有鲜明政法特色的一流应用型大学为目标、正在日益显现其勃勃生机的高校，学校高度重视那些具有鲜明政法特色的新兴学科与交叉学科的发展。党内法规学与纪检监察学就是这样的两个学科，是我们看好的具有包容性且能够对法学、政治学、马克思主义理论学科等相关学科具有辐射和带动效应的复合型、交叉型新学科，也是学校的两个优势学科。学校高度重视这两个学科的发展，并创造了很多条件，积极发展这两个学科。为此，学校早于2019年就开始谋划布局，逐步在这两个学科建设上蓄劲发力。2019年4月，学校在上海市委办公厅及上海市教委的支持下成立了上海政法学院党内法规研究中心，成为上海市第三家公开成立的党内法规研究机构，同时成为上海市教育系统首批三家与第二批五家党内法规研究基地之一。2021年，学校先后引进国内党内法规学界权威专家刘长秋教授与魏治勋教授，并辅之以多位优秀年轻学者，打造了党内法规学科建设的强劲阵容，成为上海乃至全国党内法规研究一支不可忽视的重要力量。在此基础之上，2022年5月，学校整合党内法规研究中心、刑事司法学院、法律学院、马克思主义学院等多个学院和中心相关研究力量，依托刑事司法学院，成立了实体性的上海政法学院纪检监察学院，成为上海首家公开成立纪检监察学院的高校，不仅为上海政法学院纪检监察学科的发展铸造了良好平台，也为党内法规研究中心的进一步腾飞找到了新的增长点。未来，上海政法学院党内法规学科和纪检监察学科将在科学规划和合理布局的基础上逐步形成“以党内法规研究为基础和优势、以纪检监察研究为抓手和特色，两个学科互相配合、互相支撑、共同建设”的良性发展格局，助力学校在学科建设上取得新进展、在人才培养上实现新突破。

为了支撑学校党内法规学与纪检监察学学科建设，编写一套高质量的丛书就成为学校面临的一项紧迫任务。为此，学校在上海市教委以及市委办公厅法规处的大力支持下，依托上海政法学院党内法规研究中心与纪检监察学院，充分整合学校党内法规学与纪检监察学精干研究力量，编写了这套“上海政法学院党内法规与纪检监察研究丛书”。该丛书是在已经出版的“上海政法学院党内法规研究丛书”的基础之上，顺应学校党内法规学与纪检监察学相互借力发展之需要与趋势而推出的大部制成果，也是上海政法学院党内法规研究中心作为上海市教育系统党内法规研究中心二期建设最具分量的研究成果。中共中央 2023 年 4 月印发的《中央党内法规制定工作规划纲要（2023—2027 年）》明确宣明，“为深入贯彻落实党的二十大重大决策部署，完善党内法规制度体系，增强党内法规权威性和执行力，进一步发挥依规治党的政治保障作用”，在对未来五年党内法规制度建设进行了科学布局和全面规划的背景下，学校希望借这套丛书发出党内法规学和纪检监察学的“上政声音”。尽管我们清醒地知道，上海政法学院作为一所发展中的高校还难以在这两个学科上发出响彻时代的最强音，但真诚地希望能够以此为我国党内法规学和纪检监察学的深入发展贡献绵薄之力，为中国共产党依规治党和反腐败斗争的持续推进贡献绵薄之力！

最后，恳请国内各兄弟院校多多关注和关心上海政法学院党内法规研究中心与纪检监察学院的发展，多多支持和指导上海政法学院党内法规学与纪检监察学学科建设。

葛卫华

2024 年 12 月于野马浜

CONTENTS 目　　录

导　言

任何一个组织的建设与发展都离不开规则，并因此离不开规章制度。规章制度是所有组织进行自我管理，发挥组织能力，实现组织目标的重要保障。作为当代政治生活主角的政党自然也在此列。“政党的产生是我们这个有意义的时代最有意义的突出的特征之一。”〔1〕政党是近现代政治发展的产物，是社会生活中极为重要的政治组织，其运行的规则也要建立在一定的典章制度基础之上。〔2〕中国共产党作为中国特色社会主义事业的坚强领导核心，是中国最重要的政治组织，其运行的规则显然也要建立在一定的典章制度的基础之上。正如有学者所指出的：“对于我们党这个整体来说，制度是使党的组织得以正常、有效运行的根本支撑；对于党员个体来说，制度是使党员、干部的积极因素得到充分调动、消极因素得到有力抑制不可或缺的强制性力量。”〔3〕而中国共产党党内法规就是中国共产党运行规则

〔1〕《列宁全集》(第10卷)，人民出版社1987年版，第245页。

〔2〕参见许耀桐：《党内法规论》，载《中国浦东干部学院学报》2016年第5期。

〔3〕莫纪宏：《以制度建设为依托推进全面从严治党》，载《人民日报》2016年12月30日，第7版。

所赖以建立的典章制度之基础，是中国共产党运用法治思维并辅以政治思维以及德治思维立党、管党、治党的基本依据。近年来，随着党对自身建设的日益重视，如何强化党内法规制度建设以持续深入推进党的建设和强化党的领导，使党始终成为中国特色社会主义事业坚强领导核心，已经成为政治学、中共党史党建学、纪检监察学以及法学（尤其是马克思主义法学研究领域）等诸多研究领域共同面临的一项重要课题。党的十九大报告提出："增强依法执政本领，加快形成覆盖党的领导和党的建设各方面的党内法规制度体系，加强和改善党对国家政权机关的领导。"〔1〕在此基础上，党的二十大报告指出："坚持制度治党、依规治党，以党章为根本，以民主集中制为核心，完善党内法规制度体系，增强党内法规权威性和执行力，形成坚持真理、修正错误，发现问题、纠正偏差的机制。"〔2〕很显然，无论是"增强依法执政本领，加快形成覆盖党的领导和党的建设各方面的党内法规制度体系"，还是"坚持制度治党、依规治党""完善党内法规制度体系，增强党内法规权威性和执行力"，都需要而且离不开对依规治党之"规"的研究。就此而言，加强党内法规研究的重要性

〔1〕 习近平：《决胜全面建成小康社会 夺取新时代中国特色社会主义伟大胜利——在中国共产党第十九次全国代表大会上的报告（2017 年 10 月 18 日）》，人民出版社 2017 年版，第 68-69 页。

〔2〕 习近平：《高举中国特色社会主义伟大旗帜 为全面建设社会主义现代化国家而团结奋斗——在中国共产党第二十次全国代表大会上的报告（2022 年 10 月 16 日）》，载《光明日报》2022 年 10 月 26 日，第 5 版。

不言而喻。

目前来看，国内党内法规研究不仅开始起步，而且已经逐步进入一种如火如荼的状态，无论在政治学研究领域、中共党史党建学研究领域，还是在法学研究领域，乃至在历史学研究领域，都涌现出了大量的相关研究成果。党内法规学作为一门新学科开始出现并越来越显现其光明的发展前景，而本书就是这样一种大背景之下的产物。

一、本研究的特色及创新点

如前所述，目前国内学术界已经对党内法规展开了研究，对党内法规及其相关问题进行了不乏深入的探讨。与国内已有的研究成果相比，本研究无意追求大而全的研究目标，而旨在立足马克思主义法学的立场探讨并阐释党内法规研究中相对较为基础的法理与政治学原理。在研究重点上，主要围绕当下理论界以及党政实务部门所关注的重大问题和难点问题展开探讨。当前，对于党内法规的很多问题，党和国家领导人以及党的很多文件都已经有了明确的定性或说法，如“纪严于法”“纪在法前”“协调党内法规与国家法关系”“依规治党与以德治党相结合”“加强党内法规普法”等。然而，至于“纪”为什么可以严于“法”，为什么要“纪在法前”，为什么党内法规的宣传普及也应当纳入国家普法规划，如何协调党内法规与国家法的关系，依规治党为什么要与以德治党相结合，二者相结合的要求和路径有哪些等诸多问题却并没有在相关文件中进行详细阐释，这些问题都是目前各级党政实务部门比较关注、重视和强调的问题，但理论界对于其中很多问题的法理及政治学原理的理解和把握还相对模糊，学理阐释上相对乏力。而本研究将力求在这些方面获得突破，以期为党内法规制度建设提供更有力的法理支撑、政治学原理支持以及中共党史党建学阐释，为其健全、完善以及高效运行以更好地管党治党和服务于党的领导提供充分的理论依据。

在研究方法上，本研究拒绝畏缩在某一个具体领域闭门造车，而是以马克思主义法学研究方法为主，兼采政治学、中共党史党建学、伦理学、管理学与历史学等多个学科的研究方法，对党内法规的考察和探讨尽量做到多学科、多视角和多方位的综合考究，使研究的视野更加开阔，研究的结论也更加经得起推敲与验证。在法学研究方法中，本研究则主要立足近年来颇受国内外学术界关注与青睐的法政治学与法伦理学，在准确界定党内法规性质的基础上，主要运用法政治学以及法伦理学的研究方法，对包括党内法规的概念、性质与定位、党内法规的历史、党内法规在当代社会治理中的作用、党内法规的普法、党内法规与国家法的关系、依规治党与以德治党相结合的机理与要求以及党内法规执行力等热点、难点问题展开系统研究，重点阐释党内法规及其制度建设的法学原理与政治机理。

二、研究的理论意义与现实价值

总体来看，尽管我国有关党内法规的研究已经如火如荼，但对党内法规制度及其体系建设的高水平研究依旧不够。党内法规研究是一块亟待深入开发的“富矿”，学界对该领域的研究还需要继续深入推进。在此背景下，本研究至少将具有以下几个方面的理论意义或实践价值。

1.有利于强化党内法规自身的建设

治国必先治党，治党务必从严，从严必依法度。[1]中国共产党作为中国特色社会主义事业领导核心以及最高政治领导力量的重要地位，决定了管党治党在我国政治生活中无可替代和不可抹杀的重要性。党的二十大报告指出：“全面从严治党永远在路上，党的自我革命永远在路上……必须持之以恒推进全面从严治党，深入推进新时代党的建设新的伟大工程，以党的自我革命引领社会革命。”[2]为此，作为执政党的中国共产党必须高度重视自身的建设及其发展，努力做到“党要管党、全面从严治党”。而党内法规则是实现“党要管党、全面从严治党”的制度保障。党内法规

---

〔1〕 参见《中共中央关于加强党内法规制度建设的意见》，载中共中央办公厅法规局编：《中国共产党党内法规选编（2012—2017）》，法律出版社2019年版，第746页。

〔2〕 习近平：《高举中国特色社会主义伟大旗帜 为全面建设社会主义现代化国家而团结奋斗——在中国共产党第二十次全国代表大会上的报告（2022年10月16日）》，载《光明日报》2022年10月26日，第5版。

作为党员干部思想行为的规范，不仅对党员提出了高于国家法律提出的要求，且规定了相应的制度支持，是全面从严治党能够推到深处、落到实处、做到细处的有力保障。但很显然，尽管历经百年依规治党探索已经形成了比较完善的党内法规体系，但与全面从严治党的现实需要以及新征程党的自我革命的实际需要相比，党内法规体系建设依旧存在不足，在具体制度的设计上还存在一些不完善之处，在执行力方面也还没有达到预期。正如习近平同志指出的，"这些年来，从中央到地方搞了不少制度性规范，但有的过于原则、缺乏具体的量化标准，形同摆设；有的相互脱节、彼此缺乏衔接和协调配合，形不成系统化的制度链条，产生不了综合效应；有的过于笼统、弹性空间大，牛栏关猫，很多腐败问题不仅没有遏制住，反而愈演愈烈。要把反腐倡廉法规制度的笼子扎细扎密扎牢，必须做到前后衔接、左右联动、上下配套、系统集成"〔1〕。这些都影响了党内法规在管党治党方面应有作用的发挥。在此背景下，实践中亟须强化党内法规建设，亟须在健全和完善党内法规及其制度体系的基础上改善其执行机制，加大其执行力度，增强党内法规建设的实效，使党内法规真正发挥其作为法应当发挥的作用。中共中央制定第一个中央党内法规五年规划尤其是 2016 年 12 月印发《关于加强党内法规制度建设的意见》以来，各地对党内法规工作给予了高度重视，推动了依规治党实践的开

〔1〕 中共中央党史和文献研究院编：《习近平关于依规治党论述摘编》，中央文献出版社 2022 年版，第 122 页。

展。而第二、第三个党中央党内法规工作五年规划的制定实施以及《法治中国建设规划（2020—2025年）》的出台则进一步强化了实务界对党内法规工作的认识。实践与理论是相辅相成的，制度建设的实践无一不需要来自理论研究的指导和支持。就此而言，加强相关的理论研究是为党内法规建设提供足够理论支持以促使其逐步健全和完善并切实发挥应有作用的客观需要。本书作为党内法规研究方面的专项成果，可以为党内法规及其制度体系的完善提供相应的对策建议，有利于强化党内法规建设，促进党内制度体系的健全与完善。

2.有利于加党的领导和强化党的建设

中国共产党领导是中国特色社会主义最本质的特征，是中国特色社会主义事业不断前进的根本保证，而党内法规则是加强党的领导的重要保障。在全面依法治国的背景下，党的领导需要法治支撑和制度保障，正如有学者指出："推进国家治理体系和治理能力现代化，摆在第一位的是坚持和完善党的领导制度体系，而党的领导制度又主要来自党内法规。"[1]正因为如此，我们党历来重视党内法规制度建设，注重运用党内法规提高党的执政能力和领导水平。而习近平总书记也要求"要发挥好党内法规在维护党中央集中统一领导、保障党长期执政和国家长治久安方面的重大作用，在推进新时代党的建设新的伟大工程、落实全面从严治

〔1〕 宋功德：《紧扣保障政治大局深化依规治党》，载《民主与法制》2022年第10期。

党方面的重大作用，确保党在坚持和发展中国特色社会主义的历史进程中始终成为坚强领导核心，为全面建设社会主义现代化国家、实现中华民族伟大复兴的中国梦提供坚强政治保证”[1]。本研究有助于更为科学理性地把握党内法规在加强党的领导和强化党的建设方面的作用，有助于加强党的集中统一领导。

作为中国特色社会主义建设事业的领导核心，中国共产党是一个具有先进性与纯洁性要求的政党，而其执政的合法性渊源之一就在于其自身的先进性与纯洁性以及基于此具有的长期执政能力。以此为基点，中国共产党自身的建设至关重要，党的自身建设的成效直接决定着其执政地位能否稳固以及党能否带领全国人民深入推进中国特色社会主义事业，能否带领全国人民实现中华民族伟大复兴。正如党的二十大报告指出的，“全面建设社会主义现代化国家、全面推进中华民族伟大复兴，关键在党。我们党作为世界上最大的马克思主义执政党，要始终赢得人民拥护、巩固长期执政地位，必须时刻保持解决大党独有难题的清醒和坚定”。[2]党自身建设的重要性呼唤着党的建设之科学化水平的提升，而党内法规则是加强党自身建设以保障党的建设科学化过程中最为重要的制度保障。它通过一系列规章制度的设计与运行，

---

〔1〕《发挥好党内法规在维护党中央集中统一领导 保障党长期执政和国家长治久安方面的重大作用》，载《人民日报》2021年12月21日，第1版。

〔2〕参见习近平：《高举中国特色社会主义伟大旗帜 为全面建设社会主义现代化国家而团结奋斗——在中国共产党第二十次全国代表大会上的报告（2022年10月16日）》，载《光明日报》2022年10月26日，第5版。

保障着党内政治生活的正常开展，保障着党内反腐的规范、顺利进行，“加强党规党纪建设是维护党的先进性与纯洁性的基本保障”[1]。党内法规作为一种在行为要求上高于国家法律的行为规范，能够增强党员的责任感，加强党员自律，实现党的自我治理，并有利于体现和维护党的先进性与纯洁性，规范党员的行为，预防和反对腐败，保持党自身肌体的健康，有利于使广大党员干部形成依规办事的法治思维模式，从而正确行使党员权利，积极履行党员义务，保障党的建设伟大工程高效务实推进。作为中国最高政治领导力量以及中国特色社会主义事业的领导核心，截至2023年12月31日，中国共产党拥有9918.5万名党员和517.6万个基层党组织。对于这个庞大的组织体系，如果没有党内法规对于党内的各类关系进行有效规范，中国共产党很难发挥战斗堡垒作用，其内在的凝聚力和战斗力将大打折扣。[2]就此而言，对党内法规的研究显然有利于党自身建设的加强，有利于强化和推进新时代党的建设新的伟大工程，实现“党要管党、全面从严治党”，有利于提高党的长期执政能力，永葆其执政地位。

3.有利于推进全面依法治国战略深入实施

办好中国的事情，关键在党。作为中国工人阶级的先锋队同

---

〔1〕 郭文亮、洪汛：《中国共产党党规党纪建设实践与经验梳理》，载《人民论坛》2014年第35期。

〔2〕 参见李军：《中国共产党党内法规研究》，天津人民出版社2016年版，第162-163页。

时也是中国人民和中华民族的先锋队，中国共产党是中国社会主义事业的领导核心，是最高政治领导力量。“党政军民学，东西南北中，党是领导一切的。”〔1〕全面依法治国必须坚持中国共产党领导。正如党的十八届四中全会通过的《关于全面推进依法治国若干重大问题的决定》所明确指出的：“全面推进依法治国，总目标是建设中国特色社会主义法治体系，建设社会主义法治国家。实现这个总目标，必须坚持党的领导。党的领导是中国特色社会主义最本质的特征，是社会主义法治最根本的保证。把党的领导贯彻到依法治国全过程和各方面，是我国社会主义法治建设的一条基本经验。我国宪法确立了中国共产党的领导地位。坚持党的领导，是社会主义法治的根本要求，是党和国家的根本所在、命脉所在，是全国各族人民的利益所系、幸福所系，是全面推进依法治国的题中应有之义。”〔2〕换言之，党的领导是全面推进依法治国、加快建设社会主义法治国家的内在需求和最根本保证。为此，必须加强和改进党对法治工作的领导，把党的领导贯彻到全面推进依法治国全过程。就此而言，全面依法治国的关键在党，在党能否运用法治思维管党治党，在党能否切实为法治建设提供强有力的政治保障。而党内法规作为对党员及各级党组织而言具有法律约束力

---

〔1〕 习近平：《决胜全面建成小康社会 夺取新时代中国特色社会主义伟大胜利——在中国共产党第十九次全国代表大会上的报告（2017年10月18日）》，人民出版社2017年版，第20页。

〔2〕 参见《中共中央关于全面推进依法治国若干重大问题的决定》，载《中国法学》2014年第6期。

的规范，则是实现“党要管党、全面从严治党”的制度依托，也是确保全党统一思想、统一行动、步调一致的政治规范，其在我国实现全面依法治国过程中发挥着决定性作用，是全面依法治国的有力的政治保障。党内法规通过为党员及各级党组织提供基本的行为规范，可以保障党的各级组织及党员干部依规行事，提高对自身的要求，有利于培养其法治思维，从而增强其依法办事的观念与习惯。不仅如此，通过依规治党，从严治党，可以更好地保障和加强党领导和强化全面依法治国战略布局与实施的科学性，深入而科学地推进依法治国。就此而言，对党内法规的研究显然也有助于全面推进依法治国战略的实现与深入实施。

4.有利于推进政治学与法学相关领域的研究

在当代中国，无论是在政治学研究中，还是在法学研究中，党的全面领导以及党自身的建设都是必须直面且高度关注的重要议题。这注定了党内法规必然是当代中国法学以及政治学中无法绕开和回避的重要研究内容。当前，伴随党对自身建设的日益重视，党内法规制度建设受到了前所未有的强化。这为政治学乃至法学领域加强对这一问题的研究提出了很多新的要求。但是，长期以来，人们对党内法规现象缺乏应有的关注，学界甚至对党内法规的概念也存有争议，对党内法治的精神与原理、规律与逻辑、价值与功能等更缺乏共识。[1]党内法规及其相关问题甚至被

〔1〕 参见肖金明:《在党内治理中实现良法善治》，载《山东人大工作》2016年第10期。

认为既非科学问题更非法学问题，不能也不应该纳入法学研究范畴，由此形成了党内法规制度现象不入“法眼”的状况。[1]具体而言，在政治学研究领域对于党内法规的研究成果已有很多，但由于缺乏对这类规范法理学上的充分论证，相关研究一直难以深入进行，对敏感问题的探讨不够透彻，显得缺乏底气，难以为法学界所认同。而在法学研究领域，由于涉及党与法的关系这一相对敏感的话题，加之过去很长一段时间没有党的相关文件作为指导，学者们对这一问题的研究往往采取回避态度，对党内法规避而不谈，使得相关问题的研究越发模糊，反而产生了很多不必要的误解。但党的十八届四中全会通过的《关于全面推进依法治国若干重大问题的决定》(以下简称党的十八届四中全会《决定》)将党内法规明确纳入社会主义法治体系以来，党内法规作为一种法治现象的地位得到了正式的确认，正视并认真研究党内法规，厘清其与国家法律之间的关系，从而令二者在国家治理中相辅相成，协同发挥作用，已经成为法学研究尤其是新时代马克思主义法学研究必须予以直面而不是继续回避的一个基本问题。而对于这一问题的研究，显然有助于我们以马克思主义为指导，从法理上更为科学地阐释党与国家的关系，有利于坚持并强化党的领导，强化党领导下的新时代中国特色社会主义法治建设，同时有利于政治学与法学领域对彼此研究成果的相互借鉴与探讨。就此而言，对

〔1〕参见王振民:《党内法规制度体系建设的基本理论问题》，载《中国高校社会科学》2013年第5期。

党内法规的研究有利于推进政治学与法学相关领域的研究。

5. 有利于党内法规学与纪检监察学的进一步发展

在当前党正在面临多方面考验的背景下，“党要管党、全面从严治党”已经成为当前乃至今后党的建设的必然趋势，管党治党没有放松时。而党内法规作为管党治党的重要依据与制度保障，作为依规治党的基础和依据，已经开始并仍将继续越来越多地受到关注和重视。受此促进和推动，国内学术界有关党内法规的研究正在全面铺开，党内法规学作为一个跨越法学、政治学乃至伦理学等在内的众多学科领域之新学科已经初步形成。当前，国内研究党内法规的专门机构正在越来越多地建立，武汉大学、西北政法大学、中国政法大学、清华大学法学院、上海社会科学院法学研究所、上海政法学院、天津大学、山东大学、西南政法大学、华东政法大学、中共中央党校、新疆大学、深圳大学、广东外语外贸大学、郑州大学、厦门大学、复旦大学、同济大学、华东师范大学、海南大学、同济大学、中国浦东干部学院等都已成立了专门的党内法规或党内法治研究机构，〔1〕内蒙古自治区党委办公厅在2019年2月成立了党内法规研究中心，中国法学会也于2017年9月宣告成立了党内法规研究中心，福建省2017年11月成立了党内

---

〔1〕 在这些党内法规研究中心中，不少都属于省、区、市校共建，如武汉大学党内法规研究中心、新疆党内法规研究中心、福建省党内法规实施评估中心、黄冈市党内法规研究中心、厦门大学党内法规研究中心等。其中，武汉大学党内法规研究中心等不少研究中心已经开始依托法学或政治学等专业面向全国招收博士、硕士研究生，国内学界对于党内法规学研究的关注和重视可见一斑。

法规实施评估中心，新疆也于2018年下半年成立了新疆党内法规研究中心，吉林省法学会、山东省法学会、北京市法学会、陕西省法学会于2017年10月、2017年11月、2018年1月以及2018年11月分别成立了党内法规研究会这样的专门学会。据不完全统计，国内成立的党内法规研究中心或研究会已不下百家。这些研究机构或研究会依托不同的学科开展党内法规方面的研究，取得了大量研究成果；而有关党内法规或党内法治方面的学术研讨会也已经在全国范围内频繁召开。这些都对党内法规学这一新学科的形成与发展起到了重要的推促作用。“从学科角度来看，党内法规制度现象具有相对独立性，自成一体，针对党内法规制度现象的研究具有跨学科特点，因此，党内法规理论研究有必要、有可能成为一门独立的学问和学科。”〔1〕不过，正如有学者所指出的，就目前而言，党内法规学还没有真正成为一个成熟的学科，其理论研究还处于一种混沌状态和初级阶段，研究成果数量不足、质量不高，距离形成成熟的党规理论体系还有很大距离。〔2〕在此背景下，正如肖金明教授指出：“进一步明确党规学学科意识和思维、党规学研究内容和方法，加强党规学基础研究和应用研究，完善和发展党规学学科体系，对于丰富中国特色社会主义法治理论体系，推进党和国家治理体系和治理能力现代化，具有重大和深

〔1〕 宋功德：《党规之治：党内法规一般原理》，法律出版社2021年版，第518页。

〔2〕 参见宋功德：《党规之治》，法律出版社2015年版，第433页。

远的意义。”[1]本研究作为众多党内法规研究方面的著述之一，尽管可能只是大海中的一朵小浪花，但至少也能给党内法规学研究的深入和兴起贡献一份微薄之力。

不仅如此，伴随我国反腐败斗争的持续深入开展，加强权力监督与权力制约已经成为新时代中国特色社会主义事业发展的必然要求。在这种背景下，纪检监察学逐渐发展壮大并于近年被明确列为法学门类下的一级独立学科。受此影响，国内高校先后成立了一大批纪检监察学院或研究院（所），如内蒙古大学监察官培训学院、清华大学纪检监察研究院、上海政法学院纪检监察学院、辽宁大学纪检监察学院、四川师范大学纪检监察学院、华东师范大学纪检监察研究院、河南大学纪检监察学院、湘潭大学纪检监察研究员、河南省社会科学院纪检监察研究所等；不少省市还成立了相关的研究会，如北京市监察法学研究会、浙江省法学会监察法学研究会、山东省法学会监察法学研究会、陕西省法学会监察法学研究会、上海市法学会纪检监察法学研究会、四川省纪检监察学会、广州市纪检监察学会……纪检监察学已经成为当下国内的一门新显学，发散出了足够的学科亮度。而纪检监察学与党内法规学尽管是两个分别独立的不同学科，但存在着极为密切的关系，从事纪检监察工作和开展纪检监察研究都离不开对党内法

[1] 肖金明：《法学视野下的党规学学科建设》，载《法学论坛》2017年第2期。

规的关注和研究。[1]然而，学界对于党内法规与党的纪律、党内法规与国家监察法律法规等规范关系的研究还存在短板。而这些显然是纪检监察学理论研究与学科建设必须关注的基本问题。本研究作为笔者对党内法规研究的一种尝试，将不可避免地涉及对党的纪律尤其是纪法关系的探讨，这不仅有助于学界厘清党内法规学与纪检监察学之间的关系，而且可以进一步拓展理论界与实务界对于纪检监察学的认识，对于国内纪检监察学研究的细化和深化具有一定指导意义。就此而言，本研究显然有助于党内法规学以及纪检监察学这两个新学科研究的进一步拓展，有助于这两个学科的构建与发展。

〔1〕 参见刘长秋、潘牧天：《论纪检监察学与党内法规学的关系》，载《攀枝花学院学报》2023年第3期。

第一章　党内法规的概念、性质及其在党建中的定位

立足政治学的立场，在现代社会，90% 以上的国家实行政党政治，政党政治是现代政治的核心。[1]而政党是理性的产物。作为理性产物的政党，基于自身的政治目的，必须要加强自身建设，并为此需要建立健全相应的内部制度。党内法规就是政党需要建立健全的基本制度，是管理政党、治理政党和发展政党的首要规矩。从一定意义上说，党内法规的概念是党的制度建设的基础性概念，甚至可以说它已经成为一个中国特色的制度性概念。[2]这是因为，中国共产党是中国特色社会主义事业领导核心，是我国最高政治领导力量。“办好中国的事情，关键在党，关键在党要管党、从严治党。”[3]亦即“治国必先治党，治党务必从严”[4]。而在全面依法治国的背景下，从严势必需要依据相应的法度，需要在

---

〔1〕 参见李斌雄、张银霞：《中国共产党严明政治纪律政治规矩的利益基础和生态分析》，载《马克思主义研究》2016 年第 1 期。

〔2〕 参见杨绍华：《夯实党执政治国和自身建设的制度基础——中共中央办公厅法规局负责人答记者问》，载《求是》2014 年第 2 期。

〔3〕 中共中央党史和文献研究院编：《习近平关于全面从严治党论述摘编》（2021 年版），中央文献出版社 2021 年版，第 13 页。

〔4〕 中共中央党史和文献研究院编：《习近平关于全面从严治党论述摘编》（2021 年版），中央文献出版社 2021 年版，第 3 页。

党内一体遵循的党内法规。党的体制机制能够正常运转，党中央政令和决策能够在全党和全国贯彻执行好，党内法规起着至关重要的作用。“党内法规在全面从严治党中居于核心、关键的地位。”〔1〕而依规治党对于全面依法治国而言则起着重要的保障作用。正因为如此，从理论上研究党内法规，并在实践中加强党内法规制度建设、深入推进依规治党与全面从严治党，就具有极为重要的理论意义与实践价值。而党内法规的一般理论则在其中起着至为关键的作用，因为这是我们科学把握党内法规发展规律以加强党内法规制度建设，从而更好地发挥其管党治党以及强化党的领导的基础，是党内法规研究必须首先需要触及和回答的问题。

第一节　什么是党内法规

从哲学的角度而言，获得某种清晰明确的概念，进而形成相关的范畴、体系，是认识并区分事物的逻辑前提，也是把握事物发展规律的必由之路。学术研究尤其是法学研究显然也是如此。法学是以法律为研究对象的学科，“研究法律应当从概念开

〔1〕 许耀桐：《党内法规论》，载《中国浦东干部学院学报》2016年第5期。

始"[1]"没有清晰的法律概念，法律研究就失去了意义"[2]。易言之，法学研究"需要定义清晰的法的概念作为研究的基础"，[3]否则，它将会停滞不前。法律概念是一种具有法律意义的概念，它是指表达法律和认识法律认识之网上的纽结，是对与法律相关的事物、状态、行为进行概括形成的法律术语。[4]如果一个研究者所定义的概念存在某些重大疏漏或致命缺陷，则其研究和分析就会不得要领，其结果就会或将本应属于这一领域的法律问题排除在外，或将本不属于这一领域的法律问题纳入其中，从而难以准确把握问题的内涵乃至外延，难以真正看清事务的本质。正因为如此，对概念的分析和界定往往是所有法学研究过程中必做的一项工作。对党内法规这类特殊法治现象的研究显然也在此列。尽管"经验告诉我们，下定义其实是一件吃力不讨好的事情"[5]，但正如有学者指出："在研究党内法规之前，首先要对党内法规有一个准确的界定，否则，将不属于党内法规的一些规范误认为是党内

〔1〕 蒋德海：《法律概念和正义——试论法律概念的方法论意义》，载《东方法学》2012年第2期。

〔2〕 [德]伯恩·魏德士：《法理学》，丁晓春、吴越译，法律出版社2013年版，第89页。

〔3〕 参见[德]伯恩·魏德士：《法理学》，丁晓春、吴越译，法律出版社2003年版，第9页。

〔4〕 参见蒋德海：《法律概念和正义——试论法律概念的方法论意义》，载《东方法学》2012年第2期。

〔5〕 刘练军：《党内法规学讲义》，北京大学出版社2023年版，第27页。

法规，就会误导对其性质的正确认识。”[1]

一、相关概念分析

党内法规，一般简称党规，过去也经常被称为党规党法，或党的法规，党内法制，[2]也曾经被称为党的制度或党的规章，是在很多党的文件中经常出现的一个概念，有着约定俗成的内涵。[3]尽管党内法规这一概念早于1938年就已经为毛泽东同志率先提出和使用，并在1990年7月31日颁行的《中国共产党党内法规制定程序暂行条例》中被正式确立，且在1992年党的十四大修改后的《中国共产党章程》(以下简称《党章》)中得到了党章这一党内根本大法的确认，但有关党内法规在我国法治体系中的地位及作用问题却长期以来一直没有明确的定论。在此背景下，党的十八届四中全会《决定》明确将党内法规纳入我国社会主义法治体系，使之成为我国社会主义法治体系的重要组成部分，成为依法治国

---

〔1〕 王春业:《论将党内法规纳入国家法律体系》,载《天津师范大学学报(社会科学版)》2016年第3期。

〔2〕 例如，在何克祥的《党内生活科学化研究》(社会科学文献出版社2014年版)、王雪梅的《党政干部卓越领导能力的十项修炼(第2版)》(东北大学出版社2014年版)以及田信灿、杨秉哲主编的《入党培训基本教材(新编本)》(上海交通大学出版社2002年版)等论著中都用了党规党法的概念；而李乐刚则在《什么是以及为什么是党内法制》(《江汉论坛》1995年第12期)中用了党内法制的概念。

〔3〕 当然，严格来讲，上述概念在指代党内法规时其实都存在外延过宽的问题，都没有党内法规这一概念更为准确、严谨和科学。

的有力保障，也以规范性文件的形式再次强调了“党内法规”的名称。不过，对于党内法规的概念，学术界依旧存在不同的界说，而这些界说反映了学术界对于党内法规外延认识的不同。有学者认为，党内法规是党内具有一定级别的组织制定的，为规范党组织工作、活动和党员行为，是成文形式的党内规章制度。〔1〕有学者认为，“党内法规”是规范党组织工作、活动和党员行为的党内各类规章制度的总称，是党的建设的重要组成部分。〔2〕或者认为，党内法规就是规范党组织、党员关系及其行为的一系列制度规范的总称。〔3〕也有学者认为，党内法规是由中国共产党制定的，反映党的意志，以党组织和党员的权利和义务为内容，以确认、保护和发展党内关系和党内秩序为目的，以党内约束力保证实施的行为规范体系或行为规范的总称。〔4〕还有学者认为，党内法规是党内各类规章制度的总称。〔5〕另有学者认为，党内法规是指执政党内部自身制定，用于规范党内生活与行为规范的所有规章制度，通常

---

〔1〕 参见付子堂:《法治体系内的党内法规探析》，载《中共中央党校学报》2015年第3期。

〔2〕 参见操申斌:《“党内法规”概念证成与辨析》，载《当代世界与社会主义》2008年第3期。

〔3〕 参见王勇:《再论党内法规与国家法律间的关系》，载《理论与改革》2017年第3期。

〔4〕 参见陈柳裕:《党内法规:内涵、外延及与法律之关系——学习贯彻党的十八届六中全会精神的思考》，载《浙江学刊》2017年第1期。

〔5〕 参见潘泽林:《中国共产党党内法规及其体系构建问题研究》，载《南昌大学学报(人文社会科学版)》2007年第1期。

表现为规范化文件，也是规范化、程序化的制度形态。[1]还有学者认为，党内法规（党的法规）是由党的特定主体依照程序制定，体现党的意志，调整党内政治、组织、权利与义务、权力与责任等重要关系，规范党组织工作、活动和党员行为，具有明确性、规范性和强制性的行为规矩的总称。[2]学者们对于党内法规外延的界定是存在比较大的差异的。这在一定程度上反映党内法规概念复杂性的同时，也表明了人们在实践操作层面对党内法规认识的模糊与混乱。

（一）党内法规的意涵分析

笔者以为，党内法规这一概念的由来有其特定的发展过程，而党的文件或法规（包括作为党内根本法规的《党章》）之所以会选择“党内法规”这一概念而逐步舍弃“党规党法”“党的法规”等在内的其他名称，并不是偶然的，而完全在于“党内法规”所具有的特定的意涵。“党内法规”中的每一个字都具有特定的意指，这一概念适应了依法治国这样的大背景下中国共产党管党治党的需要，且很好地解决了党内法规与国家法之间的关系问题。

1.党内法规的“党”

在党内法规中，“党”有三个方面的意涵：其一是特指中国共

---

〔1〕 参见叶青、陈庆安、尤俊意：《加强和改进党对全面推进依法治国的领导》，上海人民出版社2016年版，第173页。

〔2〕 参见李林：《科学定义“党内法规”概念的几个问题》，载《东方法学》2017年第4期。

产党。党内规章作为政党政治的组成部分，是任何政党都存在的制度现象，中国共产党有党内法规，其他国家的共产党也有党内法规，而中国民主党派以及其他国家的其他党派也有其党内法规。但在我国，由于中国共产党在国内政治法律生活中的领导地位，党在一般语境下都特指中国共产党，而党内法规一般也特指中国共产党的党内法规，其他党派以及其他国家相关党派的内部规章尽管对其成员而言也属于法规，但不属于人们一般意义上所意指的党内法规。其二是与党直接相关，其目的在于管党治党及加强党的领导。法规必须是与党有直接关系的法规，是规定党员及各级党组织权利义务的规范。党内法规既是党用来管党的法规，也是党用来治党的法规，是事关党的建设、党的发展、党的领导甚至党的生死存亡的法规，无关乎党的法规不在其列。如国务院出台的大量涉及行政管理的法规（《煤矿安全生产条例》、《政府信息公开条例》等），尽管也称为法规，但都不是党内法规。其三是由党制定和实施。党内法规是有党内法规制定权的党的组织制定的体现党的统一意志、规范党的领导和党的建设活动、依靠党的组织力量保证实施的专门规章制度。党内法规的制定者和实施者是党以及党的特定机关，只有由党及其特定机关制定并实施的法规才是党内法规，那些非由党制定和实施的法规或法，不在党内法规之列。党内法规的“党”表明了党内法规的政治属性，表明党内法规是政治活动的产物，是党管党治党的制度保障。

2.党内法规的“内”

党内法规的“内”意味着这些法规应当能够调整党内关系且一般只能用以调整党内关系，通常不涉足党外。作为中国共产党的“家法”，就一般意义上来说，党内法规是指由中国共产党各级各类组织制定或认可、反映党的意志和客观规律、规制和调整党内行为和党务关系的各类规范的总称。〔1〕党内法规并不直接作用于社会事务和国家事务，而是以党内关系为主要规范对象。〔2〕党内法规的“内”同时意味着其只在党内有法律约束效力，在党外一般没有约束力。〔3〕理论上，与党相关的规矩有很多，除了党内法规之外，还有很多党内非法规性的规范性文件，而党内法规只是党内规矩中的一种，是党内具有法律性质的规矩。此外，与党相关的规矩还包括党外的法或规，如国家法律就是典型的党外法规。国家法律作为党领导人民制定的体现国家意志的社会行为规范，也是党必须要遵守的规矩。作为党首先必须遵守的规矩，国家法律显然也是与党相关的法，但国家法律并不是党内法规，因为它不只在党内有约束力，而对所有公民及社会组织都具有约束力。例如，《宪法》、《刑法》以及《选举法》、《事业单位人事管理条例》等法律法规，都是党必须要遵守且要首先遵守的法律法

〔1〕 参见肖金明：《法学视野下的党规学学科建设》，载《法学论坛》2017年第2期。

〔2〕 参见廉睿、卫跃宁：《党内法规的法学逻辑及其与国家法的契合路径》，载《学习论坛》2017年第4期。

〔3〕 当然，这不排斥党内法规具有溢外调整效能，可能会产生党外适用的情况。

规，但很显然，这些法律法规是国家法律而非党内法规。不仅如此，国家制定的专门规范和调整政党关系的法律法规也不是党内法规，如一些国家已经制定而我国将来很有可能也会制定的“政党法”。由于其立法以及执法的主体是国家而非党，其所调整的对象也已经远远超出了党内关系的范围，所以应属于国家法，而不应属于党内法规。当然，“政党法”作为国家出台的专门规范政党活动的法，也将是作为执政党的中国共产党必须严格遵守的规矩，但该规矩隶属于国家法律的范畴，与党内法规并不在同一规范体系之中。可见，党内法规的“内”决定了它所贯彻的仍然是一套加强党的建设、巩固党的领导、维护党的团结、增强党的能力，促进党更好兑现其全心全意为人民服务的政治承诺，提升党更好团结人民共同进行中华民族伟大复兴事业力量的政治逻辑。〔1〕

3.党内法规的“法”

党内法规的“法”是党内法规这一概念中最为关键和重要的一个字。在学术界，不少人对依法治党中的“法”这一概念存在分歧，认为法应当是一种专属于国家的制度规范，党内规章不宜用“法”。基于此，有人提出用党内规定代用“法”的表述，从而形成依规治党这一提法。〔2〕但实际上，党内法规中的“法”字是党

〔1〕 参见支振锋：《党内法规的政治逻辑》，载《中国法律评论》2016年第3期。

〔2〕 参见蔡文华：《论依规治党的内涵、目标及其实践路径》，载《探索》2016年第4期。

内法规这一概念中运用得最为必要和巧妙的一个字。因为在法理学上，法是指有约束效力，能够调整人们的行为，发挥约束效能的行为规范。党内法规的“法”指明了党内法规的法律性、权威性与严肃性，即党内法规是党用以管党治党的、有着法律威严与效能的规矩。“党内法规的内涵与实质是党内具有法律性质的规范，是党用以调整党内关系，以实现管党治党之目的、保证党的统一行动的党内规范。”[1]既然“党内法规”是一种规则，且具备法的意义，就必须包含法的基本特征，比如价值目标、基本范畴等。[2]对于党的各级组织及党员（在下文中，如无特别说明，党组织与党员均特指中国共产党党组织与党员）而言，党内法规就是必须严格遵守的法律，是一个合格党员应当达到的行为底线，也是一个合格的党组织必须遵守的行为标准。党员及各级党组织必须像对待法律一样严肃认真地对待党内法规，并从思想上将其作为自己行为的“法”。党内法规的“法”宣示了党内法规的法律属性，是党运用法治思维在管党治党方面的制度成果，表明了其与一般性政党制度的不同，也宣示了其在政党制度体系中的特殊地位。不仅如此，党内法规的“法”也表明了党内法规与党内一般性制度或规矩的关联与区别，即它是一种党内的规矩，但同时并非所有党内规矩都是党内法规，党内法规只是党内规矩中具有法律特

〔1〕 刘长秋:《论党内法规的含义及其制度建设的要求》，载《探索》2019 年第 3 期。

〔2〕 参见邵从清:《论提高党内法规制度体系执行力》，载《山东社会科学》2016 年第 12 期。

性、地位与作用的规矩，不具有法律特性、地位与作用的党内规矩尽管也是党员需要遵守的规矩，但不是党内法规。

4.党内法规的“规”

党内法规的“规”表明了党内法规作为法在我国法治体系中的定位，即党内法规是具有法律性质的党的规矩，是我国社会主义法治体系的组成部分，是我国法治建设必须重视且加强的基本规范之一。正如党的十八届四中全会《决定》所指出的，“党内法规既是管党治党的重要依据，也是建设社会主义法治国家的有力保障”“依法执政，既要求党依据宪法法律治国理政，也要求党依据党内法规管党治党”。[1]但党内法规又不完全等同于国家法律，其在定位上要下位于国家法律，在效力上则要低于国家法律，其制定和实施需要以不违反国家法律为前提。因为“法律性质的规定（规矩）”只是表明这些规定具有法律性质，党员以及各级党组织应当将他们作为法律加以遵守，但并不意味着这些法规已经达到可以被称为国家法律的程度，它们并不是完全意义上的法律，与国家法律存在一定差别，属于非国家法的制度体系，与国家法一起在我国国家管理及社会治理中协同发挥作用。就此而言，党内法规的“法规”既表明了其自身的法律属性，以及其在我国法治体系中的法的定位，又暗示了其与国家法的不同。

综上所述，“党内法规”这一概念包含如下意涵：党内法规作

〔1〕 参见《中共中央关于全面推进依法治国若干重大问题的决定》，载《中国法学》2014年第6期。

为一种管党治党的规矩，是中国共产党制定和实施的、有关中国共产党自身建设及其领导的规范，是应当能够调整党内关系且一般适合用以调整党内关系的规范，是对于党员及各级党组织而言具有法律性质的约束力但又不同于国家法的规范。党内法规姓“党”不姓“国”，党内法规是党规而非国法。党内法规的“党姓”，决定了其作为我国社会主义法治体系的重要组成部分，是管党治党及加强党的领导的基本依据，是全面从严治党的制度保障。而党内法规是党规而非国法的意涵则表明，党内法规对我国法治的保障是通过其发挥管党治党的作用加以实现的，党内法规通过相较于国家法更高的标准和要求管党治党，能够促使党始终确保其先进性与纯洁性，始终以更高的标准和更严的要求约束自己及其组织与成员，并使党的活动始终被控制在宪法和法律允许的范围之内，确保其依法执政，可以进一步提高运用法治思维和法治方式的能力，增强党在处理各种事务中的效率和应变力，提高其依法治理的能力。

（二）党内法规概念的界定

党内法规在我国专指中国共产党党内法规，这在国内学术界是不言自明的。在理论上，党内法规实际上有狭义、中义和广义之说。狭义上的党内法规已经在有关党内法规中被明确界定，即依据2019年印发的《中国共产党党内法规制定条例》（以下简称《党内法规制定条例》）第3条第1款之规定，党内法规是党的中央组织，中央纪律检查委员会以及党中央工作机关和省、自治区、直辖市党委制定的体现党的统一意志、规范党的领导和党的建设活动、依靠党的纪律保证实施的专门规章制度。这是目前有关党内法规概念界定最为权威的官方文本，而学界大多数专著、教材和论文中也都直接引用这一概念。而中义上的党内法规则是指党内所有用以规范和保障党的行为的法规或规范性文件，亦即姜明安教授主张的，党内法规可以指具有党内法规制定权的党组织所有用以规范党的组织和党员行为的正式法规性文件和其他规范性文件，而不限于《党内法规制定条例》所规定的规范之种类。〔1〕显然，中义上的党内法规除了狭义上的党内法规之外，还包括党内规范性文件，即党组织在履行职责过程中形成的具有普遍约束力、在一定时期内可以反复适用的文件，包括贯彻执行中央决策部署、涉及党和人民群众关系、加强和改进党的建设等方面的重要文件，如《关于加强党内法规制度建设的意见》《关于规范党员干部网络行为的意见》《关于进一步规范党政领导干部在企业兼职（任职）问题的意见》《关于加强新形势下党的督促检查工作的意见》《关于建立领导干部应知应会党内法规和国家法律清单制度的意见》等。此外，也有学者提出了广义上的党内法规，认为应当把在党内具有重大意义的法定文件中的决议、决定、报告等纳入党内法

〔1〕 参见姜明安主编：《党员干部法治教程》，中国法制出版社 2014 年版，第 220 页。

规的范围，即主张采用一个相对广义的党内法规的概念。[1]

而立足于前面对党内法规概念意涵的分析，笔者认为，党内法规的概念显然有着特定的意义及适用范围，它作为党管党治党的依据与保障，是一种调整和规范党内关系且具有法律性质的规范。这类规范通常只适用于党内，而不具有对外规范效能。正如有学者指出："必须要将党内法规的规范功能聚焦在'管党治党'上，才能在制度上真正有效地解决不同的党内法规之间存在的矛盾和不一致，才能保证党内法规在'管党治党'中有效地发挥自身的规范功能。从理论上来看，也只有把党内法规的调整对象限定在党内事务上，党内法规体系才能科学地建立起来，才能在建设中国特色社会主义法治体系过程中保持自身的独立性。从实践角度来看，只有将党内法规的规范功能限定在'管党治党'上，才能在不同类型的党内法规之间建立起相互一致的逻辑关系，也才能建立起对党内法规的有效监督机制，形成完善的党内法规体系。"[2] 以此为基点，本书中，笔者特对党内法规作如下界定，即所谓党内法规，是指具有中国共产党党内法规制定权的党组织制定的，体现党的统一意志，通常只在党内适用以规范和保障党的领导和党的建设活动且依靠党的组织力量保障实施、具有法律性质的党内规范性文件的统称。换言之，我们所采用的是趋近中义

〔1〕 参见韩强：《关于党内法规的几个基本问题》，载《中共杭州市委党校学报》2016年第2期。

〔2〕 莫纪宏：《建立和完善党内法规的监督机制》，载《学习与探索》2015年第10期。

上的党内法规概念，即将党组织在履行职责过程中形成的具有普遍约束力、在一定时期内可以反复适用的文件也纳入党内法规范围了。

二、“党内法规”概念的使用对法的影响有利无害

对于“党内法规”或“党法”之类概念的使用是否科学而恰当的问题，学术界长期以来一直存在一些不同的声音。尽管党内法规的研究已经呈现出蓬勃发展态势，但学术界依旧有不少学者对党内法规或党法之类的概念表示不认同。有学者认为，“党法”不是法律，在法治时代对“党法”一词的使用应慎重，这一词汇容易与法律相混淆，从而可能导致人们从法律的标准增加对党章、党纪以及其他各种党内工作规则的要求，同时也会影响法律本身的权威。〔1〕“它不但无助于提高党规党纪的地位和作用，反而不利于法治意识的培养。”〔2〕以此为基点，这些学者认为，应用“党内规范”的提法替代“党内法规”，这更有利于法治理念的确立，也

〔1〕 参见石文龙：《依法执政与“党法”》，载《太平洋学报》2011年第2期。而曾市南也认为，党内法规的提法不妥，原因在于：(1)政党组织不拥有立法权限，不能成为立法主体；(2)党内条例不具备法规特征，与法规是两种不同的属性；(3)“党内法规”的提法不能严谨、准确地反映党与法的关系，很容易产生歧义：一方面将法的适用对象区分为“党内”与“党外”，被人误解为党内存在法之外的一套“法规”，另一方面认为党与法就是一回事。参见曾市南：《“党内法规”提法不妥》，载《中国青年报》2004年1月2日，第8版。

〔2〕 刘作翔：《论“党纪与国法不能混同”》，载《北京日报》2015年8月3日，第17版。

有利于发挥党规党纪的作用。[1]对此观点，笔者难以苟同。实际上，从法的类别来看，党内法规与作为硬法的国家法，的确存在明显不同，因为党内法规通常只适用于全体党员，对党员之外的其他社会成员则不存在约束力；而且，党内法规也不以国家强制力作为保障，其规范性与国家法也难以比拟。在这些方面，党内法规与国家法的确差异巨大。然而，倘若以此否认党内法规的法律性，将党内法规排除于法的范围之外，则很不可取。因为就其本质而言，法是一种体现社会公共意旨的社会行为规范。在法理上，“判断是否法律规范的一个很重要基准，就在于去判定规范是否对人有约束力”[2]。这是我们践行法治过程中必须要明确的一个重要事实与理念。

以此为基点，党内法规作为适用于各级党组织与党员的一种行为规范，也是一种法，因为这类规范有着自己的约束力——至少对全体党员和各级党组织来说是如此，尽管这种约束力并非以国家强制力为保障。在我们践行社会主义法治的过程中，必须突破传统的法律观念，树立一种新的法意识。只有这样才能周全地理解法，务实地把握法，并更好地推进我国社会主义法治建设。“党内法规”（“党法”）一词的使用的确会令人们立足法律的标准

〔1〕 参见刘作翔：《论“党纪与国法不能混同”》，载《北京日报》2015 年 8 月 3 日，第 17 版。

〔2〕 宋华琳：《论技术标准的法律性质——从行政法规范体系角度的定位》，载《行政法学研究》2008 年第 3 期。

增加对党章、党纪以及其他各种党内工作规则的要求，但对于党员来说，这些其实恰恰是一个党员所必须要达到和实现的基本要求，是体现其先进性并印证其有资格作为一个党员的基本标准。我们党区别于其他党派以及一般群众的一个重要特征就在于我们的党内法规要求党员须具备其他党派的党员以及普通群众所不具有的道德思想境界和个体行为标准。这是我们党在选拔和评价党员时所关注和坚持的一项基本指标。如果一个党员做不到这些要求，就说明他没有达到一个党员的标准，还不是一个合格的党员。就此而言，从党外来说，人们立足法律的标准增加对党章、党纪以及其他各种党内工作规则的要求，只会增强党章、党纪等的规范性、严肃性与权威性，强化管党治党时须坚持的法治思维，强化对于党的监督，并促使我们党更好地去约束各级党组织与党员，从而保持进而提升党的先进性、纯洁性与战斗力，而不会因此对国家法带来不良影响。不仅如此，使用“党内法规”或“党法”这类概念可以使党强化自身的法治思维，在管党治党过程中始终坚持法治理念，形成尊重规则、尊重法治的意识。

此外，从党内来说，使用“党内法规”或“党法”这类概念还可以使党员立足法律的标准去关注、重视和把握党内法规，增加对党内法规的理解和认同，树立“党法亦法”的观念，从而自觉将具有更高要求的党内法规作为自己思想与行动的指南，作为规范和指引自己的“法”，强化其对于党内法规权威的接受以及对其效力的认同，提高党内法规的执行力，使其在全面从严治党方面发挥应有的作用。由于党内法规是从党的角度对党员及各级党组织提出的高于国法的要求，因此，接受、认同、遵守党内法规会有助于推动广大党员更主动且模范地遵守国家法，从而令党员在遵守国家法方面更好地发挥示范引领与模范带头作用，带动广大人民群众对国家法的认同和遵守。显然，从这个角度上来说，党内法规概念的确立和使用不仅不会损害法律的权威，反而会有助于增强人们对党内法规法律性的理解与接受，强化或至少更全面地理解法律的权威。

第二节　党内法规的性质

“在其最根本的意义上，法律哲学是在探寻法律的性质，以及法律制度与法律实践的根本特征。”[1]党内法规作为一种现实存在的特殊法治现象，显然也应当是法哲学关注和研究的对象，对其性质的探讨也就成为题中之义。从逻辑上来说，党内法规的性质在其诸多基本问题中是一个根本性的、全局性的问题，是把握其他基本问题的基础和关键，可谓“基本中的基本”。[2]这一问题的解决与否直接决定着其他问题能否得到很好的解决。在理论

〔1〕 Joseph Raz, *Between Authority and Interpretation: On the Theory of Law and Practical Reason*, Oxford University Press, 2009, p.49.

〔2〕 参见丁芝华:《怎样准确认识党内法规的性质》，载《人民论坛》2017年第8期。

界，不少学者之所以会对使用党内法规这一概念心存担忧，并对其合法性产生疑问，一个最重要的原因在于其还没有科学把握党内法规的性质。作为党内法规研究中必然要涉及的一个基本问题，党内法规的性质在学界一直存在争议，尤其是在法学界，不少学者基于对传统法律概念的偏爱而不认可其法律性，认为党内法规作为一种规范党内生活的制度形式，并不具有法律性。而不少学者则认为党内法规是一种软法，而软法也是法的一种形态，是当代社会治理过程中不可被忽略和抹杀的一类法。

一、什么是软法

就“法”调节社会秩序所运用的手段以及其约束力所依赖的后盾来看，“法”可以被划分为两大类。第一大类为“硬法”（hard law），即指经国家立法程序制定认可并由国家强制力保障实施的一般性行为规范。在中国，“硬法”作为“由国家制定、认可并保证实施的，反映由特定物质生活条件所决定的统治阶级意志，以权利和义务为内容，以确认、保护和发展统治阶级所期望的社会关系和社会秩序为目的的行为规范体系”，[1]是指由符合《立法法》规定的有立法权限的机关代表国家制定和颁布的法，具体包括法律、行政法规、地方性法规以及自治条例和单行条例、规章。

〔1〕 参见张文显主编：《马克思主义法理学——理论、方法和前沿》，高等教育出版社2003年版，第136页。

第二大类为“软法”(soft law),是相对“硬法”而言的,不属于上述传统法范畴的规则体系。一般认为,“软法”这个概念属于舶来品,源于西方国际法学,主要用以指“非条约”协议。[1]这一概念首先应用于人权、环境、能源、武器控制等价值与规范最容易发生冲突、最不容易达成一致的领域。[2]在已有学术著述中,软法有多种表述形式,诸如“自我规制”“志愿规制”“合作规制”“准规制”等。[3]所谓的“软法”,实际上是一个备受争议的问题。有些法律家对这一概念极为反感甚至拒绝提及,尤其是在将其作为法律的渊源方面。一般来说,法律与其他社会规则的区别就在于它的权威性、规范性与约束力。在这一严格意义上,法律必须是刚性的,用“软”表述它在措辞上似乎是矛盾的。[4]正因为如此,直到今天,仍然有许多法学者认为,法只是由国家制定、维护和强制执行的规则。[5]软法这一概念反映了法律全球化的两个最主要趋势,即法律制造者引人注目的多样化,以及更进一步而言,法律主体

〔1〕 See G.Borchard & K.Wellens, *Soft Law in European Community Law*, European Law Review, Vol.15: 267(1989).

〔2〕 参见万霞:《国际法中的软法现象探析》,载《外交学院学报》2005年第1期。

〔3〕 参见罗豪才、宋功德:《认真对待软法——公域软法的一般理论及其中国实践》,载《中国法学》2006年第2期。

〔4〕 See P.W.Birnie & A.E.Boyle, *International Law and the Environment*, Oxford University Press, 2002, p.24.

〔5〕 参见[德]伯恩·魏德士:《法理学》,丁晓春、吴越译,法律出版社2013年版,第29页。

以及法律制度的私人化。〔1〕基于软法现象在我国法治实践中存在的普遍性与难以回避性，近年来，软法研究获得了很大的市场，并成为法学研究领域的一个重要创新点。

(一)软法的概念与特征

近年来，有关软法的探讨成为一个热点论题。无论是在国内还是在国外，有关软法的研究都已经日趋火爆，成为当代法学研究领域的一道独特风景线。不过，由于研究视角和立场的不同，人们对于软法的概念，亦即什么是软法的问题，还存在颇多争议。譬如，洛贝尔(Lobel)认为，软法是在私人领域(缺乏强约束之治理领域)确立和实施的混杂交织的行为规则。〔2〕而古兹曼(Guzman)则认为，软法通常用来指包含劝告性而非法律约束性的义务规定。〔3〕也有学者指出，在最广泛的意义上，软法这一概念一般指这类规范性文件及规制机制，即暗示某种规范的义务，但并不依赖有约束力的规则或一个政体的正式制裁。作为与“硬法”相对应的“法”，是指由公权力主体(包括国家公权力主体、社会公权力主体、国际公权力主体)制定或认可的规范相应共同体成

〔1〕 See Anna Di Robilant, *Genealogies of Soft Law*, The American Journal of Comparative Law, Vol.54: 499–564(2006).

〔2〕 See Orly Lobel, *The Renew Deal: The Fall of Regulation and the Rise of Governance in Contemporary Legal Thought*, Minnesota Law Review, Vol.89: 342–480(2004).

〔3〕 See Andrew T.Guzman & Timothy L.Meyer, *International Soft Law*, The Journal of Legal Analysis, No.2: 171–211(2010).

员行为，调整公权力主体与相应共同体的关系、公权力主体与相对人的关系、公权力主体相互关系的，不具有国家强制约束力的规则的总称。[1]另有学者认为，所谓软法是指由多元主体经或非经正式国家立法程序制定或形成并由各制定主体自身所具有的约束力予以保障实施的一般性行为规范。[2]还有学者认为，“软法”是一种法律效力结构未必完整、无须依靠国家强制力保障实施但能够产生社会实效的法律规范。[3]也有学者则认为，“软法”是指那些难以或者不能运用国家强制力保证实施的具有公共规制性质的规范性文件或者惯例。[4]

有时，一个词的定义能够提供这样一张地图：在同一个时间范围内，它可以使指导我们如何用词的潜在原则得以明确，并可以使我们用该词所表示的现象与其他现象之间的关系得以显现。[5]就此而言，探讨软法的概念，亦即为软法下一个相对科学的定义，就成为软法研究中必须要做的一项工作。尽管迄今为止，学术界有关软法概念的定义大多是初步的与描述性的，一种明确

〔1〕 参见姜明安：《论中国共产党党内法规的性质与作用》，载《北京大学学报（哲学社会科学版）》2012年第3期。

〔2〕 参见彭健：《论中国政党制度的民主形态与法治化》，载《团结》2009年第6期。

〔3〕 参见罗豪才、宋功德：《认真对待软法——公域软法的一般理论及其中国实践》，载《中国法学》2006年第2期。

〔4〕 参见马长山：《互联网+时代“软法之治”的问题与对策》，载《现代法学》2016年第5期。

〔5〕 参见［英］哈特：《法律的概念》，张文显、郑成良等译，中国大百科全书出版社1996年版，第15页。

的、统一的、权威的软法概念定义目前尚未见到。[1]但有关软法的以下表述却得到了学界比较一致的认可，即软法是与法、国家法、实证法等相对的、支配着人们的行为并构成社会秩序基础但又不是出自国家正式立法的种种规则。[2]概括而言，软法具有三个方面的基本特征：其一，软法是一种行为规则，它能够给人们的行为提供一定的指导，引导人们作为或不作为，并使人们对其行为后果有一定预判；其二，软法是一种法现象，有类似于国家法的特征，但又不符合或不完全符合国家法的要素，例如，可能欠缺法的形式要件，或虽具备法的形式要件但不具有法所依赖的国家强制力等；其三，软法具有类似于却又不尽相同于国家法律的约束力，即它对于特定的群体而言是能够发挥约束作用的，但又非国家法。与国家法相比，软法并不是由国家制定的，也不具有国家强制力，似乎不应该有约束力，但实际上，正如韦伯所指出的，“法是一种具有外在强制力的规则，它首先是国家法，还包括具有专门制裁班子的团体的规则，如教会、政党、工会及其他协会的规则，而那些只通过社会压力、公共意见来保障实施的行为规则被排斥在法之外”[3]。在现实生活中，“不是由国家制定，但仍然具有约束

〔1〕 参见李丽辉：《试论软法的理论生成及其应用》，载《国外社会科学》2010年第2期。

〔2〕 参见邓少岭：《建立法与“活法”的连续体》，载《政治与法律》2007年第3期。

〔3〕 [德]马克斯·韦伯：《经济与社会(上)》，林荣远译，商务印书馆1997年版，第67页。

力的规范是存在的"[1]。软法就是这样一种规范。

需要特别指出的是，"目前我国学界对软法的研究还远未成熟，尤以软法的概念、范围、功能、与硬法的区别等基本问题为最"[2]。由于立场、角度的不同，人们对于哪些规范属于软法还没有完全达成一致。在此背景下，有学者将硬法中的指导性、号召性、激励性、宣示性等非强制性规范也纳入软法的范畴，认为这是一种国家软法[3]，这实际上是值得商榷的。笔者认为，如果将硬法中的指导性、号召性、激励性、宣示性等非强制性规范也纳入软法，则很容易在理论上导致软法与硬法界限的混淆。因为硬法与软法划分的主要界标并非法律规范自身的"软"与"硬"，即不在于其规范效能，而在于是否以国家强制力为后盾。硬法中指导性、号召性、激励性、宣示性等非强制性规范尽管在执行方面很"软"，其约束效能得不到有效发挥，但也是以国家强制力为后盾的，依赖国家强制力的支持与保障。[4]这些"软"的法与软法实际上是存在本质不同的。这类法律规范只是属于"软"的硬法而已，其在定位上依旧应当归属硬法，不宜因为其执行偏软而将其纳入软法的范

---

〔1〕［德］伯恩·魏德士：《法理学》，丁晓春、吴越译，法律出版社2013年版，第30页。

〔2〕黄学贤、黄睿嘉：《软法研究：现状、问题、趋势》，载《公法研究》2012年第1期。

〔3〕参见周艳云：《民主、自律、制度：腐败的层进治理——以软法的治理为视角》，载《学习与实践》2016年第7期。

〔4〕这些规范约束效能不强，给人感觉较"软"，主要是基于其自身不够细化、不具有可操作性等特点以及执法方面的原因。但其作为国家法规范的硬法地位并不能因此而被否定。

畴，否则，“将会模糊法律多元的界线”，〔1〕很容易使人混淆软法与硬法之间的区别，令软法的概念难以获得人们的认同与接受。

实际上，从软法一词的渊源来看，软法是最初产生于国际法上的一个概念，它作为晚近国际法中较为引人注目的一种现象，“通常是指那些不具有法律约束力但又能产生一定法律效果的国际文件，例如联合国大会或其他国际会议所通过的决议和宣言、国际组织建议采用的标准和建议等”。〔2〕换言之，国际软法是相对国际条约和国际习惯等“国际硬法”规范而言的国际规范。在国际法上，凡是不具有国际法约束力的国际规则都属于国际软法。以此为基点，国际软法是对应国际法这一国际硬法而产生的一个概念。而国际法学者提出软法这一概念的核心目的主要在于以此区别国际社会中那些并不是国际法但发挥着类似作用的国际规则。而在国内法中，人们引入软法概念的目的则在于弥补作为一种刚性规范的国家法调整之不足，使国家法以及其他各类发挥着约束效能的规则能够在社会治理中彼此支撑，互补互助，协同推进。换言之，在国内法中，“任何一种类似法的规则都可以被称为软法”〔3〕，软法是相对国家法而言的独立存在，是国家法之外且平

〔1〕 参见冯春、类延村：《论当下国内法意义的软法意蕴：实质、场域与命运》，载《理论月刊》2011 年第 11 期。

〔2〕 参见万霞：《试析软法在国际法中的勃兴》，载《外交评论（外交学院学报）》2011 年第 5 期。

〔3〕 Andrew T.Guzman & Timothy L.Meyer, *International Soft Law*, Journal of Legal Analysis, Vol.2, No.1, p.171–226（2010）.

行于国家法而发挥着法的作用的规则或规范。软硬法的划分是以相关法是否具有国家强制力为标准的，凡是由立法机构遵循了宪法程序和其他正式程序或条件而颁布并因此而具有国家强制力的规范都属于硬法，反之则为软法。也就是说，在国内法层面，硬法专指国家法，硬法与国家法之间是可以画等号的，除了国家法之外再无“硬法”。

（二）软法的地位

正如有学者指出的，“支撑现代法治的规范是多元的，国家法并非唯一的法治规范。现代法治国家的良性运转，建立在‘硬法’与‘软法’并行不悖的基础上”。[1]法律实证主义认为，法律主要是具有立法权威的机构所制定的规则。作为当代法学研究的一个新的工具与视角，软法理论是在现代性反思的基础上出现的，对法学领域国家垄断法律资源的国家中心主义倾向和形式主义法律观做了反思，革新了法律理念，推动了法治和社会发展，符合人类认识规律，有其必然性。[2]软法不仅将传统凸显强制性的国家主义法律观所掩盖的“国家法中的软法”展现出来，更是将原先被边缘化的非国家法规范拉到视野中心。进言之，软法显示出主流法学研究（而非交叉学科）关注各社会子系统规则体系的分裂、沟

〔1〕 参见陆宇峰：《依规治党与依法治国相统一的原理和要求》，载《当代世界与社会主义》2017年第1期。

〔2〕 参见罗豪才、周强：《软法研究的多维思考》，载《中国法学》2013年第5期。

通及相互创生的重要性。[1]而从法理上来说，软法的精髓超越具有强制力的规范，是基于法治对善治的寻求，最终指向对公民自治路径的完善，落脚于公民权益与权利的维护。[2]而软法概念的意义就在于其顺应时代需求。[3]

当前，随着公共治理在全球范围内的兴起，软法作为一种新型行政法学范式已进入学者研究视野，[4]并正在日益显现其重要性。从法理上来说，"法律需要强制力，但简单的暴力支持并不能让法律产生秩序，法律更多时候需要人们发自内心的敬重和服从才能获得应有的普遍效力"。[5]而软法作为一种不依赖国家强制力而发挥作用的法，往往更强调人们对其规则的认同和接受，更容易为人们发自内心地尊重与服从。从软法与硬法相互关系的角度上来说，软法不仅具有硬法的很多优点，避免了硬法的某些成本，而且具有自己独特的优势。[6]正如有学者所指出的，"软法之于社会生活的必要性就在于它是社会治理的一种有效模

---

〔1〕 参见沈岿:《软法概念之正当性新辨——以法律沟通论为诠释依据》,载《法商研究》2014年第1期。

〔2〕 参见冯春、类延村:《论当下国内法意义的软法意蕴:实质、场域与命运》,载《理论月刊》2011年第11期。

〔3〕 参见沈岿:《软法概念之正当性新辨——以法律沟通论为诠释依据》,载《法商研究》2014年第1期。

〔4〕 参见徐靖:《软法的道德维度——兼论道德软法化》,载《法律科学(西北政法大学学报)》2011年第1期。

〔5〕 参见马长山:《互联网+时代"软法之治"的问题与对策》,载《现代法学》2016年第5期。

〔6〕 See Kenneth W.Abbott & Duncan Snidal, *Hard and Soft Law in International Governance*, International Organization, Vol.54, No.3: 421–456(2000).

式”。[1]“它们（软法）和国家法有很大关联，不理解它们，就很难周全地理解国家法：它们或者是后者的前奏和预备，或者是对它的重申和强调，或者是对它的补充和协助，或者是对它的替代，或者是对它的解释，或者是对它的回避、阻碍、抗拒或废止；而且还因为，它们满足了现实的规范需求，调整和评价着各类行为，构造和维护着无所不在的规范秩序。正是它们，在复杂、多元和速变的当代社会，履行着大量公共治理的功能，维系了社会和谐，促进了民主、自由、宽容和效率等价值。”[2]软法在当代社会治理中的重要性已使得“软法不是一个退而求其次的解决方案或者通向硬法之路的一个中间站，而是一种可取的替代性选择方案”。[3]一定程度上，我们甚至可以说，不关注、正视和重视软法，不把握好软法与国家法的关系，就无法看清楚中国法治的迷雾，难以突破中国法治的瓶颈，难以真正抓住中国法治的关键，也就无法真正实现依法治国，无法保障社会的和谐发展。

二、党内法规是软法中的“硬法”

一方面，党内法规作为中国共产党实现“党要管党、全面从严

〔1〕 参见李丽辉：《试论软法的理论生成及其应用》，载《国外社会科学》2010年第2期。

〔2〕 翟小波：《“软法”及其概念之证成——以公共治理为背景》，载《法律科学（西北政法学院学报）》2007年第2期。

〔3〕 参见罗豪才、毕洪海：《通过软法的治理》，载《法学家》2006年第1期。

治党”之目标以加强自身建设的重要制度措施，无疑会对强化党的领导，提高党的执政能力发挥重要作用。另一方面，伴随我国法治建设的日渐深入推进，理论界有不少人对党内法规这一概念的运用提出了异议，认为党内法规（或党规党法）不是一个科学的概念，它与法有着实质上的不同，不应当被纳入法的范畴。而近年来兴起的软法理论则可以对这些异议形成很好的回应。立足软法的理论视角，党内法规实际上是一种软法。

（一）为什么说党内法规是一种软法

有关党内法规的性质问题，学术界存在不同的看法。有学者基于“党导立宪说”，认为“无论从道德效力、应然效力、实然效力来看，党规都无疑是‘法’，而且是一种有别于一般社会组织制定的‘软法’的‘硬法’”。〔1〕有学者认为党内法规是一种法，但并不同于国家法，而是一种软法〔2〕，这一观点在学界较具普遍性。也有学者提出了“二元界分说”。该说认为，依据党内法规调整对象的不同，可以将其划分为调整领导、执政行为的党内法规与调整自身运行行为的党内法规，其中，前者本质上是一种宪法惯例，而后者则是一种社会组织的自治规范。〔3〕笔者认为，党内法规应当

〔1〕 参见柯华庆主编：《党规学（党员干部版）》，人民出版社2020年版，第36页。

〔2〕 参见姜明安：《论中国共产党党内法规的性质与作用》，载《北京大学学报（哲学社会科学版）》2012年第3期。

〔3〕 参见谢宇：《宪法惯例与自治规范的二元界分——论党内法规在我国法治体系中的定位》，载《探索与争鸣》2017年第11期。

是一种软法。软法在社会治理中有多种表现形式，如行业章程、技术标准、行政裁量基准、公共政策、行政规划、乡规民约等，作为规范党组织及党员行为的党内法规也在其中。从党内法规的自身特征来看，这类行为规范完全符合软法的特征。具体来说：(1)党内法规是一种行为规则。它是党及党的有关组织依据党章或有关国家法的规定对各级党组织与党员所提出的行为要求，这些行为要求在党内能够起到行为规范的作用，能够产生调整党内关系的效果。而就这些规范的逻辑结构来看，它们大都具备法律规范的逻辑结构，〔1〕且在颁行、修改与审查等各个方面也明显参照了国家法的格式，标注了法的印记，〔2〕基本上都是依照类似于国家法的制定程序制定和颁布的。〔3〕在这一点上，它与国家法极为

〔1〕 从法理上来说，法律规则具有自己特定的逻辑结构，即在逻辑意义上，法律规则是由相对比较固定的要素和成分依照一定的逻辑关系共同组成的。尽管目前中外法学家在这一问题上至今尚未取得一致意见，但法学界的通说认为，法律规则通常由假定条件、行为模式和法律后果三个部分构成。

〔2〕 例如，规定“……根据《中国共产党章程》、党内有关规定和国家有关法律法规，制定本规定 / 条例”之类的法律依据条款、规定其施行的日期等。

〔3〕 以《中国共产党党内监督条例（试行）》修订为例，这一党内法规的修订过程完全体现了类似于国家法律的立法程序。具体而言：2016 年 3 月 1 日，党中央发出《关于对党的十八届六中全会研究加强和规范党内政治生活问题、修订〈中国共产党党内监督条例（试行）〉征求意见的通知》。习近平总书记主持召开文件起草组第一次全体会议，就文件起草的重大意义、重大问题和做好文件起草工作的要求等发表重要讲话，为文件起草工作指明了方向。在 8 个月时间里，文件起草组开展专题调研，广泛征求意见和建议，反复讨论修改。至党的十八届六中全会召开前，中央政治局常委会召开 3 次会议、中央政治局召开 2 次会议分别审议文件稿。8 月初，文件征求意见稿下发党内一定范围征求意见，包括征求党内部分老同志意见，还专门听取了民主党派中央、全国工商联负责人和无党派人士意见。文件起草组认真梳理和研究这些意见和建议，并作出了重要修改。

相似，有着法的一般性特征。(2)党内法规不完全符合国家法的要素。因为它们不是由国家法定的立法机关颁行的，不受《立法法》的规范，不在国家法的法源之内，而且它的适用对象并不是我国或我国某一地区法域(如我国香港特区等)的所有人，而仅仅是其中的中国共产党党组织与党员。此外，党内法规也不以国家强制力作为保障，其实施更多地需要依靠广大党员的自觉自愿，而对违规党员的处理也不能像国家法那样，可以依赖法院、监狱、警察等国家暴力机关，而只能依赖党委、纪委这些党规执行者。“党内法规的制定主体是中国共产党，具有社团属性，不属于国家机关；党内法规的实施主要是靠党的纪律和党员的自觉，而不是依靠国家强制力。”〔1〕(3)党内法规具有类似于国家法的约束力，能够对其适用对象产生约束效能。这类规范尽管无法适用于所有社会主体，但对于中国共产党的所有党组织以及党员而言是一体适用并具有直接约束力的。“党内法规在中国共产党内具有普遍适用性，任何党员都受党内法规约束。”〔2〕而对于违反党内法规的党员，党组织通常会给予批评教育，必要时按照规定给予党的制裁，这些制裁包括警告、严重警告、撤销党内职务、留党察看和开除党籍等，换言之，违反党内法规的党员是需要承担相应的党纪责任的。在这一点上，党内法规是具有法律性的。同时，党内法规的

〔1〕 蔡金荣：《依法治国方略中的中国共产党党内法规：正名与定位》，载《求实》2016年第11期。

〔2〕 许小莲：《“党内法规”法律地位之考证》，载《求实》2010年第7期。

这种约束力又区别于国家法那种以国家强制力为特征的强制约束力，它是一种以实现共产主义理想为高尚信念，主要立足于自我约束基础之上的约束力，而不是一种严格意义上的国家法的约束力。

以上三点表明，党内法规完全符合软法的特征，它作为国家法之外的、一般仅对党员和各级党组织具有实实在在约束效力的社会行为规范或指导，就是一种客观存在的典型的软法。而软法尽管并不像国家法那样依赖国家强制力加以保障，但也是一种法，如有学者指出的，“软法亦法”。[1]作为法的软法也同样能够在当代社会治理中发挥其行为规范的重要作用，甚至因其特殊性而在国家治理及社会治理中起到国家法律所难以起到的作用，其作为法的一种形式，同样应当被纳入我国社会主义法治体系。正因为如此，党的十八届四中全会《决定》明确将党内法规作为我国社会主义法治体系的重要组成部分，使之与国家法律共同构成中国特色社会主义法治体系这一“机体”的“两翼”，成为全面依法治国的重要政治保障。

（二）党内法规是软法中的“硬法”

软法理论为我们全面认识党内法规提供了一个非常独特

---

〔1〕 参见包万超：《经验世界里的软法与学者的立场——读罗豪才教授〈软法亦法〉》，载《法制日报》2010年2月10日，第12版。

的视角。关于党内法规是一种软法的观点，笔者在2012年时就专门著文陈述过，〔1〕而学术界有不少学者对此表示了赞同。〔2〕然而，对此观点，也有学者表示反对。〔3〕部分学者认为，党内法规并不“软”，相反，很多时候它们也需要借助国家的强制力，甚至比国家法都要“硬”，将党内法规作为一种软法容易贬低党内法规的权威，与党内法规实际上的地位不符。诚如有学者所言：“将党规视为软法，容易混淆法的国家属性，在目前硬法尚且不硬的情况下势必会降低法的固有权。”〔4〕“‘软法’尽管也从法治建设的角度来论证‘党内法规’概念的合理性，但是却不能合理解释党内法规在法治体系中的特殊地位和趋硬从严的时代要求。”〔5〕以此为基点，软法理论对党内法规理念的阐释既不全面，也未能抓住重点。〔6〕“党内法规不宜被视作

---

〔1〕 参见刘长秋：《软法视野下的党规党法研究》，载《理论学刊》2012年第9期。

〔2〕 参见刘新圣：《论软法在公共治理过程中的应用》，载《胜利油田党校学报》2015年第1期；姜明安：《软法在推进国家治理现代化中的作用》，载《求是学刊》2014年第5期。

〔3〕 参见曹秋龙：《依法执政背景下的党内法规性质研究》，载《学术探索》2015年第5期；夏明智：《党内法规的法域属性和完善路径探析》，载《广西社会主义学院学报》2015年第3期。

〔4〕 兰皓翔：《党规与国法的关系与协调》，载《人民法治》2017年第2期。

〔5〕 武小川：《“党内法规”的权力规限论——兼论“党内法规”软法论的应用局限》，载《中共中央党校学报》2016年第6期。

〔6〕 参见武小川：《“党内法规”的权力规限论——兼论“党内法规”软法论的应用局限》，载《中共中央党校学报》2016年第6期。

'软法'。"[1]近年来，这一观点逐渐在学界占据主导地位，不少学者都开始支持这一观点。[2]但笔者以为，这实际上是对软法这一概念的一种严重误读。原因在于，所谓软法是在和作为国家法的硬法之相对意义上加以使用的，硬法与软法的划分并不是依据这些规范自身约束力的强弱进行的，而是依据其约束力所赖以存在和发挥作用的后盾进行的。[3]具体而言，软法是指与国家法相对应的一种社会规范，是不在国家法体系之内但又客观上发挥着类似国家法律约束力的规范，它与国家法尽管都属于法治体系，但

---

〔1〕 这些学者认为，基于中国共产党兼具社团身份和执政党身份，但执政党身份更为突出的基本现实，应当将党内法规定位于宪法和法律之下，与国家法、社会法、软法一样具有独立地位的法概念。在这一概念下，党内法规不同于国家法，因为其制定主体是中国共产党而不是国家机关，但在特定情况下经过法定程序可以转化为国家法；党内法规不同于社会法，因为其制定主体不属于一般社团，而具有长期的执政地位；同样，党内法规不属于软法，因为其实施往往由潜在的国家力量来保障。参见蔡金荣：《依法治国方略中的中国共产党党内法规：正名与定位》，载《求实》2016年第11期。从党中央已经发布的一些文件来看，这一观点在一些重要党政文件中似乎得到了体现，如中共中央办公厅、国务院办公厅2016年12月25日印发的《关于进一步把社会主义核心价值观融入法治建设的指导意见》中就明显体现出了这一倾向，在该文件第二部分即"推动社会主义核心价值观入法入规"中，"加强重点领域立法"显然是对国家立法提出的要求，"强化公共政策的价值目标"是对软法制定提出的要求，而"加强党内法规制度建设"则显然是对党内法规立法提出的要求；而在第三部分即"强化社会治理的价值导向"中，"严格规范公正文明执法"是对国家法之治提出的要求，"推进多层次多领域依法治理"是对软法之治提出的要求，而"坚持依规治党"则显然是对党内法规之治提出的要求。

〔2〕 参见欧爱民、李丹：《中国特色社会主义法治语境下党内法规特性的考问与澄清》，载《湘潭大学学报（哲学社会科学版）》2019年第3期；姬亚平：《法律多元主义视角中的党内法规》，载《上海政法学院学报（法治论丛）》2019年第6期；肖金明、冯晓畅：《治理现代化视域下的党内法规定位——兼与"党内法规是软法"商榷》，载《四川师范大学学报（社会科学版）》2019年第1期。

〔3〕 有关党内法规作为一种软法的更深入论述，可参见刘长秋：《党内法规属性的再认识》，载《中南大学学报（社会科学版）》2023年第1期。

是不同的两个法体系。

从法理上来说，法治是崇尚规则之治。法治之法既包括作为硬法的国家法，也包括作为软法的各类规则。国家法是体现国家意志，由国家强制力保障实施的一种社会行为规范，以国家强制力为后盾是国家法的基本特征。而软法尽管也具有约束力，却不是依赖国家强制力而产生的约束力。以此为基点，判断一种社会规范是不是软法实际上不能依据这种规范自身约束力的强弱，而是要看这种社会规范约束力产生的根源是否在于国家强制力。凡是以国家强制力作为后盾，依靠国家强制力保证实施的行为规范——无论其在执行过程中有多“软”，有多不尽如人意——都是国家法，是与软法相区别的硬法。反过来，凡是客观上具有约束力且该约束力不是源自国家强制力的，都属于软法的范畴。就是说，软法实际上是对应国家法而提出的一个概念，并不是如其名称上所显示的那样，本身就是一种“软”的法，而是如罗豪才教授所指出的，“软法是一个概括性的词语，被用于指称许多法现象，这些法现象有一个共同的特征，就是作为一种事实存在的可以有效约束人们行动的行为规则，而这些行为规则的实施总体上不直接依赖于国家强制力的保障。”[1]从社会治理的实践来看，尽管软法被冠以“软法”之名，但其执行力并不一定差，其约束效能也未必弱，很多时候，在很多领域，软法的约束效果甚至比国家法要好

〔1〕 罗豪才等：《软法与公共治理》，北京大学出版社2006年版，第6页。

得多。[1]“在某些情况下，软法对于管制效果的有效性使得其实际约束力有可能比硬法更强。”[2]换言之，软法不一定“软”！而党内法规就是一种尽管被纳入软法范畴但实际上并不“软”的软法，而是软法中的“硬法”。“党规虽然因其不得使用国家强制力保证实施而被归入软法范畴，但对于党组织和党员而言一点不‘软’，不是可遵守可不遵守的选择性规范，而是必须一体遵循、不得例外的硬要求，是不容违反、不得突破的刚性约束，属于‘坚硬的软法’。”[3]就对于党员的要求来说，党内法规在要求上显然要高于硬法，严于硬法。党员违反党内法规需要承担党纪责任，而这些党纪责任甚至更具严厉性，如警告、严重警告、撤销党内职务、留党察看和开除党籍等。以《中国共产党纪律处分条例》第82条规定为例，“党员领导干部违反有关规定组织、参加自发成立的老乡会、校友会、战友会等，情节严重的，给予警告、严重警告或者撤销党内职务处分”。对于一般人而言，组织、参加或发起老乡会、校友会、战友会等并不需要承担任何责任，只要其行为不违法。然而，对于党员而言，其实施以上行为则可能需要承担警告、严重警告或者撤销党内职务处分这类严重的纪律处分。显然，该法规对于党员的要求要严于国家法律，其硬度甚至不逊于国家法律。

〔1〕 参见殷啸虎主编：《中国共产党党内法规通论》，北京大学出版社2016年版，第10页。

〔2〕 罗豪才、毕洪海：《通过软法的治理》，载《法学家》2006年第1期。

〔3〕 宋功德：《党规之治》，法律出版社2015年版，第64页。

但党内法规很“硬”并不表明它本身就是一种硬法，因为无论其多“硬”，赖以支撑其硬度的都不是国家强制力。

正因为党内法规与国家法之间存在上述差异，党的十八届四中全会《决定》在将党内法规纳入我国社会主义法治体系时，有意将之与国家法作了区分。《决定》指出，“在中国共产党领导下，坚持中国特色社会主义制度，贯彻中国特色社会主义法治理论，形成完备的法律规范体系、高效的法治实施体系、严密的法治监督体系、有力的法治保障体系，形成完善的党内法规体系”。在这里，党的十八届四中全会《决定》在“形成完备的法律规范体系”“高效的法治实施体系”“严密的法治监督体系”“有力的法治保障体系”之间用了顿号，而在形成前面四个体系与“形成完善的党内法规体系”之间则用了逗号。这表明，同样作为我国法治体系的重要组成部分，前四者与党内法规体系是存在区别的，前四者隶属于国家法的范畴，都需要以国家强制力作为保障，属于同一层面的体系，后者则自成一体，是与前者相并列的体系，他们之间并无隶属关系。而从表述的前后顺序上来看，党的十八届四中全会《决定》将“形成完善的党内法规体系”放在“形成完备的法律规范体系、高效的法治实施体系、严密的法治监督体系、有力的法治保障体系”之后，实际上暗含了前者（国家法）是基础而后者（党内法规）为保障的意蕴，亦即后者须以不违背前者为前提，与前者共同构成我国社会主义法治体系。不仅如此，党内法规自身的名称也已经清楚地表明了党内法规与国家法之间的不同。党的十八届四中全会《决定》在将党内法规纳入我国法治体系时并没有使用之前党的一些文件中所使用过的“党规党法”或“党的法规”、“党的制度”之类的称谓,而是专门用了“党内法规”,这表明其本身早已对党内法规在我国法治体系中的地位有了明确定位,即党内法规是所有党的规矩中通常只适用于党内的一种具有法律性质的规定(规矩),是基于党在我国依法治国中的领导地位以及全面从严治党的需要、充分发挥依规治党在我国的政治保障作用而被纳入我国法治体系的一种法现象。

(三)软法是在界定党内法规性质上更为规范的一个概念

实际上,作为与国家法相对应而提出的一个法学概念,软法或许并不是最好的一种称谓,尤其在用软法来定性实际上并不“软”甚至还非常“硬”的党内法规之性质时,这一提法很容易引起人们的误解。为此,也有些学者将之称为社会法。[1] 但笔者认为,作为与国家法相对称的一个学术概念,“社会法”这一概念固然有其可取之处,但其实在界定党内法规的性质时,采用这样一个概念更容易令人们产生分歧与误解。因为在理论上,社会法有

〔1〕 如姜明安教授就认为,剖析“党内法规”的一般特征,其基本定位应该属于社会法和软法。而肖谢也认为,从法社会学的角度来看,党内法规是代表广大无产阶级和人民群众的利益在宪法和法律的范围内规范各级党组织和党员的社会法。具体可参见姜明安:《论中国共产党党内法规的性质与作用》,载《北京大学学报(哲学社会科学版)》2012 年第 3 期;肖谢:《社会主义法治建设视阈下的党内法规内涵解读——基于法社会学的视角分析》,载《中共山西省直机关党校学报》2015 年第 4 期。

太多种理解，易造成人们思想认识上的混乱。在法学界，社会法的概念有多种理解和解释，它既可以看作相对公法私法的第三法域，也可以看作调整和规范各种社会问题的法律。而就其法律规范的内容而言，也有狭义、中义和广义之分。狭义的社会法，即社会保障法，是法律体系中一个独立的法律部门。〔1〕中义的社会法居于广义和狭义两种概念界定的中间，“内容涵盖了劳动法与社会保障法”。〔2〕广义的社会法则是指所有为实现社会政策而制定的法律，诸如劳动法、消费者权益保护法、住宅法、环保法、医疗法等均为社会法。而除了以上三种最基本的理解之外，还有学者认为，社会法是一种法学思潮，是相对“个人法”的概念而使用的；〔3〕或认为，社会法是一个法律门类，是特有属性的法律群，而不是一个法律理念。〔4〕可以说，“社会法产生以来，关于社会法涵盖的内容以及社会法是法律部门还是法域的争论一直没有停歇过”〔5〕。仅我国学者关于“社会法”词语的使用就多达数十种内涵，甚至在理论界，社会法甚至曾一度被作为我国法律体系中的一个部门法。显然，社会法的概念包含了过多的理解与解释，更容易引起人们的误读，更容易导致人们观念上的分歧和争议。而

〔1〕 参见张守文：《社会法论略》，载《中外法学》1996年第6期。

〔2〕 参见陈海嵩：《经济法与社会法关系之我见》，载《中南民族大学学报（人文社会科学版）》2003年第S2期。

〔3〕 参见王为农、吴谦：《社会法的基本问题：概念与特征》，载《财经问题研究》2002年第11期。

〔4〕 参见郑尚元：《社会法的特有属性与范畴》，载《法学》2004年第5期。

〔5〕 林嘉：《社会法在构建和谐社会中的使命》，载《法学家》2007年第2期。

软法的概念尽管也存在不少争议，也不是一个用以指代国家法之外的法现象的最恰当概念，但至少相比“社会法”这一内涵和用意更多的概念而言，它还是一个争议相对要少的概念，是一个更为可取、更易为人们所接受的概念。笔者以为，在目前我们尚无法找到一个能够更为准确地描述包括党内法规等在内的国家法之外的“法”之法律性的概念，以更好地解释这类法现象的情况下，用软法来界定这些“法”的性质也许就是一种最恰当的做法。基于此，将党内法规纳入软法，在承认其法律性并认可其为我国社会主义法治体系组成部分的同时，使之区别于国家法，令其与国家法一起，共同在实现全面依法治国战略中发挥应有的作用，显然是一种务实而理性的选择。就此而言，将党内法规作为一种软法，在法理上不应存在争议。

不过，与行业规章、单位章程、技术标准、行政裁量基准、产业政策以及行为守则等一般性软法所不同的是，由于中国共产党作为最高政治领导力量以及执政党的特殊政治与法律地位及其全面从严治党的客观现实需要，党内法规虽然属于软法，但一点都不软，其实施效能丝毫不逊于国家法，甚至某些方面还有强于某些国家法律实施效能的趋向，是软法中的“硬法”。这显然是其他软法难以比拟的，是党内法规相比其他软法具有的一个重要特征。然而，尽管党内法规很“硬”，由于其并不倚赖国家强制力保障实施，而有着自身的特殊实施保障机制，因而并不能被划入作为国家法的硬法之列，而只能是一种软法。对党内法规的这一性质定位，我们必须予以明确且清醒的认识，切忌因为其实施效能的偏“硬”而误将其作为国家法，否则会很容易导致将党内法规混同为国家法。〔1〕

第三节　党内法规在党建中的定位

制度是人类理性的产物。作为人类理性的产物，任何制度都需要有自己明确的定位。制度定位是进行制度设计和发挥制度作用的基础与关键。制度的产生与存在是为了满足和适应特定的社会需要，因而社会的现实需要往往是制度定位的基础，它们决定着制度的定位。在人文社会科学领域，定位通常是指在确定的场域里应用分析工具和精确的论证过程，把事物放在适当的地位并做出某种评价。正如有学者指出的：定位是找到反映事物本质属性的内在规定性，从而确定其在一定的场域中所具有的适当位置。因此定位往往就成为讨论问题的逻辑起点，不同的定位可能导致完全不同的结果。党内法规作为一种特殊的法治现象，显然也面临自身定位的问题，尤其是在党的建设中的定位，而在党的建设中，对于不同的对象而言，党内法规显然

〔1〕 在性质定位上，党内法规是一种法，但不是作为硬法的国家法，而是一种坚硬的“软法”；党内法规是我国社会主义法治体系的重要组成部分，但并不隶属于国家法体系，而是国家法体系之外对国家法体系起着重要补充甚至保障作用的一种法。

有着不尽相同的定位。

一、党内法规是党对其自身的自律

笔者以为，对于中国共产党而言，党内法规是党对于其自身的高度自律，是党基于其自身特殊的性质以及为保持自身先进性与纯洁性而主动对其成员提出的、在要求上要高于国家法的行为规范。在当代法治社会中，任何组织和个人的行为底线都是国家法律，任何组织与个人都不得违反国家法律。换言之，只要遵守或不违反国家法律，任何组织与个人的存在及其活动就是合法的，具有当然的合法性。这一点，无论是对于中国共产党还是对于其他党派或社会组织而言都是如此。然而，中国共产党与其他党派或社会组织的一个核心区别就在于中国共产党是中国特色社会主义事业的领导核心，始终代表中国先进生产力的发展要求，始终代表中国先进文化的前进方向，始终代表中国最广大人民群众的根本利益，是一个具有先进性与高度自律性的政党，是一个能够严格要求自己成员从而体现其先进性和保持其纯洁性，并基于其先进性和纯洁性而更具有执政合法性的政党。因此，中国共产党在依法治国的同时始终关注更能够提升其自律的伦理道德建设，提倡以德治党，亦即以更高的要求和标准治党，以更高的行为标准要求党员，以模范的行为影响社会，号召共产党员以高尚的道德情操成为公民的表率，成为社会的领头羊与国家的排头兵。

而依规治党而非依法治党则是以德治党的底线要求。[1]

“自律是我党处理党政关系的重要政治伦理标准。”[2]“制定党内法规的根本目的还在于实现中国共产党人的自律，从而为国家治理现代化的实现奠定坚定的领导主体。”[3]依规治党本质上是内部监督，自我约束。中国共产党从历史基因上说，始终具有一种世界眼光、全球视野和开放胸怀。[4]她有着其他政党和社会组织所不具有的更为广博的胸襟和更为坦荡的心怀，能够自觉用更高的标准和更严的要求约束自己，建设自己，令自己始终具有先进性。中国共产党从来都不以国家法律的规定这样一种适用于一般公民与社会组织的、在要求上相对较低的规范作为其党员及各级党组织行为的底线，而是有着更高的行为标准及底线要求，即以远高于国家法律要求的党内法规所要求的更高的行为规则作为其党员及党组织行为的底线。例如，在国家法的层面，对于普通公民而言，通奸（亦即与他人发生不正当性关系）只是一种违反道德的行为，该行为并不违法，也不受法律的处罚；而对于党员而

---

〔1〕 依据国家法律管党治党是以德治党与依规治党的基础与保障。在全面从严治党的层面，依规治党是底线要求，而依据国家法律管党治党则是内含于全面依法治国的概念之中的，构成依规治党的基础，亦即依规治党本身是“依法进行”的依规治党。

〔2〕 魏青松：《中国共产党政治伦理思想及其分析维度》，载上海市社会科学界联合会编：《中国的实践与展望：社会转型与制度建设》，上海人民出版社 2010 年版，第 231 页。

〔3〕 廉睿、卫跃宁：《党内法规的法学逻辑及其与国家法的契合路径》，载《学习论坛》2017 年第 4 期。

〔4〕 参见黄相怀等：《不忘初心：中国共产党为什么能永葆朝气》，中国人民大学出版社 2016 年版，第 8 页。

言，尽管在国家法的层面，其通奸行为并不需要承担法律责任，不受法律制裁，但在党内法规的层面则违反了规定，也损害了党的形象，因而必须要受到相应的党纪处分。[1]再如，在国家法层面，公民有宗教信仰的自由，其可以参与各种宗教活动，可以自由加入某个教派，这是完全合法的，不需要承担任何法律责任；但对于党员而言，由于党内法规明确要求党员信仰共产主义，因此，党员参与宗教活动，加入某个教派，就是违反规定的，依规应受到相应处分。还如，在国家法层面，公民没有救助国家和群众生命财产的义务，其不救护国家与群众财产的行为不违反法律；而对于党员而言，其不救护国家和群众生命财产的行为显然也不违反国家法律，但由于党内法规规定了党员有这方面的义务，因此，不违反国家法的党员依旧构成违法，需要承担党内法规上的法律责任。[2]这是因为，党内法规对于党员的要求要高于国家法对于一般公民的要求。“我们党作为中国特色社会主义事业的领导核心，只有以更严的党规党纪来要求、约束自身，才能确保始终走在时

〔1〕 正因为如此，《中国共产党纪律处分条例》第151条明确规定：“与他人发生不正当性关系，造成不良影响的，给予警告或者严重警告处分；情节较重的，给予撤销党内职务或者留党察看处分；情节严重的，给予开除党籍处分。利用职权、教养关系、从属关系或者其他相类似关系与他人发生性关系的，从重处分。”

〔2〕《中国共产党纪律处分条例》第127条明确规定：“遇到国家财产和群众生命财产受到严重威胁时，能救而不救，情节较重的，给予警告、严重警告或者撤销党内职务处分；情节严重的，给予留党察看或者开除党籍处分。”

代前列。"[1]"党内法规的核心功能就是发挥内部自我约束的作用，规范党组织的工作、活动和党员行为，这也是党内法规区别于宪法法律等法治规范的独特功能。"[2]而这无疑是中国共产党能够成为中国工人阶级的先锋队并同时也是中国人民和中华民族的先锋队，能够保持其先进性与纯洁性并成为我国社会主义建设事业领导核心的关键。

和国家法律相比，党内法规并不能自我授权，而只能通过国家法律加以授权，然而，党内法规却可以自我约束。"党内法规"和国家法律意义上的"法规"在概念上的近似性实际上具有一种积极意义，它使党内法规剥离了权力授受而施加了权力规限，从而更好地服务于法治建设。[3]就此而言，党内法规是增强党自我净化、自我完善、自我革新、自我提高能力的制度保障，是"维护党中央权威、保证党的团结统一、保持党的先进性和纯洁性，努力在全党形成又有集中又有民主、又有纪律又有自由、又有统一意志又有个人心情舒畅生动活泼的政治局面"[4]的规则支撑，是党得以实现良好自治从而更有能力和条件带领全国人民治国理政的保障。

---

〔1〕 殷啸虎：《依法依规治党，党规严于国法》，载《解放日报》2016年11月15日，第13版。

〔2〕 谢宇：《论中国共产党党内法规的法治化》，载《云南社会科学》2016年第3期。

〔3〕 参见武小川：《"党内法规"的权力规限论——兼论"党内法规"软法论的应用局限》，载《中共中央党校学报》2016年第6期。

〔4〕 《中国共产党第十八届中央委员会第六次全体会议公报》，载《中国纪检监察》2016年第21期。

二、党内法规是对党员的他律

站在党的角度，党内法规是作为执政党与领导者并以实现共产主义为最高理想和最终目标的中国共产党对其自身的高度自律；而对于中国共产党党员来说，党内法规作为党对党员提出的思想道德与行为规范上的要求，则是以规范性文件表现出来的对于党员的他律。党员是党肌体的细胞和党活动的主体，党对其自身的高度自律最终是通过对作为其肌体细胞和活动主体的党员的严格要求及其努力践行来实现的，在这一过程中，党内法规发挥着至关重要的作用。"党内法规对党性修养的巩固发挥着'他律'作用。"[1]它对于保障和监督广大党员自觉依照党的要求，严格按照一个共产党员的标准为人做事具有制度保障方面的重要意义。党内法规不是个体"自律"意义上的道德规范，党员个体如果违背了党内法规，就会产生外界强加于其身的否定性后果。[2]在这一点上，党内法规与国家法律一样，都是对于党员的一种他律，党员无论是违反国家法律还是违反党内法规，都需要承担相应的不利法律后果。但同样作为他律，党内法规的他律与国家法的他律

---

〔1〕 孙振鹏:《全面从严治党背景下党内法规建设的路径》，载《宁夏党校学报》2016年第5期。

〔2〕 参见蔡金荣:《依法治国方略中的中国共产党党内法规：正名与定位》，载《求实》2016年第11期。

又存在很大的不同，具体体现在以下五个方面：

（1）党内法规是要求更高、内容更严的规矩。党内法规这一他律对于党员的要求相比国家法律这一他律对于党员的要求来说要更严更高。“法律是最低限度的伦理”（耶里内克语）[1]，国家法律作为人们行为的底线，是对所有公民提出的行为规范要求，党员作为公民中具有共产主义觉悟的战士，作为广大人民群众中的先进分子，只是其中的一个组成部分。因此，国家法律在行为要求上不能够拔得过高，管得过严，它只能针对一般公民能够达到的伦理道德层次设置相应的行为要求，而不能依据其中的党员之觉悟设置更高的标准，否则就会因为社会成员中的大多数无法达到这一标准而沦为空置，成为具文，从而失去其作为法的规范价值。而党内法规作为专门适用于党员的一种特定行为规范，则可以依据党自身工人阶级先锋队同时是中国人民和中华民族先锋队的性质以及党保持自身先进性与纯洁性的需要而设置更高层次、更严格的标准与要求，因为党员是中国工人阶级的有共产主义觉悟的先锋战士，是坚持全心全意为人民服务的社会先进分子，有着超越一般公民的思想觉悟与道德修养。只有对其适用更高层次的标准与更严格的要求，才能够契合其有共产主义觉悟的先锋战士的角色，凸显并保持其更高的觉悟与修养，也才能敦促其加强自我约束，秉承全心全意为人民服务的宗旨，成为一名合格的党

〔1〕 参见［美］罗斯科·庞德：《法律与道德》，陈林林译，中国政法大学出版社2003年版，第147页。

员、合格的先锋战士。而这显然正是党一直高度强调党内法规是实现“党要管党、全面从严治党”的原因所在。以此为基点，对于党员而言，其遵守国家法律或不违反国家法律只是做到了作为国家公民之一分子所应当履行的义务，而不能表明其已经是一个合格的党员，〔1〕只有不违反党内法规才说明其做到了一个共产党员的行为要求，符合了一名合格党员的标准。以此为基点，“党的各级组织和广大党员干部不仅要模范遵守国家法律，而且要按照党规党纪以更高的标准严格要求自己，坚定理想信念，践行党的宗旨，坚决同违法乱纪行为做斗争”。〔2〕

（2）党内法规作为他律，一般只适用于调整党内关系，也只对党员及各级党组织产生约束力。国家法作为他律是国家对作为公民的党员及其他所有公民提出的行为规范要求。党员作为中国工人阶级的有共产主义觉悟的先锋战士，永远是劳动人民的普通一员，是我国社会主义国家公民中的一分子，既是党的人，也是国家的人。而党员既然是国家的人，就应当像其他公民一样，具有遵守国家法律的义务，以遵守国家法律为其基础义务。国家法律对任何公民都具有法律约束力，不论是党员还是普通群众，任何人作为公民都必须遵守国家法，这是其作为一个公民的义务与责

〔1〕 因为遵守国家法是公民的义务，党员遵守国家法只能说明其履行了作为公民所应当履行的义务，做到了一个公民的基本要求，但党员是公民中的先进分子，不能以一般公民的标准来衡量党员。

〔2〕 参见《中共中央关于全面推进依法治国若干重大问题的决定》，载《中国法学》2014 年第 6 期。

任。不仅如此，党员作为公民中的先进分子，作为具有共产主义觉悟的先锋战士，需要具有更高的伦理道德素养，相比一般公民而言，更具有遵守国家法的道德义务。对党员而言，违反国家法不仅仅是违法，也是违规，党员违反了国家法需要承担党内法规责任与国家法责任双重责任。而党内法规作为他律，则是党作为一个在我国具有特殊政治法律地位的社会组织对于其成员提出的行为规范要求。党员具有党员与公民双重身份。作为公民，其必须遵守国家法律，受国家法这一他律的制约；作为党员，他又必须遵守党内法规，受党内法规的约制。党员遵守了国家法的规定，只是表明其做到了一个合格公民应尽的义务，是一个守法合格的公民，但守法合格的公民未必就是合格的党员，因为党通过党内法规对于党员的要求要高得多，也严得多，党员要成为合格的党员，还必须遵守对其要求更高且内容更严的党内法规。党内法规是中国共产党的“家法”。党内法规是党在国家宪法与法律允许的前提下，行使其作为一个组织所拥有的“家长权”而对党员提出的相对更为严格的要求，是合乎国家法这一他律要求之外的另外一种他律。而这一他律由于要比国家法在要求上更高且在内容上更严，所以其通常只及于党内，用以调整党内关系，规范并约束相比一般公民而言具有更高觉悟的党员，而不约束和规范一般公民。

（3）党内法规具有调整党员思想和行为的双重调整功能。党内法规这一他律不仅可以对党员的行为提出要求，而且可以对其思想道德修养与作风建设提出要求。党的建设是一个包括思想建设、作风建设、组织建设等在内的科学化的体系建设，党内法规作为党的建设的制度保障势必要将党的建设的方方面面纳入之中。因此，在党内法规制度建设中有相当多的内容与制度涉及对党员政治思想的要求，尤其是在党的十八届六中全会突出强调思想建党与制度建党相结合的背景下。如《中国共产党党内监督条例》第 8 条规定的"党的领导干部应当强化自我约束，经常对照党章检查自己的言行，自觉遵守党内政治生活准则、廉洁自律准则，加强党性修养，陶冶道德情操，永葆共产党人政治本色"，显然就是对党员思想道德修养与作风建设提出的明确要求。而党的十八届六中全会则特别强调指出了思想建党的重要性，全会提出，"共产主义远大理想和中国特色社会主义共同理想，是中国共产党人的精神支柱和政治灵魂，也是保持党的团结统一的思想基础。必须把坚定理想信念作为开展党内政治生活的首要任务。全党同志必须把对马克思主义的信仰、对社会主义和共产主义的信念作为毕生追求，坚定对中国特色社会主义的道路自信、理论自信、制度自信、文化自信。领导干部特别是高级干部要以实际行动让党员和群众感受到理想信念的强大力量。全党必须毫不动摇坚持马克思主义指导思想，党的各级组织必须坚持不懈抓好理论武装，广大党员、干部特别是高级干部必须自觉抓好学习、增强党性修养”[1]。立足于此，对党员干部思想乃至道德的调整是党内法规必然触及的一个基本方面。而国家法律则只能对党员的行为规范提出要求，无法像党内法规一样，从思想道德与作风建设的高度上要求党员。因为国家法律作为一种适用于所有公民的行为规范，虽然也有其思想教育作用，能够影响到人们的思想，但它毕竟以行为为直接调整对象，[2]只宜规范人们的行为而无法涉足人们的内心，如有学者所指出的，“纳入法律规范调整范围的，只能是人的行为，不能扩大到人的思想领域”。[3]

需要指出的是，“党内法规已经超越了单纯对行为的调整，而触及了党员的内心和灵魂，这是国家法律所不能胜任的”。[4]而党内法规之所以既能够规范党员的行为，又能够规范党员的思想，其原因在于它作为法律化的伦理道德，并不是已经具备了自身相对独立形态的最低限度的伦理道德——尽管对于党员而言它是必须遵守的行为底线！因为从伦理道德的层面来说，党内法规的要求要高于国家法这一最低限度的伦理道德之要求，这意味着其

〔1〕 参见《中共十八届六中全会在京举行》，载《光明日报》2016年10月28日，第1版。

〔2〕 参见殷啸虎、叶青主编：《法学理论前沿》，上海社会科学院出版社2016年版，第160页。

〔3〕 参见程明：《试论道德的法律化及其限度》，载《北京师范大学学报（社会科学版）》2007年第2期。

〔4〕 参见李树忠：《党内法规与国家法律关系的再阐释》，载《中国法律评论》2017年第2期。

自身的规范实际上已经涉足较高程度的伦理道德领域。[1]国家法作为最低限度的伦理道德只具有行为调整功能，不调整人们的思想，这是其与伦理道德最为显著的差异之一；但伦理道德则不同，它既可以规范人们的行为，又能够调整人们的思想，甚至其对人们行为的调整主要也是通过其对人们思想的调整而发挥作用的。在这一点上，党内法规对党员干部思想的调整及其在强化党员干部思想政治工作方面所发挥的作用，显然是借助了伦理道德规范能够介入调整人的思想意识之优势。

（4）党内法规以义务为本位。作为他律，法的基本构成是权利与义务，而在二者的关系上，它突出的是权利与义务相适应，亦即马克思所说的"没有无义务的权利，也没有无权利的义务"[2]。

〔1〕 在严格意义上，伦理是不尽同于道德的一个概念。在外延上，伦理要大于道德。如黑格尔认为，伦理是现实的善或活的善，它通过人的知识和行动得以体现出来，而成为现实的或活的。"伦理与道德是不同的领域……因为道德是关于主观性的学说，它缺乏内容的规定性，而伦理性则是关于客观性（严格说是主客观统一）的学说。"参见［德］黑格尔：《法哲学原理》，杨东柱等编译，北京出版社 2007 年版，第 76-77 页。然而，就伦理与道德在西方的词源含义而言，二者却是一个概念，因为伦理与道德经常交互使用。伦理一词来自希腊文中的"ethicks"，意指行为习惯、模式或通行的态度，和"ethos"，意指性情和品质。道德一词来自拉丁文中的 *morals* 一词，意指习惯、惯例或社会规范。正因为如此，在一般人的语言表述中，往往将伦理和道德作为含义相同的概念来使用，伦理即道德，道德亦即伦理。甚至，在一些特定的语境中，人们还将伦理和道德合为一个词来使用（参见刘长秋：《生命法学理论梳理与重构》，中国政法大学出版社 2015 年版，第 236 页）。在这里，我们也将伦理与道德视为同义，而不再对二者加以区分。

〔2〕 《马克思恩格斯全集》（第 21 卷），人民出版社 2003 年版，第 17 页。

这一点，无论是国家法还是党内法规都不例外。〔1〕但相比之下，国家法律很多情况下更突出权利的优先性，将享有相应的权利作为履行对应义务的前提，即“在权利和义务的关系上，权利是目的，义务是手段，法律设定义务的目的在于保障权利的实现”。〔2〕而党内法规更强调的则是党员的义务，“党员对社会尽义务是党员的天职，也是党员与一般社会成员最大的区别”。〔3〕对于党员而言，履行义务是享有权利的基础，“党员履行义务是保持党的先进性的需要”。〔4〕“党员义务具有先决性、主导性，而党员权利则是派生和从属的，在这一点上，党员义务与权利二者的逻辑关系明显区别于公民权利与义务。”〔5〕换言之，同样作为他律，二者尽管都规定了相关的权利，也都设置了相应的义务，但国家法律更强调以权利为本位，而党内法规则更突出以义务为本位。而权利本位与义务本位的逻辑显然是根本不同的，正如德沃金所指出的，在权利论下，权利的合理性基础是基本的权利；而在义务论下，义务的

〔1〕《宪法》第33条第3款明确规定：“任何公民享有宪法和法律规定的权利，同时必须履行宪法和法律规定的义务。”而《中国共产党党员权利保障条例》第3条则规定：“党员权利保障应当遵循以下原则：……坚持义务和权利相统一，切实履行党章规定的义务，正确行使各项权利，在宪法和法律的范围内活动……”这表明，无论是国家法还是党内法规都强调权利与义务相适应，行使权利的同时必须履行相应的义务。

〔2〕参见张文显：《从义务本位到权利本位是法的发展规律》，载《社会科学战线》1990年第3期。

〔3〕参见黄明哲、赖路成：《党员主体地位与党员权利义务关系研究》，载《学习与实践》2009年第2期。

〔4〕参见郭群英：《试论党员主体地位是党员权利和义务的统一体》，载《福建党史月刊》2012年第16期。

〔5〕宋功德：《党规之治》，法律出版社2015年版，第214页。

合理性基础则是根本的义务。[1]正因为如此,《党章》在规定党员权利与义务时首先规定了党员必须履行的义务(第3条),然后才规定党员可以行使的权利(第4条)。而在专门保障党员权利的《中国共产党党员权利保障条例》中,也往往在规定党员权利之后随即设定相应的义务,使得党员的权利与其义务紧密结合,党员在享有权利的同时需要履行相应的义务。如该条例第9条规定:"党员有党内参加讨论权,有权在党的会议上和党报党刊上参加关于党的理论、政策的学习讨论,并充分发表意见;有权按照规定在党内参加有关重要决策和重要问题的讨论,参加党组织开展的征求意见等活动,反映真实情况,积极建言献策。党员在讨论党的基本理论、基本路线、基本方略的过程中,应当自觉同党中央保持高度一致。"显然,该条例在赋予党员参加讨论权等相关权利的同时,也规定了其自觉同党中央保持高度一致的义务。而类似的规定在该条例中大量存在。党内法规与国家法的这一不同是由党自身工人阶级先锋队并同时也是中国人民与中华民族先锋队的性质及其全心全意为人民服务的宗旨决定的,也是为了增强党的凝聚力,适应管党治党以保持和提高党的战斗力的需要。

(5)党内法规这一他律相比国家法这一他律而言更具政治属性。党内法规作为党内规矩,作为党员必须遵守的"他律",不仅仅具有法律属性,更具有鲜明的政治属性,即它是政党政治的产

〔1〕 参见[美]罗纳德·德沃金:《认真对待权利》,信春鹰、吴玉章译,中国大百科全书出版社1998年版,第228页。

物，是党出于管党治党需要制定和实施的具有法律性质的规则，是党保持其先进性和纯洁性的制度需求。“政党组织属于政治组织，其首要属性无疑是其政治属性。作为政党组织制定的规章制度，当然鲜明体现其政治属性、反映其政治诉求。”[1]“作为党内法规的本质属性，政治属性内在地规定着党内法规的制度设计，深刻塑造着党内法规的制度形象。”[2]党内法规不仅名为“法”，更姓“党”，具有党性。党内法规作为法，需要具有法的相对稳定性、规范性与权威性，且需要被平等地遵循。“从理论上讲，党内法规如同法律一样，是从党内实践活动、党员具体行为中高度抽象出来的一种行为模式，它的创制必须注重科学性和民主性，要代表绝大多数成员的意志，具备稳定性、可改进性。”[3]这是其法律属性的重要体现。而党内法规作为要求上更高且内容上更严的治党规范，则是其政治属性的集中体现，是党内法规坚持马克思主义党的属性和要求，讲政治，体现党建实践经验的必然结果。党内法规具有法律属性，需要遵守法治建设的一般规律，例如需要保持内容的适当稳定性，需要增强制度的必要权威性，需要强调制度执行的程序性，需要尊重并保护党员的权利，需要将党自身的权力关在制度的笼子中。但其政治属性则决定了党内法规又必须遵循政治建设的一般规律，需要适应并服务于政治的需要，适应并

〔1〕 宋功德：《党规之治》，法律出版社 2015 年版，第 29 页。

〔2〕 宋功德：《紧扣保障政治大局深化依规治党》，载《民主与法制》2022 年第 10 期。

〔3〕 蔡文华：《论依规治党的内涵、目标及其实践路径》，载《探索》2016 年第 4 期。

服务于党的建设的需要以及党治国理政的需要。

就其法律属性与政治属性的关系而言，党内法规的法律属性从属于其政治属性，并以其政治属性为存在前提。这是因为，党内法规本身是政党政治的产物，其存在和发展的前提是党要管党治党。脱离了政党政治，脱离了党管党治党的需要，党内法规便失去了其存在的价值。以此为基点，党内法规更具有政治属性，且其政治属性优先于其法律属性。〔1〕“党内法规要服从并服务于党的政治属性和政治目标。从功能上来看，党内法规是改进和巩固党的领导，更好实现党的领导目标的内在制度保障。”〔2〕一方面，基于其政治属性，党内法规相比国家法而言应当具有更大的灵活性，它能够依据党管党治党的需要在宪法与法律允许的范围以内，依照相关党内“立法法”规定的条件和程序及时立、改、废，能够及时作出变通，以使党的建设跟得上形势，迈得开步伐，适应得了政治发展变化的需要。正因为如此，先行先试而后出台正式法规，往往是党内法规的一个重要特征。对此，2012 年印发的《党内法规制定条例》第 24 条明确规定：“实际工作迫切需要但还不够成熟的党内法规，可先试行，在实践中完善后重新发布。”而 2019 年修订的《党内法规制定条例》第 30 条规定：“实

〔1〕 参见屠凯：《党内法规与国家法律共处中的两个问题》，载《中国法律评论》2016 年第 3 期。

〔2〕 陈光：《党内法规在社区治理中的作用研究》，载《中共浙江省委党校学报》2017 年第 3 期。

际工作迫切需要但还不够成熟的党内法规，可以先试行。试行期限一般不超过5年。”同时，基于其政治属性，党内法规需要契合“党要管党、全面从严治党”的实际需要，必须能够体现党的先进性并有助于保持党的纯洁性，必须始终坚持其“党姓”与党性，在立、改、废时始终坚持以相比一般群众更高的行为标准、更严的内容要求为党员及各级党组织建规立矩。此外，基于党内法规的政治属性，其在适用的过程中，党内法规应当优先于国家法而对党员适用。因为只有其优先于国家法得到适用，才能够使党用以管党治党的、相比国家法要求更高且规定更严的制度切实实施，才能体现治党的从严性，突出党的先进性，并有助于保持党的纯洁性。法律属性与政治属性共同构成党内法规的基本属性，使党内法规成为一种既对党员和各级党组织而言具有法律性质的约束力而又不同于国家法律，既能够适应党管党治党之专门需要，又可以与党领导人民制定的国家法律保持协调一致的重要规范。

另一方面，同样基于党内法规的政治属性，很多时候，党内法规相比国家法而言也会比较容易产生以下两个方面的问题：其一，党内法规相较国家法而言更容易成为政治的工具。政党规章作为政党强化自身建设的手段，是政党政治的产物。当政党的任务因政治形势发展需要发生变化时，其党内规章通常会适应形势的变化而有所改变。党内法规是适应管党治党需要而产生的，它与其他所有政党的内部规章一样，也是政党政治的产物。既然是政党政治的产物，则其就很难不受政治的影响。作为管党治党的制度保障，相比国家法更容易保持其法律性而言，党内法规则更容易受政治变化的影响。其二，党内法规相较国家法律而言更容易受到忽视。与国家法律以国家强制力保障实施不同，党内法规实施靠的是党的组织力量。这使得党内法规更容易不被重视甚至受到忽视。实际上，从我国反腐的现实情况来看，党内法规作为防腐反腐的第一道防线，是反腐的前沿阵地，它的作用是以高层次的伦理道德要求帮助党员保持纯洁性与先进性，倚赖高尚的道德拒腐防变，并依靠党内法规自身相对灵活的处理机制使那些有腐败倾向的党员干部及时警觉和尽早清醒！但遗憾的是，本应发挥作用的党内法规长期以来却并没有在我党反腐中充分发挥作用。其重要原因就在于，党内法规在很长一段时间内没有得到应有的重视，其相关制度没有得到很好的执行。实际上，党的十八大以来我党的反腐实践已经清楚地表明，党内法规是防腐反腐的利器，党内法规被严格遵行的时候，恰恰是党内腐败分子无法藏身的时候，也是我党反腐成效最为显著的时候。

基于以上两个方面的问题，在党内法规制度建设的过程中，我们一方面需要看到并关注和重视党内法规政治属性在管党治党方面所具有的积极意义，并学会利用这一属性推进党的执政能力与领导能力建设，保持并提高党的先进性；另一方面也要注意防范其政治属性过强而可能产生的负面效应，需要尽可能地强化其法律性建设，突出党内法规作为一种法所应当具有的规范性、程序性、严肃性与权威性，要通过强化党内法规的法律性建设来约制和防范因其政治属性过强而可能产生的负面效应，强调运用法治思维管党治党，运用法治思维推进党内法规的制度建设。为此，今后在加强党内法规立、改、废以使其与国家法保持协调，强化其法律性建设的同时，须更加关注和重视党内法规的实施问题，使写在纸面上的党内法规制度变成现实的活的规范，切实发挥党内法规的法之效能。

三、党内法规是人民监督党的重要准据

党内法规作为党对其自身的一种高度自律以及对其党员的一种严格他律，是实现“党要管党、全面从严治党”的重要保障。党的建设离不开“党要管党”，离不开党自身的高度自律与自觉，更离不开“全面从严治党”，离不开党对其成员的严格他律。管党治党必须是自律与他律的有机结合。而作为一项复杂的系统工程，党的建设显然也需要人民群众的理解、拥护与支持。中国共产党作为我国唯一的执政党，其执政能力与政治生命力不仅来自其自身，更来自其所代表的广大人民群众。“没有民众的支持和拥护，任何政党都不可能执政，或不可能长期执政。”〔1〕作为

〔1〕 蒋晓伟：《从严治党亟需建立内外相维的严格控权机制》，载《探索与争鸣》2017年第4期。

中国特色社会主义事业的领导核心，中国共产党的存在与发展本身就是为了人民，服务于人民，即“立党为公，执政为民”。正如有学者指出的，“始终代表中国最广大人民的根本利益，而不是哪一个或哪几个利益集团的特殊利益，是中国共产党区别于其他政治势力的最大特色，也是她最大优势所在”。〔1〕党的建设的基本目标在于为人民服务，为此，在党的建设过程中必须坚持全心全意为人民服务，“党除了工人阶级和最广大人民群众的利益，没有自己特殊的利益。党在任何时候都把群众利益放在第一位，同群众同甘共苦，保持最密切的联系，坚持权为民所用、情为民所系、利为民所谋，不允许任何党员脱离群众，凌驾于群众之上”。〔2〕

为此，党需要坚持全心全意为人民服务的宗旨，需要时刻倾听广大人民群众的声音、意见与建议，以维护和满足广大人民群众的利益为使命，并随时接受人民群众的监督。唯有如此，才能够“坚持立党为公、执政为民，发扬党的优良传统和作风，不断提高党的领导水平和执政水平，提高拒腐防变和抵御风险的能力，不断增强自我净化、自我完善、自我革新、自我提高能力，不断增强党的阶级基础和扩大党的群众基础，不断提高党的创造力、凝聚力、战斗力，建设学习型、服务型、创新型的马克思主义执政党，

---

〔1〕 参见黄相怀等：《不忘初心：中国共产党为什么能永葆朝气》，中国人民大学出版社2016年版，第5页。

〔2〕 参见《党章》总纲。

使我们党始终走在时代前列，成为领导全国人民沿着中国特色社会主义道路不断前进的坚强核心”。[1]党内法规作为党为各级党组织与党员及其自身制定的基本底线行为规范，是人民群众对党以及各级党组织与党员进行监督的重要准据。党的十八届六中全会指出，“监督是权力正确运行的根本保证，是加强和规范党内政治生活的重要举措。必须加强对领导干部的监督，党内不允许有不受制约的权力，也不允许有不受监督的特殊党员”。[2]这深刻地指出了监督对于党自身建设的重要性及其基本要求。但很显然，“欲知平直，则必准绳；欲知方圆，则必规矩”。[3]监督需要依据一定的准据来进行，尤其是对于广大人民群众而言，其对党、党的各级组织及党员进行监督需要有一定的标准。通过这一标准，广大人民群众可以非常清楚地了解和把握党的活动以及党员的言行是否符合党的宗旨，是否充分体现了党的先进性与纯洁性，是否违背了中国共产党自身对人民作出的庄严承诺以及一个中国共产党党员所应当履行的基本义务，否则人民群众在发挥监督作用时就会感到无所适从，难以判断，无法进行有效监督。而这一标准就是作为中国共产党党员及各级党组织行为底线的党内法规。党内法规是党对其自身的高度自律以及对于党员的严格他律，体现了

---

〔1〕 参见《党章》总纲。

〔2〕 参见《中共十八届六中全会在京举行》，载《光明日报》2016年10月28日，第1版。

〔3〕 参见王育颐等编撰:《中国古代文学词典》(第4卷)，广西教育出版社1989年版，第503页。

党从严管党治党的承诺，为党自身及党员的行为树立了标准。透过党内法规，广大人民群众可以清楚地了解和掌握党对于其自身以及各级党组织与党员的行为有哪些要求，可以清楚党的活动以及党员行为的底线在什么地方，党员有没有违规行为，对于违规行为，党有没有及时、公正地处理，从而更好地对党以及党的各级组织与党员加以监督，保证党以及党的各级组织与党员在党内法规要求的范围内开展活动。党的十八届三中全会通过的《关于全面深化改革若干重大问题的决定》指出："坚持用制度管权管事管人，让人民监督权力，让权力在阳光下运行，是把权力关进制度笼子的根本之策。"〔1〕党的十九大报告要求："要加强对权力运行的制约和监督，让人民监督权力，让权力在阳光下运行，把权力关进制度的笼子。"〔2〕党的二十大报告则指出："健全党统一领导、全面覆盖、权威高效的监督体系，完善权力监督制约机制，以党内监督为主导，促进各类监督贯通协调，让权力在阳光下运行。"〔3〕而党内法规作为用以管权管事管人的党内制度，显然就是让人民监督权力，把权力关进制度笼子的根本之策，"对权力的规范和

〔1〕《中共中央关于全面深化改革若干重大问题的决定》，载《前线》2013年第12期。

〔2〕习近平：《决胜全面建成小康社会，夺取新时代中国特色社会主义伟大胜利（二〇一七年十月十八日）》，载中共中央党史和文献研究院编：《十九大以来重要文献选编（上）》，中央文献出版社2019年版，第47页。

〔3〕习近平：《高举中国特色社会主义伟大旗帜 为全面建设社会主义现代化国家而团结奋斗——在中国共产党第二十次全国代表大会上的报告（2022年10月16日）》，载《光明日报》2022年10月26日，第5版。

制约是党内法规的根本指向”。[1]就此而言，党内法规是借以对党进行外部监督的基本参照，是广大人民群众对党进行监督的重要准据，是党用以加强自身建设以保持其先进性与纯洁性的基本保障。

〔1〕参见胡文木：《论党内法规对权力的规制》，载《浙江学刊》2017年第6期。

第二章　党内法规发展规律之思考

对于制度的形成与发展而言，“历史是至关重要的，它的重要性不仅仅在于我们可以向过去取经，而且因为现在和未来是通过一个社会制度的连续性与过去连接起来的”。[1]因此，“要想深刻地理解一种规矩或一种制度，一种法律准则或一种道德准则，就必须尽可能地揭示出它的最初起源；因为在其现实和过去之间，存在密不可分的关联。毋庸置疑，由于这些规矩、制度或准则的运作方式已经发生了变化，所以从原则上讲，它们所依据的原因本身也就会发生变化；但是这些转化仍然有赖于它们的发端”。[2]在此意义上，对制度的研究，离不开对制度历史脉络的考察。中国的政治制度也因此可以被视为一种中国特色的善治。[3]在这些政治制度之中，党内法规制度就是一种非常典型的善治。党内法规通过设立相应的制度规范党员及党自身的行为，成为“党要管党、全面从严

---

〔1〕 参见［美］道格拉斯·C. 诺斯：《制度、制度变迁与经济绩效》，刘守英译，上海人民出版社 1994 年版，第 1 页。

〔2〕 参见［法］爱弥尔·涂尔干：《乱伦禁忌及其起源》，汲喆等译，上海人民出版社 2003 年版，第 3 页。

〔3〕 See Manuel E.Delmestro, *The Communist Party and the Law: An Outline of Formal and Less Formal Linkages between the Ruling Party and Other Legal Institutions in the People's Republic of China*, Suffolk University Law Review, Vol.43: 681–705 (2010).

治党”的重要保障。而严治下的中国共产党不仅保持了足够的纯洁性与先进性，且提高了自身领导社会主义革命和建设的能力，使得中国的各项建设都显现出了巨大的生命力。对于党内法规的研究来说，厘清其概念与特征，准确界定其本质与定位固然是必要的，但对其历史的考察显然也是不可或缺的。而站在历史发展的维度上，党自身建设与发展的历史实际上就是一部党内法规形成和发展的历史，是一部党依规建党、治党和立党的历史。

第一节　党内法规概念的由来、发展及其启示

作为一个过去游离于当代法学研究理论之外的法治概念，“党内法规”或“党法”的概念并不是凭空产生的，也不是个别学者拍脑袋想出来的，而有其自身特定的产生及发展历程。这一名称的产生与发展实际上是法学研究理论运用于党的建设研究过程中的必然产物，也是当代依法治国必然带来的对于法学研究理论进一步扩展和深化的客观需要。

一、党内法规概念的由来与发展

马克思、恩格斯在经典著作中，并没有明确提出“党内法规”

这样一个词语。然而党内法规思想在马克思、恩格斯思想中却是有其源流的，而这一思想不仅为马克思主义其他经典作家所继承和发展，且为中国革命的领导人以及党的重要决议进一步阐发和运用。

（一）马克思主义经典作家对党内法规概念的论述

将法的概念运用到党的理论当中，最早始于马克思、恩格斯。早在 1872 年 4 月，恩格斯在关于第一国际章程致费拉拉工人协会的一封信中就指出，要加入第一国际必须接受国际工人协会的章程，而这个章程就是“法律”。他说，“这个共同章程和组织条例，是我们协会唯一的法律，它们可能会使你们的自治受到限制”“这些法律是整个欧洲工人创立的，是七年来在他们的各次年度代表大会上制定并为所有的人所承认的”。[1]而在 1879 年 11 月 14 日，恩格斯在致奥古斯特·倍倍尔的信中再次指出：“一个党丧失了作出有约束力的决议的可能性，它就只能在自己的活的、经常变化的需要中去寻找自己的法规。”[2]而这成为党内法规概念的渊源。除此之外，列宁、斯大林等也都对党内法规的问题有过清醒认识。斯大林明确指出，如果我们对领袖们宣布一种党的法规，对党内的“平民”宣布另一种党的法规，那么我们就根本没

---

〔1〕 参见《马克思恩格斯全集》(第 18 卷)，人民出版社 1964 年版，第 79 页。

〔2〕 中共中央马克思恩格斯列宁斯大林著作编译局编译:《马克思恩格斯文集》(第 10 卷)，人民出版社 2009 年版，第 440 页。

有什么党，没有什么党的纪律了。〔1〕而列宁则在继承和发展马克思、恩格斯观点的基础上进一步明确了党的代表大会为党的法律唯一的立法主体。他在《给俄国社会民主工党总委员会主席普列汉诺夫同志的公开信》中指出，党在无产阶级心目中威信扫地，是由于党的章程远不够完善，“必须有新的形式，或者至少也要改变旧的形式，而能够做到这一点的是社会民主党的唯一立法者——党的代表大会”。〔2〕列宁曾多次批评党内个别人违反党内法规的问题，如在 1905 年批评普列汉诺夫的形式主义观点时就说，“应当给普列汉诺夫带上一枚严格遵守党章和党的法规的奖章”，〔3〕不仅如此，列宁还直接领导俄国布尔什维克制定了包括《监察委员会条例》《中央检查委员会条例》等在内的多部重要党法党规，成为践行党内法规制度建设的实践者。

不难看出，尽管马克思主义经典作家“在实践中并未提出成熟有效的党内法规建设模式”，但已经明确地从“法”和“党内”两个维度建构了“党内法规”的概念体系。〔4〕这作为党内法规概念的渊源，为我们考察和研究党内法规提供了重要的理论和思想依据。就此而言，党内法规作为中国共产党力行全面依法治国及全面从严治党过程中充分关注和重视并不断强化的一个极重要概

〔1〕参见《斯大林全集》(第 11 卷)，人民出版社 1955 年版，第 278 页。
〔2〕参见《列宁全集》(第 10 卷)，人民出版社 1987 年版，第 74 页。
〔3〕参见《列宁全集》(第 8 卷)，人民出版社 1959 年版，第 196 页。
〔4〕参见蔡金荣：《依法治国方略中的中国共产党党内法规：正名与定位》，载《求实》2016 年第 11 期。

念，并不是在我国自创而生的一个没有任何理论基础和思想渊源的概念，而只是马克思主义话语体系在我国党史党建学乃至法学研究领域的一个强化运用。换言之，党内法规这一概念是马克思主义中国化的具体产物。

（二）党和国家领导人对党内法规概念的运用

从思维规律来说，如欲对某个事物作出概括表述，形成概念，“应当对产生该事物的背景和生存环境进行认知，这样才能把握概念的精神实质”。[1]对党内法规概念的认知与运用显然也在此列。在我国，党内法规的概念最初是由毛泽东同志出于加强和完善党的领导以及管党治党的现实需要首先使用的。在1938年10月召开的中共六届六中全会（扩大）上，毛泽东在代表中央作的政治报告中指出：“纪律是执行路线的保证，没有纪律，党就无法率领群众与军队进行胜利的斗争。在过去，由于克服了张国焘一类破坏纪律的倾向，保证了抗日民族统一战线与抗日战争的顺利执行。在今后，又必须坚持这种纪律，才能团结全党，克服新的困难，争取新的胜利。在这里，几个基本原则是不容忽视的：（一）个人服从组织；（二）少数服从多数；（三）下级服从上级；（四）全党服从中央。这些就是党的民主集中制的具体实施，谁破坏了它们，谁就破坏了党的民主集中制，谁就给了党的统一团结与党的革命

〔1〕 参见赵旭东：《程序正义概念与标准的再认识》，载《法律科学（西北政法学院学报）》2003年第6期。

斗争以极大损害。为此，党的各级领导机关，应该根据上述那些基本原则，给全党尤其是新党员以必要的纪律教育。过去经验证明：有些破坏纪律的人，由于他们不懂得什么是党的纪律。有些明知故犯的人，例如张国焘一类，则利用一部分党员的无知以售其奸。所以纪律教育，不但在养成一般党员服从纪律的良好作风上是必要的；而且在监督党的领袖使之服从纪律也有其必要。党的纪律是带着强制性的；但同时，它又必须是建立在党员与干部的自觉性上面，决不是片面的命令主义。为此，从中央以至地方的领导机关，应制定一种党规，把它当作党的法纪之一部分。一经制定之后，就应不折不扣地实行起来，以统一各级领导机关的行动，并使之成为全党的模范。”〔1〕显然，在报告中，毛泽东一开始并未一字不漏地使用党内法规的概念，而是用了党规以及党的法纪这样的概念。这是党的重要文件中首次使用类似概念。新中国成立后，在《毛泽东选集》的编辑中改用了“党内法规”这一更为强调规范效力范围限定的语词。〔2〕就此而言，党内法规一词依旧是由毛泽东同志最先使用的。然而，由于毛泽东本人以及党的权威文献并没有对党内法规的内涵和外延予以清晰界定，所以在毛泽东提出党内法规概念之后的很长时间内，在党内法规意欲表

〔1〕　中央文献研究室、中央档案馆编：《建党以来重要文献选编（一九二一——一九四九）》第15册，中央文献出版社2011年版，第645—646页。

〔2〕　参见廖奕：《中国特色社会主义法学话语体系研究反思——以“党内法规”话语为例》，载《法学家》2018年第5期。

达的核心意涵上，其他概念较之党内法规，在使用上更成熟，在接受程度上更高，导致党内法规远未取得“定于一尊”的地位。〔1〕

此次会议上，刘少奇同志专门作了关于《党规党法的报告》，但很显然，在报告中，刘少奇并没有采用“党内法规”的概念，而是用了“党规和党法”的提法。他指出：“党是执行民族统一战线的党。要保证党的团结与统一，除政治上思想上之统一外，条文上亦应规定法律上非团结不可，以避免个别人破坏党的团结与统一。并以此党规与党法去教育同志。”〔2〕1945 年 5 月中共七大会议上，刘少奇所作的《关于修改党章的报告》中再次提及了党内法规的问题，但这次则用了“党的法规”概念。他指出：“党章，党的法规，不仅是要规定党的基本原则，而且要根据这些原则规定党的组织之实际行动的方法，规定党的组织形式与党的内部生活的规则。”〔3〕此外，在 1962 年 1 月扩大的中央工作会议上，刘少奇再次使用了党的法规的提法，他指出，“党的第八次代表大会所通过的党章，是全党的法规，是党的生活的准则。一切党组织和全体党员，都必须无条件地、不折不扣地按照党章办事”。〔4〕陈云在 1954 年 2 月中国共产党第七届中央委员会第四次全体会议使用

〔1〕 参见蔡金荣：《依法治国方略中的中国共产党党内法规：正名与定位》，载《求实》2016 年第 11 期。

〔2〕 中共中央文献研究室、中共中央党校编：《刘少奇论党的建设》，中央文献出版社 1991 年版，第 46 页。

〔3〕《刘少奇选集》(上卷)，人民出版社 1981 年版，第 316 页。

〔4〕 参见《刘少奇选集》(下卷)，人民出版社 1985 年版，第 413 页。

的也是党规党法的概念，他指出，“要严守党的制度和党规党法，发扬党的优良作风，那党就有保证了。靠别的，我看都靠不住，要靠我们自己”。[1]而作为中国共产党第一代领导人中仅有的几位精通法律的马克思主义法学家之一的董必武则使用了党的准则和制度的概念，他指出：“中国共产党的党纲、党章，也就是党的活动的准则和制度。”[2]

邓小平同志1962年2月6日在扩大的中共中央工作会议上的讲话中沿用了刘少奇同志的提法，用了“党规党法”的概念，他指出：“比如民主集中制，团结——批评——团结的方法；言者无罪、闻者足戒，惩前毖后、治病救人；批评从严、处理从宽，不搞过火斗争、无情打击；艰苦朴素、谦虚谨慎，等等。这些都是毛泽东同志一贯提倡的，是我们的党规党法。”[3]1978年12月党的十一届三中全会上，邓小平在《解放思想，实事求是，团结一致向前看》这篇著名文献中明确指出“国要有国法，党要有党规党法。党章是最根本的党规党法。没有党规党法，国法就很难保障。各级纪律检查委员会和组织部门的任务不只是处理案件，更重要的是维护党规党法，切实把我们的党风搞好”，[4]揭示了党内法规与国家法律密不可分的重要关系及其重要地位。之后，“党法”、

---

〔1〕参见《陈云文选》（第2卷），人民出版社1995年版，第233页。

〔2〕《董必武年谱》编纂组编：《董必武年谱》，中央文献出版社2007年版，第451页。

〔3〕《邓小平文选》（第1卷），人民出版社1994年版，第300页。

〔4〕参见《邓小平文选》（第2卷），人民出版社1994年版，第147页。

“党规”或“党内法规”这类概念又在多次会议和多部党的文件中被明确使用，如 1980 年 2 月党的十一届五中全会通过的《关于党内政治生活的若干准则》、2001 年江泽民在庆祝中国共产党成立八十周年大会上以及 2006 年胡锦涛在中央纪委第六次全体会议上，[1]都曾经明确使用过“党内法规”的概念。

随着党对党内法规认识的逐步深化与成熟，并为了规范党内法规的制定，保证党内法规的质量，党还于 1990 年 7 月 31 日专门颁行了《中国共产党党内法规制定程序暂行条例》，就党内法规的概念、名称、适用范围、层次、原则以及制定修改的主体与程序等作了明确具体规定，正式确立了党内法规在党的治理中的重要地位。“党内法规”实现了从一个约定俗成的习惯性用语向规范性称谓的转变。[2]1992 年党的十四大修改后的《党章》，首次在党的根本大法中确认了“党内法规”这一概念。十四大《党章》第 44 条第 1 款明确规定“党的各级纪律检查委员会的主要任务是：维护党的章程和其他党内法规协助党的委员会加强党风建设，检查党的路线、方针、政策和决议的执行情况”，从而标志着“党内法规”的概念得到党内根本大法——《党章》——的正式确认，在

〔1〕 如江泽民指出：“各级党组织和每个党员都要严格按照党的章程和党内法规行事，严格遵守党的纪律。”参见《江泽民文选》(第 3 卷)，人民出版社 2006 年版，第 290-291 页。

〔2〕 参见施新州：《中国共产党党内法规体系的内涵、特征与功能论析》，载《中共中央党校学报》2015 年第 3 期。

党的建设中因而具有党内最高“法定依据”。[1] 2006年1月6日，胡锦涛同志在中央纪律检查委员会第十六届六次全会上的讲话中指出：“进一步加强制度建设，加强以党章为核心的党内法规制度体系建设，着力提高制度的科学性、系统性、权威性，做到用制度管权、用制度管事、用制度管人，推进党风廉政建设和反腐败工作的制度化、规范化。”[2] 在讲话中，胡锦涛同志第一次使用了“党内法规制度体系”的说法，将党内法规纳入体系化建设的视野。2009年9月中国共产党第十七届四中全会通过的《关于加强和改进新形势下党的建设若干重大问题的决定》则提出了“建立健全以党章为根本、以民主集中制为核心的制度体系，推进党的建设科学化、制度化、规范化”，用了党的制度的概念。2012年5月，《党内法规制定条例》发布，该条例取代1990年的《中国共产党党内法规制定程序暂行条例》成为党内法规体系中的“立法法”。在此基础上，2014年党的十八届四中全会《决定》再次以党的代表大会决议这种规范性文件的形式重申并强调了党内法规的概念，从而完全结束了以往党的文件或学术研究中对党内法规概念的使用之混乱情况，使“党内法规”成为最为正式和权威的概念。

---

〔1〕 参见潘泽林：《中国共产党党内法规及其体系构建问题研究》，载《南昌大学学报（人文社会科学版）》2007年第1期。

〔2〕 《学习党章 遵守党章 贯彻党章 维护党章 深入开展党风廉政建设和反腐败工作》，载《人民日报》2006年1月7日，第1版。

（三）“党内法规”这一概念最终被确立起来的原因

党内法规之所以被《党章》以及党的十八届四中全会《决定》等党的权威文件确定为“党内法规”这样一个名称，看似很偶然，似乎并无规律可循，但实则有其必要性与必然性。因为无论从语义学的角度还是依据现实的需要，“党内法规”的名称，都相比其他相关名称更为科学和实用。

1.更经典权威

“党内法规”在国内是由作为中国共产党以及中华人民共和国缔造者之一并同时也是在党的早期发展和建设过程中发挥引路人作用的毛泽东同志首先使用的。作为由党的缔造者之一且在党的建设过程中一直发挥引路人作用，且在广大人民群众及党员中最有威望而如神一般存在的党和国家领导人毛泽东同志率先使用且曾经在维护党中央权威和确保党内团结以促进统一行动方面发挥了极重要作用的一个概念，“党内法规”相比“党规党法”、“党的法规”以及“党的规章制度”、“党的规矩”等其他名称而言显然更加经典，更具有权威性和影响力，而且更具有政治正当性，经得起历史的考究，更容易为人们所认同和接受。也正因为如此，该概念被提出以来，尽管在使用过程中也受到过诸如“党规”“党规党法”“党的法规”等其他概念的影响，但使用频率相比而言却是最高的，也是目前诸多相关概念中获得人们认同最广的。

2.更灵活巧妙

实际上，与其他相关名称相比，“党内法规”的名称更为灵活巧妙。它不仅灵活地宣示了党内法规的法律性质，也巧妙地处理了其在我国法治体系中的地位，亦即其与国家法的关系问题。

首先，“党内法规”的名称灵活地宣示了党内法规的性质。从语义学上来说，“党内法规”的中心词是“规”，“党”、“内”与“法”都是作为限定词来修饰“规”的。这样的词序安排非常明确地指明了党内法规的性质，即党内法规是一种适用于党内的、具有法律性质的制度（规定），“党内法规”就是中国共产党内部具有法的意义的规则。〔1〕这既清楚地概括了党内法规作为一种规范不可争议的法律性，表明其并非一般性的党的规范，对广大党员而言具有义不容辞的遵行且必须加以维护的义务，又暗示了党内法规作为一种适用于党内而非全民的法规与国家法律的区别。而“党的规章”、“党的制度”与“党的规矩”等，由于在名称中不含有“法”字，则难以凸显和强调其对于党及其成员的法律性，难以令党及广大党员像对待法律那样严肃认真地对待并遵守党内法规。

其次，“党内法规”用“法规”而不用“法”一词，也很好处理了其与国家法的关系问题。一方面，“法规”清楚地表明了其自身无可争议的法律性，向党自身及广大党员宣示了其同于法律的权

〔1〕 参见李军：《中国共产党党内法规研究》，天津人民出版社 2016 年版，第 56 页。

威性、严肃性与约束力，使其在规范党员及党自身的活动方面能够发挥类同法律的作用。另一方面，仅用“党内法规”而不直接用“党法”又清楚地点明了党内法规在国家法治体系中下位于国家法的地位，因为在国家正式法律体系中，法规作为一般由国务院制定的法之专用名称，其效力是在全国人大及其常委会制定的法之下的，其适用也是以不违反宪法和法律为前提的。而单纯从字面上加以解读，“法规”即具有法律性质或法律意义的规章制度，是具有法律属性但又未上升到法律层面的规范。这说明党内法规作为法，在其自身的定位上是下位于国家法的，是需要以国家法为基础和前提的。这实际上暗合了《宪法》这样一部国家根本大法第 5 条所宣示的“中华人民共和国实行依法治国，建设社会主义法治国家。国家维护社会主义法制的统一和尊严。一切法律、行政法规和地方性法规都不得同宪法相抵触。一切国家机关和武装力量、各政党和各社会团体、各企业事业组织都必须遵守宪法和法律。一切违反宪法和法律的行为，必须予以追究。任何组织或者个人都不得有超越宪法和法律的特权”的郑重承诺，充分凸显了中国共产党全面依法治国的决心，是党的法治思维在党建中的影射。所以，从合法性的角度而言，“党内法规”的名称要比“党法”的名称更合法。

最后，“党内法规”一词也是适应依法执政内涵的一个概念。党的十八届四中全会《决定》指出：“依法执政，既要求党依据宪法法律治国理政，也要求党依据党内法规管党治党。必须坚持党领导立法、保证执法、支持司法、带头守法，把依法治国基本方略同依法执政基本方式统一起来，把党总揽全局、协调各方同人大、政府、政协、审判机关、检察机关依法依章程履行职能、开展工作统一起来，把党领导人民制定和实施宪法法律同党坚持在宪法法律范围内活动统一起来。”[1]而党内法规这一概念恰恰是适应了“把党领导人民制定和实施宪法法律同党坚持在宪法法律范围内活动统一起来”这样一项要求而存在，并得以被人们关注和重视以致被越来越广泛应用的一个概念。在党内法规的寓意中，党依据党内法规这一要求更高且规定更严但为全体党员在入党宣誓时已明确认同和接受的规矩管党治党，通过管党治党提高自己领导人民制定和实施宪法和法律的能力，并通过仅将这类法规适用于调整党内关系而使得其无法超越于宪法和法律，从而使党领导人民制定和实施宪法法律同党坚持在宪法法律范围内活动得到很有机的结合。

3. 更精准确切

作为一个约定俗成的概念，“党内法规”与“党的规章制度”或“党法”、“党规党法”、“党的法规”等更多时候实际上都是一个意思。但相比之下，“党内法规”显然更精准确切。因为无论是党的规章制度，还是党法或党法党规，其外延实际上都远远大于“党内法规”。“党内法规”顾名思义是指党制定和发布的适用

〔1〕《中共中央关于全面推进依法治国若干重大问题的决定》，载《中国法学》2014年第6期。

于党内的规范或制度，而无论是“党的规章制度”与“党的规矩”，还是“党法”或“党规党法”、“党的法规”，都不仅包含党制定和实施的适用于党内的规范与制度（含党内法规），还包含国家法律（包括目前在我国尚未制定而在其他一些国家已经出台但将来我国也有可能会出台的、专门调整和规范政党关系的“政党法”），因为国家法作为党领导人民制定并体现人民意志的法，也是适用于党及广大党员的；〔1〕易言之，国家法也是党需要遵守的法、制度或规矩。〔2〕而对于管党治党来说，国家法尽管也是管党治党必不可少的规矩或规范，但其要求显然要远低于党内法规，无法体现出党对于党员的高标准与严要求，不能够适应党的建设的现实需要。而“党内法规”的名称则可以将其外延限定于党内的规章制度，从而能够依据中国共产党是“中国工人阶级先锋队并同时也是中国人民和中华民族的先锋队”的性质以及“是中国特色社会主义事业的领导核心，代表中国先进生产力的发展要求，代表中国先进文化的前进方向，代表中国最广大人民的根本利益”的地位，提高对于党自身以及广大党员的要求，凸显党的先进性，并保持党的纯洁性。就此而言，“党内法规”这样的名称更契合中

〔1〕 李林研究员在定义党内法规时，将党内法规等同为党的法规（具体可参见李林：《科学定义“党内法规”概念的几个问题》，载《东方法学》2017年第4期）。但实际上这是很值得商榷的。笔者以为，党的法规在语义学的角度既可以指有关党的法规，也可指党需要遵守和实施的法规。但很显然，无论是哪一种理解，其含义实际上都已经包含国家法在内。

〔2〕《中国共产党纪律处分条例》规定，党的纪律是党的各级组织和全体党员必须遵守的行为规则。党组织和党员违反党章和其他党内法规，违反国家法律法规……都必须受到追究。

国共产党管党治党的现实需要，相比党的法规、党规党法以及党的规矩等其他名称而言，"党内法规"是一个更为精准确切的名称。"党内法规这个范畴，不仅在形式上准确，而且在内涵上更加合适。"〔1〕

显然，在语义学上，"党内法规"这样一个名称更加准确科学，更能够清楚无误地宣示和表达党内法规的性质、地位及其适用范围。而这样一个既能够明确宣示自身法律性，又能够委婉指明其作为我国法治体系组成部分与同样作为我国法治体系组成部分但相对更为基础和重要的国家法之区别的概念，显然也更能适应中国共产党依规治党、全面从严治党的实际需要。就此而言，"党内法规"这样一个名称的最终确立显然是我国社会主义法治理论与党的自身建设的新的伟大工程实践必然的共同选择，是我国法学理论与中国共产党党建实践相结合而促生的概念创新。

二、党内法规概念形成与发展的启示

党内法规是个政治学概念，也是个法学概念，更是一个历史学概念。〔2〕在党的历史上，对于党内法规的关注和重视由来已久，而党内法规的概念也早已被明确提出过。但在 20 世纪 90 年代之

〔1〕 王耀海：《党内法规的制度定位——马克思主义法学探索之四》，载《东方法学》2017 年第 4 期。

〔2〕 参见李军：《中国共产党党内法规研究》，天津人民出版社 2016 年版，第 212 页。

前，党内法规在党的文件或相关会议上一直都没有统一的提法。有时称"党内法规"，有时称"党规党法"，有时则称"党的法规"或"党的制度"。在此背景下，学术界对于党内法规的概念与称谓也莫衷一是，有学者称党规党法，有学者称为党内法规或党内法制，有学者统称其为党纪，也有学者则称其为党内规章制度或党的规范，还有学者则称党的规矩。这种相对比较混乱的提法对于党内法规自身权威的树立实际上起到了一定的负面影响。因为名称的混乱反映了人们对于党内法规性质及地位认识上的模糊与混乱，而这种认识上的模糊与混乱势必影响人们对于党内法规的接受、认同以及遵守。1990 年 7 月 31 日发布的《中国共产党党内法规制定程序暂行条例》、党的十四大修改的《党章》以及 2012 年 5 月印发的《党内法规制定条例》，最终使"党内法规"这一概念在其名称、位阶、制定主体、制定程序和维护执行主体等方面都被明确下来。而党的十八届四中全会《决定》则使党内法规的概念及其与国家法律的关系等得以进一步明确。这对于党内法规名称的统一以及人们对于党内法规概念的认同和接受起到了非常重要的促进作用，成为党内法规逐步受到正视并继而前所未有的高度重视的开始。

从法理上来说，法是社会发展的产物，是社会形成法，而不是反过来。〔1〕"无论什么时代的法律制度，都是人们为了一定的需要

〔1〕 参见［德］伯恩·魏德士：《法理学》，丁晓春、吴越译，法律出版社 2013 年版，第 229 页。

而创设的。”[1]而作为学术研究中的法的概念显然也不是凭空产生的，而是社会发展的必然产物。“没有社会实践需要，理论就不会产生和存在。”[2]党内法规作为一种特殊的法治现象也遵循同样的逻辑。党内法规是伴随中国共产党一百多年革命、建设和改革历史存在的制度现象，“也是当前执政党制度建设的核心环节，它是一种历史性和现实性的客观存在”。[3]就此而言，无论党的文件中是否会出现或确立“党内法规”这样一个学术概念，作为制度现象并同时也是理论研究对象的党内法规之存在与发展都是无可回避和抹杀的事实。但作为学术研究的对象，党内法规的正式名称则是人们了解、把握和研究党内法规这一特殊法治现象时无法回避和绕开的。正如有学者指出：“作为特定党内制度的统称，‘党内法规’概念对这些具体制度的实际运作及其与国家法律的调适并无显著影响，但从理论上来说，选择或创造更准确的语词仍然是一个值得研究的课题。”[4]这是因为，“无论是在日常生活还是在理论活动中，概念都是人们进行清晰思考和对象认知的必要工具”，[5]在法学研究中，“概念乃是解决法律问题所必需和必不可少的工具。没有限定严格的专门概念，我们便不能清楚地思

〔1〕葛洪义主编：《法理学》，中国人民公安大学出版社2007年版，第38页。

〔2〕王牧：《学科建设与犯罪学的完善》，载《法学研究》1998年第5期。

〔3〕肖金明：《关于党内法治概念的一般认识》，载《山东社会科学》2016年第6期。

〔4〕武小川：《“党内法规”的权力规限论——兼论“党内法规”软法论的应用局限》，载《中共中央党校学报》2016年第6期。

〔5〕参见雷磊：《法律概念是重要的吗》，载《法学研究》2017年第4期。

考法律问题。若试图完全放弃概念，那么整个法律大厦将化为灰烬”。〔1〕就此而言，对党内法规的概念来源及其使用情况加以考察，是为党内法规制度建设提供充分理论支持的需要。只有在充分考察、理解党内法规概念来源及其使用情况之基础上，才能够准确把握党内法规的内涵、实质、范围及发展规律，相关的研究才能够深入进行，党内法规的建设才能够进一步被强化和完善，“党要管党、全面从严治党”也才能够获得实质性保障。

从党内法规概念自身的历史发展来看，党内法规概念或党规党法等类似指代党内法规之概念的提出、重提或者被强调与引发关注，往往有着自身特定的背景，即党自身的建设需要借助制度规范加以强化。例如，新民主主义革命时期毛泽东同志率先在党内使用了党内法规的概念，其背景在于党的发展过程中出现了党的个别领导人破坏法纪以致造成党分裂的现象，需要有党内法规这样的概念来统一全党的认识；改革开放后，党内法规或党规党法的概念被再次提及；至于党的十八大之后重提并在党的十八届四中全会及六中全会上充分肯定和强化党内法规的概念，则是我们党在经历了十八大前后党内个别党员干部对法治的践踏以及党内腐败不断滋生而影响党的执政地位之后，对于党内法规重要性进行深刻反思的必然结果。显然，党内法规作为一个法律概念，其提出或被重视和强化，其目的都是规范党内关系，这完全是党

〔1〕 参见［美］E. 博登海默：《法理学——法律哲学与法律方法》，邓正来译，中国政法大学出版社1999年版，第486页。

内法规发展的客观需要，是依规治党的理性选择，也是法治发展的必然要求。

第二节　党内法规制度建设的演进

从历史上来看，“党内法规”的概念尽管最初是由毛泽东同志在1938年扩大的中共六届六中全会上首次使用的，但作为一种现实存在的制度现象则在中国共产党成立之初即已出现。此后在党成立并发展的一百多年中，中国共产党依据党的建设与发展之实际需要，在不同的时期不断进行党内法规制度建设，使得党内法规在加强党的领导和强化党的建设方面发挥了不可替代的重要作用。

一、党内法规制度建设的体系化进路

法是随着国家的出现而出现的，而党内法规作为一种专门适用于党内的法，则是随着党的出现而产生的。中国共产党党内法规作为调整中国共产党党内关系的法，则是在中国共产党诞生后，随着管党治党的需要而产生，并在党的建设实践中不断发展完善的。在中国共产党数十年的发展历程中，党内法规制度建设一直都伴随左右，并逐渐呈现出体系化的发展趋向，在党的建设中发挥了无以替代的重要作用。

（一）党内法规制度建设的若干重要历史阶段

1. 新民主主义革命时期的党内法规制度建设

对于中国共产党而言，党内法规与党是相伴而生的，自党诞生之日起党内法规即已产生。1921年7月，中国共产党第一次全国代表大会在上海召开，大会宣告了作为中国历史上最具有先进性的政治组织——中国共产党——的成立。与此同时，为了党的建设的需要，大会通过了《中国共产党纲领》。《中国共产党纲领》共15条，规定了党的名称、性质和纲领，并提出了党的最终奋斗目标。该纲领宣布"我党定名为'中国共产党'"；规定了党的纲领是"以无产阶级革命军队推翻资产阶级，由劳动阶级重建国家，直至消灭阶级差别；采用无产阶级专政，以达到阶级斗争的目的——消灭阶级；废除资本私有制，没收一切生产资料，如机器、土地、厂房、半成品等，归社会所有；联合第三国际"。《中国共产党纲领》也对党的组织章程、党的组织原则、组织机构和发展党员作了明确的规定。就其定位而言，尽管"它还不是完整意义上的党章，仅具有党章的性质"[1]，且与后来相对成熟的党内法规（如中共二大《党章》）相比而言还较为粗糙，但是中国共产党历史上的第一部党内法规。

在中国共产党发展的历史上，《党章》是效力最高、最为重要、最为基础的一部党内法规。在党内法规的体系中，《党章》起着根

〔1〕 秦强：《党内法规概论》，中国人民大学出版社2023年版，第6页。

本法规的作用，是其他所有党内法规立规的依据。《党章》是在1922年7月16—23日在上海召开的中共二大上通过的，是中国共产党第一部比较完整的章程，分为党员、组织、会议、纪律、经费及附则6章，共29条。《党章》第一次明确提出了彻底地反对帝国主义和反对封建主义的民主革命纲领，即党的最低纲领；第一次详尽地规定了党员条件和入党手续，对党的组织原则、组织机构、党的纪律和制度，也都作了具体的规定。《党章》的核心内容是建立严密的组织并加强党的纪律，而其最大的贡献也在于建立了严密的组织，加强了党的纪律。《党章》的产生标志着党自身建设在创建时期取得了初步成果，使党能以无产阶级先锋队的面貌，迅速从中国各政党和团体中脱颖而出，获得中国工人阶级和其他劳动群众的信赖，为以后党的建设奠定了坚实基础。〔1〕此后一直到现在，作为党内根本法规的《党章》经历了多次修订，成为“党要管党、全面从严治党”的最高依据，也成为其他党内法规的根本来源。依据我国革命以及社会主义建设的实际情况以及因此带来的管党治党的需要，《党章》进行了多次修订。其中，最近的一次修订是在党的第二十次全国代表大会上进行的。100多年来，《党章》坚持实事求是的品格，与时俱进，反映了党对革命和建设认识的理论升华。正如习近平总书记指出：“党章是党的总章程，集中体现了党的性质和宗旨、党的理论和路线方针政策、党

〔1〕 参见王金玲：《中国共产党党章发展史》，中共党史出版社2008年版，第34页。

的重要主张，规定了党的重要制度和体制机制，是全党必须共同遵守的根本行为规范。没有规矩，不成方圆。党章就是党的根本大法，是全党必须遵循的总规矩。”[1]

《党章》诞生以来，中国共产党加强了党内法规立法的步伐，到中共扩大的六届六中全会召开前后，相继通过了《中国共产党中央执行委员会组织法》《教育宣传委员会组织法》《党内组织及宣传教育问题议决案》《关于坚决清洗贪污腐化分子的通告》《关于中央委员会工作规则与纪律的决定》《苏区中央局关于巩固党的组织与领导的决议》《中央巡视条例》等多部重要党内法规。其中，《关于中央委员会工作规则与纪律的决定》明确提出：“各中央委员不得在中央委员会以外对任何人发表与中央委员会决定相违反的意见，亦不得有任何相违反的行动。”1938 年 10 月在延安召开的党的扩大六届六中全会上，鉴于张国焘严重破坏党内纪律的行为以及以往党忽视或弱化党内法规制度建设所带来的危害，党中央开始加强党内法规制度建设方面的工作。在此次会议上，刘少奇代表党中央规则起草委员会作了《党规党法的报告》，此次会议上还审议通过了《中共扩大的六中全会政治决议案》《关于各级党委暂行组织机构的决定》《关于中央委员会工作规则与纪律的决定》《关于各级党部工作规则与纪律的决定》等重要文件，再次强调了党法党规以及党纪的重要性。之后，党内法规制度建设稳

[1] 习近平:《认真学习党章 严格遵守党章》，载《求是》2012 年第 23 期。

步推进，到新中国成立之前，相继发布了包括《关于增强党性的决定》《关于调查研究的决定》《关于对党员查看处分执行办法的指示》《关于统一抗日根据地党的领导及调整各组织间关系的决定》《关于在老区半老区进行土地改革工作与整党工作的指示》《关于干部学习的指示》《关于严格执行报告制度的指示》《关于革命军人入党办法的规定》《中央组织部关于入党成份的解释与规定》在内的多部党内法规与党内规范性文件。就调整领域来看，这一时期的党内法规内容广泛，已经涉及党的纪律、军事、宣传、组织、党员与党的干部等多个领域。而就其作用而言，这些党内法规或规范性文件对于严明党的纪律，改善和强化党的建设，尽快发展和壮大自己，以保障党领导全国人民夺取革命的胜利无疑发挥了重要作用。

作为以马克思主义为指导思想，在列宁的建党原则直接影响下建立起来的中国共产党，从一开始就非常注意党内法规制度建设，力图通过党内法规规范党组织的工作、活动及党员的行为。这一时期，党内法规并不健全，存在种种不足，如规范性与稳定性不够、体系化不足以及执行力弱等，在名称上也不规范，多以“决定”“议决案”“指示”等形式作出。因此，当时党内还难以完全有效地通过党内法规集中党内正确的意见，也还难以完全通过党内法规有效制止错误路线的推行。例如：1927 年 6 月 30 日陈独秀在中央扩大会议上提出一个右倾错误政纲。在讨论时，任弼时提出批评该政纲的书面意见，当面交陈独秀，陈看后，不传阅，当众撕碎，扔在地下，踏上一只脚。任弼时要求发言，遭到拒绝。其他人也不便发言，这个错误政纲就不明不白地算通过了。[1] 而王明进入党中央及其对党的建设与中国革命带来的重大损失显然也是当时党内法规制度建设缺陷的有力注脚。不过，作为党诞生、成长和发展壮大的重要时期，这一时期却为完备的党内法规制度建设进行了有益的探索，这些探索既是中国共产党成长、成熟，又是党内法规完善的必经之路。[2] 正如有学者指出："这些初步探讨，适应了中国共产党在革命战争年代生存和发展的客观需要，对保证和推动新民主主义革命胜利发挥了重要作用，同时党内法规制度建设方面也积累了一些宝贵经验，为新中国成立以后党内法规制度建设的发展奠定了坚实基础。"[3]

2. 社会主义革命和建设时期的党内法规制度建设

1949 年 10 月 1 日中华人民共和国成立之后，党进一步加强了党内法规的建设，同年 11 月中共中央发出了《关于成立中央及各级党的纪律检查委员会的决定》，同时成立了以朱德为书记的中央纪律检查委员会。而在党的第一次全国组织会议上，则通过了《关于整顿党的基层组织的决议》。1950 年 5 月，中共中央发出《关于在全党全军开展整风运动的指示》，要求各级党组织结合

---

〔1〕 参见甄小英：《首部"党内立法法"推进执政党制度建设》，载《前线》2013 年第 7 期。

〔2〕 参见何益忠：《党的创立及国民革命时期党内法规建设述论》，载《湖北社会科学》2010 年第 6 期。

〔3〕 宋功德、张文显主编：《党内法规学》，高等教育出版社 2020 年版，第 89 页。

总结工作，开展批评与自我批评，克服党内首先是领导干部的居功自傲情绪，命令主义作风以及极少数人贪污腐化、政治上堕落颓废、违法乱纪等错误，密切党和人民联系。1953 年 1 月，鉴于党内个别党员官僚主义、违法乱纪等问题，中共中央发出了《关于反对官僚主义、反对命令主义、反对违法乱纪的指示》。1954 年 2 月，中共七届四中全会则针对党内分裂活动通过了《关于增强党的团结的决议》，再次强调党的法纪。至“文革”之前，中共中央又相继制定了《关于接收新党员手续的规定》《关于在“三反”运动中党员犯有贪污、浪费、官僚主义错误给予党内处分的规定》《关于处理农村中富农成分的党员的党籍问题的新规定》《关于处理受刑事处分的共产党员党籍问题的规定》《关于审查干部的决定》《中国共产党农村基层组织工作条例试行草案》《党的检察工作人员守则（草案）》等数量众多的党内法规与党内规范性文件。不少法草案实际上发挥了正式法规的作用。1956 年 9 月，党的第八次全国代表大会召开，通过的新的《党章》。这些党内法规的发布和实施对于强化党的建设以保持党的纯洁性和保障党内团结起到了重要作用，对于党领导全国人民开展社会主义建设也发挥了重要影响。

1966 年之后，党内法规制度建设进入曲折发展时期。这一时期尽管也出台了一些党内法规，如《关于已经成立了革命委员会的单位恢复党的组织生活的批示》《关于整顿、恢复、重建党的组织生活的意见和问题》、九大《党章》、十大《党章》等，但大部分都受政治运动的直接影响，缺少法治思维。从内容上来看，在这一阶段，伴随国家政治运动的风起云涌，党内法规的变动性很大，不具备应有的稳定性。而从党内法规的运行程序来看，则存在监督机制缺失，党员权利缺乏实现途径，导致党员权利被虚化的问题。规范性不足导致党内法规自身不够稳定，也不够权威，无法发挥出应有的制约作用。在这一时期，党内法规制度建设以战争与阶级斗争文化规范为指导，没有明确的法治意识和法学知识储备。法学教育和法律人才的培养体系，不断遭到运动的冲击，在客观上妨碍了国家法和党内法规规范建设的进程。党内法规的政治性、纲领性突出，但是规范性不足。党内法规时效性很强，难以长期普遍适用，缺乏作为法规范的普遍性品质。党内法规制度建设缺乏与国家法的协调意识，没有确立党在"宪法与法律范围内活动"的法治原则。而且，党内法规的制定程序、文件名称与形式较随意，规范效力及其等级秩序体系不够稳定。这一时期，"以党代政"的现象较为突出，以党内法规、党内文件的形式规定某些现在看来属于国家法律、行政法规、政府规章所应规范事项的情况比较明显。[1] 总体上未能兑现毛泽东、刘少奇等第一代领导人关于"党内法规"的法治化期待。[2] 受此影响，这一时期整个国家的法治建设也开始走下坡路。

---

〔1〕 参见姜明安主编:《党员干部法治教程》，中国法制出版社 2014 年版，第 222 页。

〔2〕 参见田飞龙:《法治国家进程中的政党法制》，载《法学论坛》2015 年第 3 期。

3. 改革开放和社会主义现代化建设时期的党内法规制度建设

1978年12月，中国共产党在北京召开了十一届三中全会，这是中国共产党在“文革”结束后，就党和国家前途命运作出的一项伟大政治决断，开创了我国社会主义事业发展的新时期，中国共产党党内法规制度建设相应地迎来了一个大发展时期。十一届三中全会实现了中国共产党在历史上具有深远意义的转折，而党内法规的建设乃至我国整个社会主义法治建设也借助党的政治意志与决断开始重新回到正确的轨道上来。为了使党内政治生活走向正规，1980年2月，中共十一届五中全会通过了《关于党内政治生活的若干准则》。从党内法规制度建设的历史来看，该准则是粉碎“四人帮”以后中共中央制定的一部重要的党规党法，是仅次于《党章》的一部重要党内法规。在十一大《党章》并未彻底正本清源的情况下，这部准则在保证党的路线方针政策贯彻执行以及党内政治生活健康有序方面发挥了无法替代的重要作用。该准则立足于时代特征和现实要求对党组织和党员应该遵守的政治和组织原则作了明确规定，确定了接受监督、严明党纪等方面的规矩，为党内政治生活走上正轨奠定了基础。“它不仅重申了延安时期中国共产党形成的好传统、好规矩，而且在总结新鲜经验的基础上又增添了新的重要内容，是加强党的建设的强大武器。”〔1〕

在此前后，中共中央还先后公布并施行了《关于高级干部生

〔1〕 操申斌:《改革开放以来中国共产党党内法规建设的历史考察》，载《安徽史学》2009年第6期。

活待遇的若干规定》《关于严禁党政机关和党政干部经商、办企业的决定》《关于健全党的纪律检查系统加强纪检队伍建设的暂行规定》等多部重要的党内法规。1987年10月召开的中共十三大提出“在改革开放中加强党的建设”，认为“我们必须研究新的条件下党的建设的理论和实践，进一步转变不适应新形势需要的观念和做法，切实加强党的建设”，使党“成为一个勇于改革、充满活力的党，纪律严明、公正廉洁的党，选贤任能、卓有成效地为人民服务的党”。在此背景下，中国共产党加大了党内法规制度建设的步伐与力度。相继制定并颁布了包括《中国共产党基层组织选举工作暂行条例》《中国共产党普通高等学校基层组织工作条例》《中国共产党发展党员工作细则（试行）》《中国共产党党员权利保障条例（试行）》《党政领导干部选拔任用工作暂行条例》《中国共产党纪律处分条例（试行）》《中国共产党党员领导干部廉洁从政若干准则（试行）》等在内的大量法律法规，党内法规制度建设呈现蓬勃发展的态势。需要指出的是，1990年7月31日中共中央印发了《中国共产党党内法规制定程序暂行条例》。作为中国共产党内第一部党内法规的“立法法”，该条例被认为是党自身制度化与建设党内部法治制度开放进程中的里程碑。[1]其印发与实施标志着党内法规制度建设进入了一个全

〔1〕 See Manuel E.Delmestro, *The Communist Party and the Law: An Outline of Formal and Less Formal Linkages between the Ruling Party and Other Legal Institutions in the People's Republic of China*, Suffolk University Law Review, Vol.43: 681–705(2010).

新的时代，意味着现代法治的因素开始注入党内法规制度建设的过程，法治思维开始成为党内法规制度建设过程中显见的一种思维。

1997 年 9 月，党的十五大报告中首次将“依法治国，建设社会主义法治国家”作为治国理政的基本方略，并将其明文载入 1999 年的《宪法》修正案，而党内法规的建设也开始在依法治国的推动和影响下进一步加强和加快。受依法治国理念的激励与促动，包括《党政领导干部考核工作暂行规定》《党政领导干部选拔任用工作条例》《公开选拔党政领导干部工作暂行规定》《党政机关竞争上岗工作暂行规定》《党的地方委员会全体会议对下一级党委、政府领导班子正职拟任人选和推荐人选表决办法》《党政领导干部辞职暂行规定》《党政领导干部职务任期暂行规定》《党政领导干部任职回避暂行规定》《党政领导干部交流工作规定》《关于中央企业领导人员廉洁自律若干规定的实施办法（试行）》《国有企业领导人员廉洁从业若干规定（试行）》《关于建立干部监督工作督察员制度的办法（试行）》等在内的一大批党内法规先后发布，党内法规制度建设呈现出欣欣向荣的局面。2003 年 12 月 31 日，中共中央颁布实施了《中国共产党党内监督条例（试行）》，这是中国共产党历史上第一部有关党内监督的专门法规，宣示了党对党内监督问题的重视。同日，中共中央还颁布了《中国共产党纪律处分条例》，成为党内法规体系中又一部基本法性质的重要法规。

除此之外，在此期间，中共中央还以全会决定的方式，通过了若干党内重要文件，如党的十三届六中全会通过的《关于加强党同人民群众联系的决定》、党的十五届六中全会通过的《关于加强和改进党的作风建设的决定》、党的十六届四中全会通过的《关于加强党的执政能力建设的决定》以及党的十七届四中全会通过的《关于加强和改进新形势下党的建设若干重大问题的决定》等。这些文件对于指导和强化党内法规制度建设、持续推进依规治党发挥了不可低估的重要作用。

应当说，自1997年党的十五大确立了依法治国的方略并于1999年将“依法治国，建设社会主义法治国家”明文载入《宪法》之后一直到党的十八大召开之前，党内法规制度建设便在法治思维的引领下呈现蓬勃发展的态势。这一阶段的党内法规制度建设无论是在数量上还是在立法效率上，都获得了极大的突进，成为党的制度建设中引人注目的一道亮景。然而，由于缺乏宏观指导、总体规划，缺乏顶层设计，党内法规制度建设在数量出现突进的同时，并没有使其质量获得很好的提升乃至保障，很多党内法规之间开始出现内容上的冲突，其制度与规则甚至与国家法在内容上出现重叠，非但浪费了法治资源，且在对党员干部的要求上出现了明显的降格现象。不仅如此，党内法规在数量上不断增加的同时，其执行力问题并没有获得有效关注与真正重视，不少党内法规都没有得到很好的实施而沦为摆设或制度装饰，不但对推进党的自身建设没有产生预期作用，反而因为其空设与虚置而对整个国家法治建设产生了不良示范效应。一些党员干部因为违反党规未被及时追责而逐渐淡漠甚至丧失了法纪意识，最终由违规违纪走上了违法犯罪的道路。受此影响，党自身的建设受到了一定程度的制约，非但未达到预期效果，而且使党内腐败问题开始变得严重和突出。在此背景下，立足更高的高度，以更为开阔的视野和更为明确的思路重新审视党内法规制度建设，将党内法规制度建设纳入社会主义法治建设的视野中，使党内法规更好地发挥其示范引领作用，成为反腐倡廉以强化党内建设的重器，无疑成为现实所需。

4. 中国特色社会主义新时代的党内法规制度建设

2012 年 11 月，党的十八大顺利召开。大会通过了《坚定不移沿着中国特色社会主义道路前进 为全面建成小康社会而奋斗——在中国共产党第十八次全国代表大会上的报告》。报告指出："新形势下，党面临的执政考验、改革开放考验、市场经济考验、外部环境考验是长期的、复杂的、严峻的，精神懈怠危险、能力不足危险、脱离群众危险、消极腐败危险更加尖锐地摆在全党面前。不断提高党的领导水平和执政水平、提高拒腐防变和抵御风险能力，是党巩固执政地位、实现执政使命必须解决好的重大课题。全党要增强紧迫感和责任感，牢牢把握加强党的执政能力建设、先进性和纯洁性建设这条主线，坚持解放思想、改革创新，坚持党要管党、从严治党，全面加强党的思想建设、组织建设、作风建设、反腐倡廉建设、制度建设，增强自我净化、自我完善、自我革新、自我提高能力，建设学习型、服务型、创新型的马克思主义执政党，确保党始终成为中国特色社会主义事业的坚强领导核心。”〔1〕这为中国共产党加强党内法规制度建设提供了重要指导，成为党内法规制度建设进入新阶段的重要保障。

党的十八大之后，在十八大精神的指引下，以反腐为主线的党的建设进入一个前所未有的阶段，而党内法规制度建设也再次达到一个前所未有的新高度。2012 年 12 月 4 日，中央政治局会议通过了《关于改进工作作风密切联系群众的八项规定》(以下简称《八项规定》)。《八项规定》从规范行为入手，不仅改变了党员干部的行为，而且由表及里，深入人心，起到了净化党员思维观念与纯洁党性的效果，也提升了普通百姓对党的满意度和信心。党风、政风得到净化，也促进了社会风气的转变。〔2〕而该规定成为引领党内法规制度建设全面进入新阶段的号角。2012 年 5 月 26 日，中共中央发布了《党内法规制定条例》，该条例取代 1990 年的暂行条例成为党内的“立法法”。该条例不仅规定了党内法规的制定实施程序与要求，而且将党内法规与规范性文件进行了明确区分，使党内法规制定工作更加规范化和科学化。该规定发布后，党内法规制度建设开始进入全新发展阶段，一大批过时或不

〔1〕 胡锦涛:《坚定不移沿着中国特色社会主义道路前进 为全面建成小康社会而奋斗——在中国共产党第十八次全国代表大会上的报告(2012 年 11 月 8 日)》，人民出版社 2012 年版，第 49-50 页。

〔2〕 参见王明杰:《“八项规定”带来的巨大改变》，载《人民论坛》2017 年第 1 期。

适应从严治党需要的党内法规被清理，包括《中国共产党党组工作条例（试行）》《中国共产党地方委员会工作条例》《中国共产党廉洁自律准则》《中国共产党纪律处分条例》《中国共产党巡视工作条例》《推进领导干部能上能下若干规定（试行）》《党政机关国内公务接待管理规定》《中国共产党统一战线工作条例》《关于新形势下党内政治生活的若干准则》《中国共产党党内监督条例》《中国共产党问责条例》《中国共产党政法工作条例》《中国共产党支部工作条例（试行）》等在内的一大批党内法规被制定或修改，在引领党风廉政建设，全面从严治党方面发挥了不可抹杀的重要作用。

与此同时，中共中央部署开展了分两阶段进行的党的历史上第一次党内法规和规范性文件集中清理工作。第一阶段清理 1978 年至 2012 年 6 月出台的中央党内法规和规范性文件，第二阶段清理新中国成立至 1977 年出台的中央党内法规和规范性文件。2013 年 7 月，中央发布了第一阶段清理决定。2014 年 11 月 17 日，中央又发布《关于再废止和宣布失效一批党内法规和规范性文件的决定》。通过对新中国成立至 2012 年 6 月出台的 23,000 多件中央文件进行全面筛查，共梳理出规范党组织工作、活动和党员行为的党内法规和规范性文件 1178 件。经过清理，废止 322 件，宣布失效 369 件；继续有效的 487 件，其中 42 件需适时进行修改。通过清理，摸清了中央党内法规制度的家底，“一揽子”解决了党内法规制度中存在的不适应、不协调、不衔接、不一致问题，有力维护了党内法规制度的协调统一，有利于党内法规制度的遵守和执行。不仅如此，这一时期，党中央已经开始注意党内法规的体系化建设，并加强了党内法规的制定规划工作。2013 年 11 月，《中央党内法规制定工作五年规划纲要（2013—2017 年）》全文发布，一大批中央党内法规陆续出台，党内法规制度体系渐成规模。[1]

2014 年 10 月 20 日至 23 日，党的十八届四中全会顺利召开，全会通过的《决定》充分肯定了党内法规制度建设在我国法治建设中的重要性，并明确将党内法规纳入我国社会主义法治体系。而 2016 年 10 月下旬召开的十八届六中全会则进一步强调了制度管党与全面从严治党的重要意义，并使党内法规的地位得到进一步明确和凸显，“十八届六中全会是改革开放以来首次以党内法规建设为重点的中央全会，也是改革开放以来产生党内法规数量最多的中央全会，是党内法规建设、依规治党的重要里程碑，竖起了党内法规建设、依规治党的新标杆”。[2]在此基础上，2017 年 6 月，中共中央印发《关于加强党内法规制度建设的意见》，明确提出“到建党 100 周年时，形成比较完善的党内法规制度体系、高效的党内法规制度实施体系、有力的党内法规制度建设保障体系，

〔1〕 参见屠凯：《党内法规与国家法律共处中的两个问题》，载《中国法律评论》2016 年第 3 期。

〔2〕 参见邓联繁：《党内制度建设的新标杆》，载《光明日报》2016 年 11 月 20 日，第 7 版。

党依据党内法规管党治党的能力和水平显著提高”。[1]为了贯彻落实该意见，中央于 2016 年 12 月 24 日至 25 日专门召开了首届全国党内法规工作会议，对党内法规制度建设进行了规划部署，凸显了对党内法规问题的重视。而在此基础上，党的十九大报告提出，“加快形成覆盖党的领导和党的建设各方面的党内法规制度体系”，[2]再次突出了党内法规制度建设的重要性。而与之相适应，《中央党内法规制定工作第二个五年规划（2018—2022 年）》也于 2018 年 2 月由中共中央印发，党内法规制度建设再次进入一个新的阶段。2021 年 1 月，中共中央印发了《法治中国建设规划（2020—2025 年）》，明确提出“建设完善的党内法规体系，坚定不移推进依规治党”，要求“健全党内法规体系”“抓好党内法规实施”“强化党内法规制度建设保障”，明确了今后党内法规制度建设的任务。

党的十八大之后，党内法规制度建设的突出特点是更为关注、重视和强调党内法规的质量及其体系化建设，更为关注和重视党内法规与国家法的协调问题，也更为关注和重视党内法规的立法规范性、科学性以及党内法规操作与执行层面的问题。在党内法规的制定和颁行的过程中，中国共产党坚持党规严于国法、

〔1〕 参见中共中央办公厅法规局编：《中国共产党党内法规选编（2012—2017）》，法律出版社 2019 年版，第 746 页。

〔2〕 参见习近平：《决胜全面建成小康社会 夺取新时代中国特色社会主义伟大胜利——在中国共产党第十九次全国代表大会上的报告（2017 年 10 月 18 日）》，人民出版社 2017 年版，第 68 页。

纪在法前，逐步实现了纪法分开，为全体党员确立了“高标准”与“严要求”，划出了更有利于体现党的先进性以及党员代表性的行为“底线”。这对于更好地发挥党内法规在我国社会主义法治建设中的作用以及充分发挥广大党员干部在我国社会主义建设中的模范带头作用无疑具有不可抹杀的重要意义。

总体来看，党的十八大之后，尤其是《八项规定》发布以来，党内法规制度体系建设取得了新的重大成就，有了更新的发展。〔1〕这一时期的党内法规，一方面集中展现了党中央管党治党的新理念新思想新实践，另一方面也反映了依规治党、标本兼治、规范执纪的思维逻辑。〔2〕总体上来看，这一时期的党内法规制度建设呈现出党内法规与国家法律衔接与分离相结合、目标导向与问题导向相结合、法规制定与督促落实相结合以及单行立法分进与体系化建设相结合的特点。党内法规在制定、清理、备案等方面日趋规范化，立规的水平明显提升，内容上更具可操作性，执行上更具刚性，其实效有了前所未有的改进。党内法规制度建设的强化显然也有力地带动了党自身的建设以及我国社会治理与国家法治建设。党的十八大之后，在党内法规制度建设的推动下，一大批腐败窝案逐步得到治理，大量腐败分子落马，很多人被开除党籍或受到党纪处分，而与之相关的诸如聂树斌案等在内的不少

〔1〕参见葛志强：《十八大以来党内法规体系建设的成就、特点及意义》，载《廉政文化研究》2016年第3期。

〔2〕参见刘金程：《依规治党：从“不敢腐"到“不能腐”》，载《人民论坛》2017年第6期。

冤假错案也借此得到纠正。这在彰显中国共产党从严治党决心，宣示其以法治思维和法治方式立党管党治党的同时，也进一步增强了广大人民群众对于党的领导以及社会主义法治建设的信心，揭开了党内法规制度建设的新篇章。

5. 党内法规制度建设迈入新征程

2021年7月1日，中国共产党迎来建党100周年。在《在庆祝中国共产党成立100周年大会上的讲话》中，习近平总书记充分肯定了党的十八大以来党内法规制度建设的辉煌成就，指出"党的十八大以来，中国特色社会主义进入新时代，我们坚持和加强党的全面领导……坚持依规治党、形成比较完善的党内法规体系，战胜一系列重大风险挑战，实现第一个百年奋斗目标，明确实现第二个百年奋斗目标的战略安排，党和国家事业取得历史性成就、发生历史性变革，为实现中华民族伟大复兴提供了更为完善的制度保证、更为坚实的物质基础、更为主动的精神力量"。〔1〕在此基础上，2021年11月，党的十九届六中全会进一步指出，党坚持依规治党，严格遵守党章，形成比较完善的党内法规体系，严格制度执行，党的建设科学化、制度化、规范化水平明显提高。〔2〕"伴随着比较完善党内法规体系的形成，依规治党的工作重心将实现

〔1〕 参见习近平：《在庆祝中国共产党成立100周年大会上的讲话》，载《求是》2021年第14期。

〔2〕 参见《中共中央关于党的百年奋斗重大成就和历史经验的决议》，人民出版社2021年版，第32页。

具有重大意义的转变，即从重点解决党内法规‘有没有’的问题转向重点解决党内法规‘好不好’的问题，从重点解决有规可依的问题转向重点解决有规必依、执规必严、违规必究的问题，党内法规制定质量和党内法规实施由此将被摆上依规治党更加突出的位置，成为依规治党的重点任务。”〔1〕

2021 年 12 月，第二次全国党内法规工作会议在北京召开，会议集中概括了习近平依规治党重要论述中的“十个坚持”，即坚持把依规治党摆在事关党长期执政和国家长治久安的战略位置，坚持完善“两个维护”制度保障，坚持把党章作为管党治党总依据，坚持贯彻民主集中制，坚持围绕党和国家工作大局推进党内法规制度建设，坚持高质量构建党内法规体系，坚持执规必严、违规必究，坚持思想建党和制度治党同向发力，坚持依法治国和依规治党有机统一，坚持抓好“关键少数”尊规学规守规用规。“这‘十个坚持’是习近平新时代中国特色社会主义思想的重要组成部分，深化了对党的建设和党长期执政的规律的认识，为推进新时代党内法规制度建设、深化依规治党提供了根本遵循”〔2〕，也为新征程中党内法规制度建设指明了方向。

在此基础上，党的二十大报告指出：“全面从严治党永远在路

〔1〕 中共中央办公厅法规局：《坚持把依规治党当作管党治党基本方式》，载《中国纪检监察》2023 年第 16 期。

〔2〕 王伟国：《习近平法治思想中的依规治党理论及其原创性贡献》，载《法学研究》2023 年第 3 期。

上，党的自我革命永远在路上，决不能有松劲歇脚、疲劳厌战的情绪，必须持之以恒推进全面从严治党，深入推进新时代党的建设新的伟大工程，以党的自我革命引领社会革命。我们要落实新时代党的建设总要求，健全全面从严治党体系，全面推进党的自我净化、自我完善、自我革新、自我提高，使我们党坚守初心使命，始终成为中国特色社会主义事业的坚强领导核心。”〔1〕为此，报告要求“完善党的自我革命制度规范体系。坚持制度治党、依规治党，以党章为根本，以民主集中制为核心，完善党内法规制度体系，增强党内法规权威性和执行力，形成坚持真理、修正错误，发现问题、纠正偏差的机制”。〔2〕

为了贯彻落实第二次全国党内法规工作会议以及党的二十大报告精神，2023 年 4 月，中共中央印发了《中央党内法规制定工作规划纲要（2023—2027 年）》，对今后 5 年中央党内法规制定工作进行顶层设计，成为新起点上引领党内法规制度建设的重要文件。《中央党内法规制定工作规划纲要（2023—2027 年）》标志着党内法规制度建设已经迈上了高质量发展的新征程，党内法规制度建设有了新的使命，开始直面新的任务。

〔1〕 习近平：《高举中国特色社会主义伟大旗帜 为全面建设社会主义现代化国家而团结奋斗——在中国共产党第二十次全国代表大会上的报告（2022 年 10 月 16 日）》，载《光明日报》2022 年 10 月 26 日，第 5 版。

〔2〕 参见习近平：《高举中国特色社会主义伟大旗帜 为全面建设社会主义现代化国家而团结奋斗——在中国共产党第二十次全国代表大会上的报告（2022 年 10 月 16 日）》，载《光明日报》2022 年 10 月 26 日，第 5 版。

（二）党内法规制度建设的体系化

就党内法规立法的历史发展来看，党内法规经历了一个由最初只有一部不成熟不完善的《中国共产党第一个纲领》到其后逐渐有几部党内法规但内容上不够完整和严谨且不成体系的阶段，逐步发展到如今有了数百部党内法规且制度上更加成熟和完善而体系上也涵盖中央与地方两个层次的过程。现在，这些党内法规制度更加完善，规则设置更为严谨和科学，几乎涵盖党的领导和党的建设各个方面且已形成比较完善的体系。可以说，目前中国共产党党内法规已经初步发展成一个由章程、条例、规定、办法、准则、规则、细则等共同组成的一个相对完整和成型的体系。而2012年6月开始的分两个阶段进行的党内法规清理工作与2016年12月印发的《关于加强党内法规制度建设的意见》以及三个五年规划即2013年11月发布的《中央党内法规制定工作五年规划纲要（2013—2017年）》、2018年2月发布的《中央党内法规制定工作第二个五年规划（2018—2022年）》和2023年4月印发的《中央党内法规制定工作规划纲要（2023—2027年）》则对党内法规的体系化建设起到了重要推动作用。

其中，《中央党内法规制定工作五年规划纲要（2013—2017年）》明确提出了党内法规建设的工作目标，即在对现有党内法规进行全面清理的基础上，抓紧制定和修订一批重要党内法规，力争经过5年努力，基本形成涵盖党的建设和党的工作主要领域、适应管党治党需要的党内法规制度体系框架，使党内生活更加规范化、程序化，使党内民主制度体系更加完善，使权力运行受到更加有效的制约和监督，使党执政的制度基础更加巩固，为到建党100周年时全面建成内容科学、程序严密、配套完备、运行有效的党内法规制度体系打下坚实基础。具体任务则包括基础主干党内法规更加健全；实践亟须的党内法规及时出台；配套党内法规更加完备；各项党内法规之间协调统一。该规划还提出，要进一步完善以下六个方面：完善党的领导和党的工作方面的党内法规，进一步改进党的领导方式和执政方式；完善党的思想建设方面的党内法规，为做好理论创新和理论武装工作提供制度保障；完善党的组织建设方面的党内法规，着力提高组织工作制度化水平；完善党的作风建设方面的党内法规，为推动作风转变提供强大动力；完善党的反腐倡廉建设方面的党内法规，切实把权力关进制度的笼子里；完善党的民主集中制建设方面的党内法规，加快构建党内民主制度体系。而《中央党内法规制定工作第二个五年规划（2018—2022年）》则指出，要突出准则在党内法规制度体系中的特殊地位和作用。在已有党内政治生活准则和廉洁自律准则基础上，研究制定党的思想道德、密切联系群众方面的相关准则，为规范党组织活动和党员行为提供基本准绳。为此，要完善党的组织法规、完善党的领导法规、完善党的自身建设法规和完善党的监督保障法规。《中央党内法规制定工作规划纲要（2023—2027年）》则立足“为深入贯彻落实党的二十大重大决策部署，完善党内法规制度体系，增强党内法规权威性和执行力，进一步发挥依规治党的政治保障作用”，要求“坚持以完善‘两个维护’制度保证全党团结统一、行动一致”“坚持以完善党的领导法规制度有力保证党总揽全局、协调各方”“坚持以完善党的组织法规制度全面贯彻新时代党的组织路线”“坚持以完善党的自身建设法规制度坚定推进党的自我革命”“坚持以完善党的监督保障法规制度持续激发党员干部秉公用权、干事创业”。

目前，从体系上来看，党内法规主要是由包括《党章》《关于党内政治生活的若干准则》《中国共产党廉洁自律准则》《关于新形势下党内政治生活的若干准则》《党内法规制定条例》《中国共产党宣传工作条例》《党政领导干部选拔任用工作条例》《中国共产党巡视工作条例》《中国共产党党内监督条例》《中国共产党纪律处分条例》《中国共产党党员权利保障条例》《中国共产党党和国家机关基层组织工作条例》《中国共产党发展党员工作细则》《关于加强和维护党中央集中统一领导的若干规定》《中国共产党处分违纪党员批准权限和程序规定》《中国共产党问责条例》《宣传思想文化系统事业单位领导人员管理暂行办法》《八项规定》《中国共产党党委（党组）理论学习中心组学习规则》《领导干部干预司法活动、插手具体案件处理的记录、通报和责任追究规定》《省级党委和政府扶贫开发工作成效考核办法》《军队实行党风廉政建设责任制的规定》《中央军委加强自身作风建设十项规定》等在内的大量党内法规组成的一个庞杂体系。其中《党章》在这一体系中具有根本法规的地位，它作为党的建设原理的集中体现，是党内法规体系的灵魂，是制定其他党内法规的最高依据，是最高的党内法规，具有最高的约束效力。[1] 以《党章》为依据，中央制定颁发了多部准则以及大量条例和规定，中纪委和党的中央工作机关分别制定颁发了系统的规则、规定、办法和细则；同时，各省级地方党的委员会也制定了一些地方党内法规，包括很多细则、规则、办法和规定等，[2] 如《浙江省党内监督十项制度实施

〔1〕《中国共产党纪律处分条例》明确规定：党章是最根本的党内法规，是管党治党的总规矩。而 2019 年的《党内法规制定条例》也明确规定：党章是最根本的党内法规，是制定其他党内法规的基础和依据。

〔2〕 2019 年的《党内法规制定条例》就党内法规的立法类型及权限作了明确规定，即党的中央组织就下列事项制定中央党内法规：(1)党的性质和宗旨、路线和纲领、指导思想和奋斗目标；(2)党的各级各类组织的产生、组成和职权职责的基本制度；(3)党员义务权利方面的基本制度；(4)党的领导和党的建设各方面的基本制度；(5)涉及党的重大问题的事项；(6)党的纪律处分和组织处理方面的基本制度；(7)其他应当由中央党内法规规定的事项。凡是涉及党中央集中统一领导的事项，只能由中央党内法规作出规定。中央纪律检查委员会以及党中央工作机关就其职权范围内有关事项制定党内法规：(1)为贯彻执行中央党内法规作出配套规定；(2)履行党章和中央党内法规规定的党的工作相关职责。确有必要的，经党中央批准，有关中央国家机关部门党委可以就特定事项制定党内法规。省、自治区、直辖市党委就其职权范围内有关事项制定党内法规：(1)为贯彻执行中央党内法规作出配套规定；(2)履行党章和中央党内法规规定的领导本地区经济社会发展和负责本地区党的建设相关职责。根据党中央授权，就应当制定中央党内法规的有关事项，中央纪律检查委员会以及党中央工作机关和省、自治区、直辖市党委可以先行制定党内法规，待条件成熟时再制定中央党内法规。根据党中央授权制定党内法规的，制定机关应当严格遵循授权要求，及时向党中央请示报告有关重大事项，经报党中央批准后方可发布。涉及两个以上部委职权范围的事项，有关部委应当联合制定党内法规或者提请党中央制定中央党内法规。制定党内法规涉及政府职权范围事项的，可以由党政机关联合制定。上位党内法规明确要求制定配套党内法规的，应当及时制定；没有要求的，一般不再制定。制定配套党内法规，不得超出上位党内法规规定的范围，作出的规定应当明确、具体，具有针对性、可操作性。除非必要情况，对上位党内法规已经明确规定的内容不作重复性规定。

办法（试行）》《上海市贯彻〈中国共产党党和国家机关基层组织工作条例〉实施办法》《关于进一步规范上海市领导干部配偶、子女及其配偶经商办企业行为的规定（试行）》《中共广东省委关于贯彻〈中国共产党党和国家机关基层组织工作条例〉的意见》《中共山东省委落实中央八项规定的十条实施办法》《中共江苏省委关于贯彻〈中国共产党党内法规制定条例〉的实施办法》《中共安徽省委贯彻落实中央八项规定精神深入推进作风建设实施细则》《湖北省党风廉政建设主体责任和监督责任追究暂行办法》《湖北省实施〈中国共产党问责条例〉办法》《宁夏回族自治区党委（党组）理论学习中心组学习实施办法》《四川省委党内法规实施评估办法（试行）》《内蒙古自治区党内法规制定规则》《中国共产党河北省委员会党内法规和规范性文件备案细则》等。[1]

与《党章》相比，其他党内法规（包括地方性党内法规）是党章有关规定的具体化，是这一体系中的部门法规、子法规或这些部门法规与子法规的分支，具体规定着党组织或党员在各个具体领域中的权利与义务，在管党治党以及强化党的领导方面各自发挥着特定作用。党内法规制度建设形成了由中央和地方两级制定

〔1〕 从理论上来说，地方党内法规建设作为党内法规体系的重要组成部分，在因地制宜管党治党方面发挥着独特作用。然而，就目前来看，地方党内法规建设显然还没有充分展开，无论是数量上还是在创新性上都不尽如人意，没有很有效地发挥其应当有的作用。笔者以为，应当大力推进地方党内法规建设，使地方党内法规也能够在管党治党方面发挥作用，这是完善党内法规体系建设，实现全面从严治党的客观需要。相较中央党内法规而言，地方党内法规应当重点在拾遗补阙方面发挥作用，对中央党内法规没有涉及但又属于管党治党不可或缺方面的领域加强建设并发挥作用。

党内法规的格局。中央一级的党内法规制定主体有党的全国代表大会、中共中央委员会、中央政治局、中央纪律检查委员会、中央办公厅、中组部、中宣部和其他党中央工作机关。地方一级党内法规制定主体有省级地方委员会。这样一种党内法规制度建设的格局既顾及了维护党内法规统一性以确保党中央权威的现实需要，也考虑到了地方管党治党过程中可能出现和需要应对的一些个别情况与特殊需求。

总体上看，党内法规经过我们党的一贯重视以及多年的努力建设，基本已形成一个内容广泛覆盖且相对科学的比较完善的法规体系。党内法规的制定和实施及其体系的形成，极大地规范了党组织和党员的行为，有力地促进了党执政能力的提高，在党和国家的政治生活中发挥了巨大作用，得到了全党和全国人民的认同。〔1〕就目前而言，尽管党内法规体系客观上还存在一些法规空位以及尚需改进的不足之处，依旧需要继续加以健全和完善，但在党中央的高度重视和有力领导下，在广大党员的支持、拥护和参与之下，在广大人民群众的鼓励和监督之下，并伴随中国共产党党的建设理论与社会主义法治理论的深化与全面依法治国战略的深入推进以及学术界对于党内法规理论研究的进一步深化、细化和成熟，党内法规制度建设必然会得到进一步加强，而党内法规体系也必将逐步得到健全和完善，必将在全面从严治党以维护

〔1〕 参见兰亚宾:《党内法规建设存在的问题及对策研究》，载《理论学刊》2005 年第 11 期。

党的先进性与纯洁性，保障党的坚强领导并进而推进全面从严治党战略以及全面实施依法治国战略方面发挥更大的作用。

二、关于党内法规制度建设历史发展规律之思考

从法理上来说，法作为一种制度理性，并不是凭空产生的，而是社会需求的产物。“法律的泉源不是先验的思想、哲学的思辨，也不是僵硬的实证法学，而是人类的良知与实际需求。”〔1〕而人类法律发展的历史也早已表明，“法律是一种借以满足社会需要的方法”。〔2〕“法律是一种公共产品，而产品的市场需求是该产品存在和发展的前提。”〔3〕在这一点上，无论是作为硬法的国家法，还是作为软法的党内法规，其作为具有相应理性的制度，显然都遵循着同样的规律。“制度的作用是为社会服务，因此制度必须要适应社会现实，才能推动社会发展。”〔4〕党内法规是有中国特色的政党治理的宝贵经验，〔5〕是应运而生的必然产物，〔6〕自党诞生起

〔1〕［德］鲁道夫·冯·耶林：《法律是一门科学吗？》，李君韬译，法律出版社2010年版，第62页。

〔2〕参见［法］蒲鲁东：《什么是所有权》，孙署冰译，商务印书馆1982年版，第103页。

〔3〕杨斐：《法律修改研究：原则·模式·技术》，法律出版社2008年版，第114页。

〔4〕强舸、陈静茜：《党内法规建设需进一步完善退出机制》，载《中国党政干部论坛》2015年第1期。

〔5〕参见田丽：《论党内法规与思想政治工作对政党治理的作用》，载《学术探索》2015年第5期。

〔6〕参见王耀海：《党内法规的制度定位——马克思主义法学探索之四》，载《东方法学》2017年第4期。

即受到党的高层领导的高度重视。而其之所以一直受到高度重视，就在于在党发展的历史上，无论是在建立和维护党的机构与领导权威方面，还是在保持党自身的肌体健康与工作活力方面，抑或在宣传党的路线、方针、政策方面，或提高党的执政能力方面，客观上都需要这样一种规范来管党治党，以保证党自身的纯洁性与先进性，保障其自身的建设，保证党始终具备并保持应有的战斗力，能够成为中国社会主义革命和建设的坚强领导核心。而作为党对自身高度自律且对党员之严格他律的党内法规客观上能够承担这一使命，适应了“党要管党、全面从严治党”的现实需求。党内法规是中国共产党在长期探索中国社会的革命、建设和改革开放过程中实践的产物，是中国共产党历史经验的结晶，是中国共产党探寻依法治党的有效尝试，是对中国社会法治化道路的积极探索。〔1〕就此而言，党的需要，尤其是“党要管党、全面从严治党”以加强党自身建设的现实需求，决定了党内法规产生、存在以及发展完善的必要性与必然性。正如宋功德教授指出：“党规只有应需而立，其制定和实施才能直接满足某种党内制度需求；只有应运而生，其作出的规定才能符合中央要求、切合实际、回应社会关切；只有应时而出，抓住制度创新的窗口期和制度出台的最佳时机，才能保证既不超前也未滞后，‘生逢其时’。”〔2〕不仅如此，“党内法规制度建设必须随着时代发展和党自身建设的

〔1〕 参见李军：《中国共产党党内法规研究》，天津人民出版社 2016 年版，第 101 页。

〔2〕 宋功德：《浅析党规影响力》，载《秘书工作》2016 年第 4 期。

推进而不断发展，是一个不断探索的历史过程，不可能一蹴而就、一劳永逸，要在运行过程中接受历史和人民的检验，在与治党实践的双向互动中不断完善，始终紧贴时代发展前沿”。[1]

对党内法规制度建设的关注和重视是党致力追求法治，践行依法治国的必然要求，是党运用法治思维管党治党并将管党治党纳入法治化轨道的必然归向。因为法治就其本质而言是一种规则之治，是基于对规则的尊重与遵守而实现的国家治理与社会治理。在依法治国的背景下，国家及社会治理的方方面面都需要被纳入法治轨道。作为我国唯一执政党以及中国特色社会主义事业领导核心的中国共产党，其活动更要被纳入法治的轨道，更需要通过追求规则这种客观理性来实现自身的治理，其自身更要首先遵守宪法和法律，并需要遵守自己为自己制定的行为规则。不仅如此，中国共产党作为执政党与领导者客观上也需要借助更高的要求和更严的标准在法治实践中以身作则，做好示范和表率。唯其如此，党才能领导好广大人民群众全面推进社会主义法治建设，实现全面依法治国的目标。此外，关注并重视党内法规制度建设，力行依规治党，也是党的领导得以坚持至今的关键。党的发展历史表明，“恰恰是中国共产党坚持了依规治党，才使得党经历了近百年的风风雨雨而不断发展，在众多问题面前没有自乱阵脚而轰然崩坍，也恰恰是坚持了依规治党，才使得中国共产党面

〔1〕 参见王然：《习近平党内法规制度建设思想论析》，载《社会主义研究》2017年第3期。

临当前纷杂交错的国际国内环境，保持着健康的发展和对最大多数人民利益的维护”。[1]新形势下，尤其是党的十八大以来，在全面推进依法治国的背景下，党要管党、全面从严治党的决心与毅力都进一步强化，依规治党成为必然选择。[2]而强化党内法规制度建设势必成为一种常态。

中国共产党百年历史发展规律表明，党的兴衰成败决定着中国特色社会主义事业的兴衰成败，也决定着中国法治的兴衰成败。党内法规发展的历史是我们党依制度建党、管党和从严治党的历史。伴随中华人民共和国的成立，党内法规的发展逐渐与我国法治建设的发展契合起来，利用党内法规管党治党成为我国法治建设发展的一个浓缩影像，突出反映了我国法治建设在困难与磨砺中前行并在前行中不断得到强化和改善的历史。由于中国共产党作为中国特色社会主义事业领导核心的政治地位以及全面依法治国必须坚持党的领导之必然要求，党自身的建设直接影响乃至决定着我国法治建设的走向和进程。而作为党自身建设制度保障的党内法规，其制度建设的成效则直接影响党自身建设的成效，并进而影响我国法治建设的成效。从新中国成立以来的我国法治建设的历史以及党的历史来看，党内法规制度建设得到重

〔1〕 参见王国龙：《从党员主体角度审视习近平关于依规治党思想的基本逻辑》，载《岭南学刊》2017 年第 3 期。

〔2〕 参见胡业勋、广雨露：《依规治党的理论溯源与路径探索》，载《中共四川省委党校学报》2017 年第 2 期。

视和强化的时候往往同时也是我国社会主义法治建设受到重视和强化和取得突破性进展的时候；反之，党内法规受到忽视或弱化的时候也往往是集权思想盛行，而法治建设止步甚至是“开倒车”的时候。党内法规发展的历史，亦即依规治党的历史，高度浓缩了我国社会主义法治建设的发展历程，是我国法治建设在中国共产党自身建设方面的一个缩影。党内法规发展的历史与我国法治发展的历史高度契合，在一定程度上表明了党自身建设尤其是堪称党自身建设重要组成部分的党内法规制度建设对于我国社会主义法治建设的重要性。而对于国家法制的重视与对党内法规建设的重视，则体现了中国共产党作为执政党在制度文明方面的认知。〔1〕就此而言，强化党内法规制度建设并借助党内法规加强党自身的建设，实现“党要管党，全面从严治党”，做到依法治国与依规治党相互结合、彼此促进，无疑是实现中国法治必须正视的客观事实。无视这一事实，则中国的法治建设将难以有真正的进步和突破。正如党的十八届四中全会所指出：“党内法规既是管党治党的重要依据，也是建设社会主义法治国家的有力保障。”〔2〕易言之，不仅全面从严治党需要充分关注并高度重视党内法规制度建设，全面推进依法治国也必须充分关注并高度重视党内法规制度建设，即管党治党与依法治国都必须依规治党。

---

〔1〕 参见张立伟：《法治视野下党内法规与国家法的协调》，载《中共中央党校学报》2011年第3期。

〔2〕《中共中央关于全面推进依法治国若干重大问题的决定》，载《中国法学》2014年第6期。

第三章　党内法规与中国当代国家治理

作为一种社会行为规范，法之所以具有其存在价值，在于法能够发挥特定的作用。“法律可以而且事实上一直承担着强有力的手段功能。”〔1〕而党内法规作为一种特殊的法现象，显然也具有法所具有的一般作用。甚至一定程度上我们可以说，党内法规之所以能够被纳入法的范畴，之所以能够被纳入我国社会主义法治体系，并与国家法一起成为我国社会主义法治体系的重要组成部分，其根本原因就在于党内法规作为一种法能够发挥法的作用，能够在党自身的建设乃至我国整个社会治理中发挥特定的作用。当代中国社会作为一个利益多元的社会，其治理必须要“有一个能够协调各方、代表最广大人民根本利益的政治核心”，〔2〕特别是我国已进入改革发展的关键时期，新旧矛盾交织，社会关系复杂。为避免社会陷入困境，更需要一个能够得到全国各族人民、各个不同利益阶层普遍拥护和共同认可的政治领导核心来组织领导，

---

〔1〕 李德顺：《如何认识法律的价值——有关价值思维方式的一个经典命题》，载《哲学研究》2014 年第 4 期。

〔2〕 参见黄相怀等：《不忘初心：中国共产党为什么能永葆朝气》，中国人民大学出版社 2016 年版，第 41 页。

否则，政治发展就难以平稳进行，再加上国外各种敌对势力的干预，会导致民族分崩离析，社会陷入混乱。中国共产党就承担了这样一个重要角色，而中国共产党能够承担这一重要角色的关键不仅在于其全心全意为人民服务的宗旨令其具有深植于民心的政权合法性，〔1〕更在于她拥有一套能够保证其自身得到从严治理且能够及时对自己进行自我调适从而极为适应中国当代国家治理与社会治理特点的党内法规制度体系。基于此，有必要立足我国当代国家治理的视角对党内法规的作用及其机理加以探讨。

第一节　党内法规作用的法理分析

法的作用是指法所产生的实际外在影响，是法通过对社会主体和社会关系所发生的影响，使法同外部世界亦即国家生活、社会生活和公民生活发生关系。〔2〕党内法规作为一种法自然也会产生特定的影响，此即党内法规的作用。就此而言，所谓党内法规的作用，实际上就是指党内法规作为一种行为规范所能够具有的能力及实际产生的影响。〔3〕在法理学上，立足于法作用的对象加

---

〔1〕 参见黄相怀等：《不忘初心：中国共产党为什么能永葆朝气》，中国人民大学出版社 2016 年版，第 48 页。

〔2〕 参见周旺生：《法的功能和法的作用辨异》，载《政法论坛》2006 年第 5 期。

〔3〕 参见殷啸虎主编：《中国共产党党内法规通论》，北京大学出版社 2016 年版，第 14–15 页。

以考量，法的作用通常被划分为法的规范作用与法的社会作用两类。而党内法规作为一种专门用以调整党内关系的特殊的法，显然也具有这两个方面的基本作用。

一、党内法规的规范作用

党内法规的规范作用是党内法规作为一种法通过对其适用对象的行为模式加以规定而在客观上对各级党组织及党员思想行为产生的效果和影响。党内法规的规范作用是党内法规作为法、作为一种社会规范所必然具备的作用，具体体现在指引作用、预测作用、评价作用、强制作用、教育作用与激励作用这样六个方面。

（一）指引作用

指引作用是法规范作用中的首要作用。作为一种社会行为规范，法能够通过对权利与义务的规定为人们的行为设置相应的模式，从而为人们的行为方向提供指引，指导人们从事相应的行为或拒绝从事相应的行为。党内法规作为专门适用于各级党组织及党员的法，显然能够为党员及各级党组织提供相应的行为模式，从而指导或引领党员及各级党组织开展相应的活动或不从事相应的行为。对于党员及各级党组织而言，党内法规是帮助其前行的路标，为其指明方向。就其指引作用而言，党内法规的主要目的并不在于制裁违纪党员或党组织，而更在于引导党员或党组织以符合党要求的方式正确地行为，以保持党的纯洁性和先进性，提高党的执政能力。[1]与国家法律相同，党内法规对党员及各级党组织行为的指引也是通过相应的权利与义务规范来实现的。党内法规会针对党员以及各级党组织设置相应的义务并规定必要的权利，以此引导党员及各级党组织依照党的要求行事。但与国家法不同的是，党内法规的指引作用更多是通过对其义务的设置实现的。党内法规是以义务本位为特征的，强调“义务优位”“义务重于权利”，其对党员义务之推崇要多于且重于对其权利之宣示。[2]

（二）预测作用

从心理学上看，法律是一种极高度的预测科学。[3]法律在对人们的行为加以指引的同时，也能够依其对于人们权利与义务的规定而使人们预测自己行为的后果。党内法规作为一种法，尽管与国家法有着本质不同，但也对于党员以及各级党组织自身行为的后果具有预测作用。由于其存在且对党员及各级党组织的行为模式以及违反这些行为模式的法律后果进行了明文规定，党内法规能够使各级党组织及党员乃至整个党预先估计到其行为的后果，并进而决定是否继续实施这一行为。党中央提出“党要管

〔1〕 参见殷啸虎主编：《中国共产党党内法规通论》，北京大学出版社 2016 年版，第 16 页。

〔2〕 参见刘长秋：《依规治党中的党员权利问题研究》，载《党内法规研究》2023 年第 1 期。

〔3〕 参见郑兴昆：《论法律预测及其应用》，载《云南教育学院学报》1992 年第 2 期。

党、全面从严治党”，而“严格、明晰的制度是管党治党最基本的要求，为党组织的活动、党员干部的行为划定了明确的边界”。[1]党内法规作为党管党治党之严格且明晰的制度，为党员及各级党组织的行为划定了明确界限，使其能够借助这些行为界限预测自己行为的后果。从法理上来说，法的规范作用之一在于使人们通过其规则预测自己行为的后果，而要发挥这一作用，法就必须要公开并让人们知晓，而且使人们确信法是稳定的，不会朝令夕改。如果“立法者既可以心血来潮而匆忙立法，又可以萌发怪念而轻率废法，人们则无法明确地预见自己行为的结果，因此人们的行为必然受盲目的、自发的力量和各种意想不到的偶然因素所支配，社会也就不可能不陷入混乱的泥沼”。[2]以此为基点，作为法的党内法规必须保持必要的稳定性才能够很好地发挥其预测作用。

（三）评价作用

“法律对人们的行为是否合法或违法及其程度，具有判断、衡量的作用。”[3]党内法规作为专门适用于党内、调整党内关系的一种法，显然也能够对党员及各级党组织的思想与行为是否对错、是否违规加以衡量，并作出评价，具有评价作用。“通过党规

〔1〕参见田丽：《论党内法规与思想政治工作对政党治理的作用》，载《学术探索》2015年第5期。

〔2〕参见张文显：《法哲学范畴研究》，中国政法大学出版社2001年版，第164页。

〔3〕舒国滢主编：《法理学导论》，北京大学出版社2012年版，第39页。

的治理，就是对党组织和党员的行为进行合规或违规二元编码，合规的得到认可和保护，违规的遭受谴责和制裁，而党规就是判断合规与否的依据。”[1]党内法规的评价作用主要体现在党内和党外两个方面：从党内来说，党内法规是各级党组织及党员对个体党员与党组织乃至整个党的行为或思想进行评价的依据，是判定特定党员及党组织行为是否合规的标准；而从党外来说，党内法规也是党外人士认识评价党、党员以及各级党组织思想与行为的一个重要标准和参照。“在党内法规与国家法律和伦理道德之间的关系上，党内法规是介于国家法律与伦理道德之间的一类规范”[2]，这注定了党内法规的评价作用必然具有道德评价的因素，但很显然，党内法规评价不同于伦理道德对于党员及党组织行为与思想的评价，前者是一种制度评价，属于客观评价，而后者则是一种主观评价。

（四）强制作用

从法理上来说，法的强制作用是法律不可缺少的重要作用，也是法其他作用的保障。法律强制的内容在于保障法律权利的充分享有和法律义务的正确履行。[3]党内法规作为法，作为约束党、党员及各级党组织的行为规范，有其自身的强制执行机制，能够

---

〔1〕 宋功德：《党规之治》，法律出版社 2015 年版，第 125 页。

〔2〕 刘长秋：《论党内法规对党内关系的调整》，载《探索》2021 年第 6 期。

〔3〕 参见葛洪义主编：《法理学》，中国人民大学出版社 2007 年版，第 80 页。

通过其自身的实施，令那些违反党内法规规定的行为承担相应的党纪责任（如警告、留党察看、开除党籍等），并以此使那些实施不符合党内法规之要求的行为得到纠正。党内法规的强制作用在其规范作用中有着基础性地位，因为其他作用的发挥都有赖于党内法规强制作用的发挥。可以说，党内法规的强制作用是其得以显现其作为法规威严、能够被作为法治现象的关键。而且，需要指出的是，党内法规相较于国家法而言，尽管并不以国家强制力为后盾，但其强制作用并不逊色于国家法，有时甚至比国家法更甚，特别是在全面从严治党已经成为党的建设的一种常态，而党的权威也已随着反腐败斗争的高度深入而越来越强的背景下。但必须明确的是，党内法规的强制作用并不像国家法律那样，依赖监狱、监察、法院等国家暴力机构，而是依赖党的组织力量，通过对违规党员给予党纪处分的方式实现的。

（五）教育作用

法的教育作用是指法通过法律的规定和实施，影响人们的思想，培养和提高人们的法律意识，引导人们积极依法作为的功用和效果。[1] 从法理上来说，法的教育作用是通过法对人们思想的影响实现的。党内法规作为一种法，自然也具有教育作用，它可以通过其自身的规定以及这些规定的实施影响党员的思想，甚至

〔1〕 参见葛洪义主编:《法理学》，中国人民大学出版社 2007 年版，第 79 页。

可以借助其相比国家法所特有的思想调整功能直接发挥其对于广大党员的教育作用，提高党组织及党员依规办事的意识，并形成对于党内法规乃至国家法以及法治所赖以存在和维系的规则之尊重，从而引导其主动依照党内法规以及国家法的要求行事，依法依规办事。党内法规制定和实施的过程，本身就是党内法规对党员发挥教育作用的过程。在这一过程中，党员可以很清楚地感受到自己作为党的成员、作为具有共产主义觉悟的先锋战士与一般群众的不同，必须以更高的标准要求自己。此外，党内法规作为一种特殊的法规范还能够发挥思想道德教育的功能，这是作为法的国家法律所不具有的一种功能。

（六）激励作用

通过宣示相应的权利或肯定特定的行为模式以对人们形成激励，是法的重要作用之一。“法律对个体行为的激励功能，就是通过法律激发个体合法行为的发生，使个体受到鼓励做出法律所要求和期望的行为，最终实现法律所设定的整个社会关系的模式系统的要求，取得预期的法律效果，造成理想的法律秩序。”[1]党内法规作为一种特殊的法，显然也具有激励作用。它一方面通过宣示党员和各级党组织相应的权利、给予困难党员相应关怀和帮扶或赋予党员或各级党组织相应的荣誉而对党员及党组织形成激

〔1〕 付子堂：《法律功能论》，中国政法大学出版社1999年版，第68-69页。

励，另一方面则通过对违法违规党员进行惩戒而使那些合法守规的党员感受到党对其行为的认同与肯定，从而间接受到激励。此外，通过党内法规推进全面从严治党，可以使广大党员牢记自己作为党员的职责与使命，增强自己作为党员的归属感与荣誉感，这显然也是党内法规激励作用的体现。

二、党内法规的社会作用

党内法规不仅具有规范作用，也具有社会作用。党内法规的社会作用是指党内法规通过对各级党组织及党员行为进行调整而对社会产生的影响。党内法规的社会作用主要包括三个方面，即党内法规的政治作用、党内法规的社会示范作用以及党内法规的法治作用。

首先，就党内法规的政治作用来说，党内法规是党借以安排和形成政治生活的重要抓手。政治作用是党内法规的根本作用。在最一般的表述中，法首先是政治共同体用以安排、调整和形成（重构）人类共同生活的必要组织和统治工具。[1]而作为法治现象的党内法规则是党用以安排、调整和形成党内部生活的必要组织和统治工具。党借助党内法规来管党，强调党的政治纪律与组织纪律，对其内部秩序作出安排或调整；党借助党内法规来治党，加

---

〔1〕 参见［德］伯恩·魏德士：《法理学》，丁晓春、吴越译，法律出版社2013年版，第38页。

强其自身建设，使其更具备执政能力。同时党也借助党内法规直接对政治产生影响，如《党政领导干部选拔任用工作条例》，就可以直接通过对党员干部的选任来影响国家政治生活；而《党政机关国内公务接待管理规定》显然也属于对政府机关公务接待这类政治活动的规范；至于《党政机关厉行节约反对浪费条例》，由于其“适用于党的机关、人大机关、行政机关、政协机关、审判机关、检察机关，以及工会、共青团、妇联等人民团体和参照公务员法管理的事业单位”，所以也直接影响着国家的政治生活。党内法规存在的价值之一就是要使党依规加强自身建设，保障并增强其执政的合法性，为党从事政治活动提供内在保障。而党制定党内法规作为党开展政治活动的保障，其本身就是一种政治活动。[1] 此外，从政治上来说，党内法规还具有重塑政治生态的重要作用。无论是在党发展的百年历史上，还是在当下，党内法规都在重塑政治生态方面发挥了重要作用。例如，在中共十八大之前的很长一段时期，我国不少地方的政治生态出现了问题，存在比较严重的贪污腐败现象，一些党员领导干部违反法纪，胡作非为，也有不少党员干部遇事推卸，不愿担当，缺乏作为，各级党组织普遍缺乏政治能动性和活力。但在党的十八大之后，伴随党内法规制度建设的持续深入推进，全党形成了风清气正的大好局面，为整个社会风气的好转以及国家建设的推进发挥了重要作用。正如有学者指出的，

---

〔1〕 参见殷啸虎主编：《中国共产党党内法规通论》，北京大学出版社 2016 年版，第 22 页。

“在全面深化改革的攻坚克难时期，与国家法律相比，党内法规承担起通过整顿党风来重构政治生态的重任，为改革的深化奠定了重要的政治基础”。[1]这显然也是党内法规政治作用的一个重要体现。正因为如此，习近平总书记要求：“要发挥好党内法规在维护党中央集中统一领导、保障党长期执政和国家长治久安方面的重大作用，在推进新时代党的建设新的伟大工程、落实全面从严治党方面的重大作用，确保党在坚持和发展中国特色社会主义的历史进程中始终成为坚强领导核心，为全面建设社会主义现代化国家、实现中华民族伟大复兴的中国梦提供坚强政治保证。”[2]

其次，就党内法规的社会示范作用而言，党内法规通过“党要管党、全面从严治党”，能够在社会上产生良好的示范引领作用。在我国，治国必先治党，治党务必从严。从严治党是保持党的纯洁性与先进性，提升党的社会治理能力的关键，而党内法规则是从严治党的制度保障。中国共产党作为中国唯一的执政党和中国社会主义事业的坚强领导核心，发挥着火车头和指明灯的重要作用，其自身的行为表现极为重要，而其施予自身的行为规范也极为重要。俗话说得好，“火车跑得快，全靠车头带”。党内法规通过设立严厉的制度，依据更高的要求与行为标准，有效地引

---

〔1〕 参见陈柏峰：《党内法规的功用和定位》，载《国家检察官学院学报》2017年第3期。

〔2〕《习近平作出重要指示强调发挥好党内法规在维护党中央集中统一领导　保障党长期执政和国家长治久安方面的重大作用》，载《人民日报》2021年12月21日，第1版。

导和规范着党员以及各级党组织的行为，维护着党的先进性与纯洁性。这不仅对于其他党派与其他社会组织的建制具有良好的示范效果，且对于其他党派与其他社会组织以及广大人民群众在遵法守纪方面也能起到很好的示范和表率作用，能够引导其他党派和社会组织以及广大人民群众自觉求美向善，自觉适用更高的行为标准来约束自己、奉献社会。正如有学者所言，"中国共产党的章程、规则是经过了特定程序制定出来的，是广大党员必须遵守的，有着很强的约束力，甚至对于其他社会成员也有很强的示范效应"。〔1〕

最后，就党内法规的法治作用而言，党内法规保障和规范着各级党委和党组织在宪法和法律范围内领导公共治理和社会管理创新；党内法规调整和规范党的中央与地方组织之间以及党的中央各种机关之间、党的地方组织的各类机关之间的各种横向与纵向关系，调整和规范党的组织与各种国家机关、社会团体之间的各种横向与纵向关系，并使这些关系法治化、规范化，逐步纳入现代民主和法治轨道；党内法规也保障和促进各级党的领导干部运用法治思维和法律手段治党治国理政。〔2〕正因为如此，党内法规本身才被纳入我国社会主义法治体系之中，并成为该体系的重要

〔1〕 参见张立伟：《法治视野下党内法规与国家法的协调》，载《中共中央党校学报》2011年第3期。

〔2〕 参见姜明安：《论中国共产党党内法规的性质与作用》，载《北京大学学报（哲学社会科学版）》2012年第3期。

组成部分。而既然作为我国社会主义法治体系之重要组成部分，则党内法规的存在与运行必然会对我国社会主义法治建设的深入推进发挥不可或缺的重要作用。这一点，无论是从党内法规发展的历史考察中，还是立足于我国当代社会治理的实践，我们都不难得出这样的结论。在我国，中国共产党是中国特色社会主义事业领导核心，是最高政治领导力量，其自身能否依法办事、依规建设，对于我们践行并实现法治而言，至关重要。而在法治已经成为当代社会主旋律，党的十八届四中全会已经将依法治国提升到一个前所未有之历史地位，且党的十九大、二十大又再次强调了全面依法治国战略的宏观背景下，对于党内法规的法治作用，我们必须予以高度重视。

第二节　党内法规在当代国家治理中的作用及其机理

尽管党内法规只是一种治党规范，是一种党法，通常只适用于党内，用以调整党内关系，但由于作为其制定与实施主体的中国共产党自身在我国特殊的政治法律地位，其在当代国家治理中发挥的作用其实已经远远超越了普通社会规范所能够发挥的作用。在一定程度上，党内法规已经成为我国当代国家治理不可或缺的重要手段，它与国家法律一起，共同支撑着我国当代国家治理体系，成为我国社会主义法治体系的重要组成部分。正因为如此，党的十八届四中全会《决定》明确指出："全面推进依法治国，总目标是建设中国特色社会主义法治体系，建设社会主义法治国家。这就是，在中国共产党领导下，坚持中国特色社会主义制度，贯彻中国特色社会主义法治理论，形成完备的法律规范体系、高效的法治实施体系、严密的法治监督体系、有力的法治保障体系，形成完善的党内法规体系，坚持依法治国、依法执政、依法行政共同推进，坚持法治国家、法治政府、法治社会一体建设，实现科学立法、严格执法、公正司法、全民守法，促进国家治理体系和治理能力现代化。"[1]显然，党的十八届四中全会《决定》已经在将党内法规建设纳入我国社会主义法治体系建设的基础上，将党内法规体系建设摆到了与国家法律建设同样重要的位置。

一、党内法规在当代中国国家治理中的作用分析

推进国家治理体系和治理能力现代化是我国全面深化改革的总目标。党的十八届三中全会通过的《关于全面深化改革若干重大问题的决定》指出："全面深化改革的总目标是完善和发展中国特色社会主义制度，推进国家治理体系和治理能力现代化。"[2]而鉴于中国共产党在我国政治生活及法治生活中的特殊地位，党内

〔1〕《中共中央关于全面推进依法治国若干重大问题的决定》，载《中国法学》2014年第6期。

〔2〕《中共中央关于全面深化改革若干重大问题的决定》，载《求是》2013年第22期。

法规在当代国家治理方面发挥着无可替代的重要作用。具体而言：党内法规规范着中国共产党自身内部的关系，并通过规范党内自身的关系而影响辐射整个社会关系，从而在当代国家治理中发挥应有的作用。正因为如此，党的十八届五中全会提出："运用法治思维和法治方式推动发展，全面提高党依据宪法法律治国理政、依据党内法规管党治党的能力和水平。"〔1〕而党的十九届四中全会也要求："坚持依规治党，建立健全以党的政治建设为统领，全面推进党的各方面建设的体制机制。"〔2〕这显然是对党内法规在当代国家治理方面所应当发挥的作用之科学认识。

（一）党内法规是党实现自我治理的重要保障

"知所以自治，然后知所以治人。天下未有不能自治而能治人者也。"〔3〕当前，我国的发展面临极为严峻而复杂的形势，在此背景下，党提出了全面深化改革的战略部署。而全面深化改革对中国共产党人及其带领的 14 亿人民来说，必定是一场"啃硬骨头""趟深水区"的硬仗，也将会是一场生动美妙描绘"法治中国梦"的辉煌景象。〔4〕在此过程中，作为社会主义革命与建设的领

---

〔1〕《党的十八届五中全会公报》，载《中国金融家》2015 年第 11 期。

〔2〕《中共中央关于坚持和完善中国特色社会主义制度　推进国家治理体系和治理能力现代化若干重大问题的决定》，载《中国民族》2019 年第 11 期。

〔3〕《史记·平津侯主父列传》。

〔4〕参见徐汉明：《论现代社会治理法的法律地位——社会治理法应当是独立的法律部门》，载《社会科学家》2015 年第 9 期。

导者，中国共产党自身的建设无疑至为关键，其自身建设的成效将不仅影响其作为执政党与领导者自身的发展乃至存亡，也会直接影响整个国家治理乃至社会治理的成效。而党内法规作为实现“党要管党、全面从严治党”的制度保障，则是党实现自我治理的重要保障。党内法规界定了各级党组织的权力及党员行为的边界，明确了党在社会治理中的权责划分，通过规定各级党组织及党员从事政治、经济、社会活动的行为准绳，可以保证将党及党员的活动控制在其规则调控的视野之下，将党的权力关进制度的笼子，使各级党组织及党员能够依照党内法规所确立的政治规则开展活动，从而保障党自身得到很有效的治理。而对于有着9900多万党员的超级大党且同时是执政党的中国共产党而言，党自身的治理显然直接关涉着国家治理的成效。只有将党自身建设好、治理好，才能够保证其有能力和条件去领导人民群众进行改革和建设，并在改革和建设中实现国家治理体系和治理能力现代化，实现社会的良好治理。正因为如此，党的二十大报告提出：“必须持之以恒推进全面从严治党，深入推进新时代党的建设新的伟大工程，以党的自我革命引领社会革命。”〔1〕

党内法规是党自我革命的重要制度保障，是助力党通过自我革命引领社会革命的必然选择。加强党内法规制度建设是不断提

〔1〕 习近平：《高举中国特色社会主义伟大旗帜 为全面建设社会主义现代化国家而团结奋斗——在中国共产党第二十次全国代表大会上的报告（2022年10月16日）》，载《人民日报》2022年10月26日，第5版。

高党的建设质量，把党建设成始终走在时代前列、人民衷心拥护、勇于自我革命、经得起各种风浪考验、朝气蓬勃的马克思主义执政党的客观需要。以此为基点，党内法规显然是保障党推进自我革命、实现自我治理，从而增强其执政能力并发挥其领导能力的重要保障。它能够规范党内政治生活，加强党的建设，实现党的领导，推动党的各项工作。

（二）党内法规是借助党的自治实现国家治理现代化的保障

在法理上，良法善治是实现法治的前提。[1]而良规善治则是实现依规治党的前提，也是借助管党治党实现国家治理现代化的必要条件。党内法规是党内法治的实然前提和现实基础，党内法治是党内法规的内涵深化和精神升华。[2]当代中国国家治理首先需要作为中国特色社会主义事业领导核心且是最高政治领导力量的中国共产党自身得到良好治理，只有在党自身得到良好治理的情况下，党才能够掌握并在掌握的基础上提升国家治理能力，从而实现科学的领导、有力的领导以及高效的领导，并进而实现国家治理现代化。而党内法规则在党自身的治理方面发挥着无法替代的重要作用，它是实现党自身良好治理的保障。党内法规作为管党治党的规矩，作为党的各项活动的基本依据，通过体现党

〔1〕 参见张琼：《立法评估完整性研究及建设路径》，载《宏观质量研究》2016年第2期。

〔2〕 参见肖金明：《在党内治理中实现良法善治》，载《山东人大工作》2016年第10期。

的方针政策、调整党的执政活动，规范党员干部的从政行为，确定党员的行为规范，在当代国家管理与社会治理中发挥着规范和导向作用。就此而言，中国共产党的党内法规具有强烈的外部性效应，即通过加强各级党组织的制度化建设、党委和党组织权力配置的规范化建设以及党员活动的规范化等方式，在实现党内治理规范化的同时，提升中国共产党在公共治理中的能力，增强人民群众对中国共产党执政合法性的认同。〔1〕

习近平总书记指出："必须适应国家现代化总进程，提高党科学执政、民主执政、依法执政水平，提高国家机构履职能力，提高人民群众依法管理国家事务、经济社会文化事务、自身事务的能力，实现党、国家、社会各项事务治理制度化、规范化、程序化，不断提高运用中国特色社会主义制度有效治理国家的能力。"〔2〕而要提高这些能力，最重要最关键的就是提高运用法治思维和法治方式的能力，解决法治缺位情况下治理动力不足和能力不够的问题〔3〕，作为在管党治党方面发挥着特定作用的党内法规制度建设就成为关键中的关键。只有借助党内法规实现对于党自身的良好治理，才能够提高党运用法治思维和法治方式的能力，增强党在处理各种事务中的效率和应变力，也才能通过规范化的党内法规

---

〔1〕 参见冯浩:《中国共产党党内法规的功能与作用》，载《河北法学》2017年第5期。

〔2〕 习近平:《完善和发展中国特色社会主义制度推进国家治理体系和治理能力现代化》，载《人民日报》2014年2月18日，第1版。

〔3〕 参见张文显:《法治与国家治理现代化》，载《中国法学》2014年第4期。

制度体系，减少体制运行过程中的资源浪费，从而更好地实现国家治理的预期目标。就此而言，“没有一个健全的党内法规体系，没有一个建立在党规党法之上的党内秩序，就没有政党治理的现代化，更勿谈国家治理的现代化”。〔1〕党内法规是构建作为执政党的中国共产党党内秩序，实现党的治理现代化，进而实现当代国家治理现代化之不可或缺的保障。

（三）党内法规是实现国家依法治理的重要引领

当代社会是一个以法律为主导的法治社会，法律在社会治理中发挥着主导作用，依法治国已经成为不可逆转的历史潮流，是实现国家治理现代化的必由之路。就此而言，当代国家治理实际上是依法而治的国家治理。而依法而治的关键在于依法行政，只有依规治党，才能使党尊崇规则，崇尚法治，实现依法行政。从党与法治的关系上来看，法治不仅仅是依法治国，更包括依规治党。正如党的十八届四中全会明确指出的，依法治国必须加强党的领导，〔2〕否则就会使中国的法治之路走错方向。而加强党的领导显然只是保障依法治国全面、正确推进的理论条件。要保证法治的真正实现，其隐含的、不言自明的前提显然应当是：党对法治的领导必须是科学的领导与正确的领导。只有科学的领导与

〔1〕 参见田丽：《论党内法规与思想政治工作对政党治理的作用》，载《学术探索》2015 年第 5 期。

〔2〕 参见《中共中央关于全面推进依法治国若干重大问题的决定》，载《中国法学》2014 年第 6 期。

正确的领导，才能真正保证党对社会主义法治领导的正确方向，保证我国法治建设不走错路，少走弯路。而党内法规作为管党治党的制度保障，则是维护党内民主，借助党内民主来保障党内决策科学化以实现正确领导与科学领导的关键。在此意义上，党内法规作为确保和实现党的正确领导的制度保障，无疑是实现国家依法治理的重要引领。“党不治，则国不治；党无纲常，则国无纲常。”〔1〕

作为中国特色社会主义事业领导核心，中国共产党在当代国家治理中发挥着统揽全局、协调各方的领导核心作用，必须要提高对于自身能力以及先进性与纯洁性方面的要求。只有运用党内法规把管党治党落到实处，促进党员干部带头遵守国家法律法规，才能够借助党员干部的先锋模范作用推动广大人民群众遵法守法，践行法治。党通过党内法规可以树立、宣传和倡导规则理念，可以改善法治环境，可以强化对于公权力的约束与监督。就此而言，借助在行为要求方面高于国家法律且在内容上严于国家法律的党内法规来管好党，从而真正建设好党，使党成为能力与品行兼备的合格的领导核心，并进而带领全国人民推动国家治理现代化，实现社会的良好治理，显然是当代中国国家治理乃至社会治理的内含之义。

〔1〕 中共中央宣传部理论局：《法治热点面对面》，学习出版社、人民出版社 2015 年版，第 132 页。

二、党内法规在国家治理中得以发挥作用的机理分析

“党内法规是中国共产党为规范党的领导和党的建设活动，适应不断变化的世情、国情、党情而创新的不同于域外治理模式的专门规章制度。”[1]就其地位以及在我国所承担的角色而言，党内法规作为一种法，在我国法治体系中具有特殊的地位，是我国社会主义法治体系不可或缺的组成部分。尽管这类规范无法被归入国家法律的行列，但在国家治理中发挥着不啻国家法律的作用，有着国家法律所不具备的优势，是当代“中国之治”的重要制度密码。那么，作为一种特殊法的党内法规何以在当代国家治理中发挥作用呢？笔者以为，党内法规得以发挥作用的原因主要得益于以下几个方面的因素。

（一）管党治党在国家法治中的不可或缺性

“在建设法治国家特别是法治社会的进程中，法治的实现既要依靠国家来推动，更要夯实社会共同体自律互律的基础，依靠多样化的法律规范来保证社会既有序发展、又充满活力。”[2]作为我国最大社会共同体的中国共产党所制定和实施的党内法规就是我国法治赖以依靠的多样化的法律手段之一。中国共产党肇始

〔1〕 李军、马子恒：《论党内法规的四重定位》，载《上海政法学院学报（法治论丛）》2022 年第 4 期。

〔2〕 罗豪才：《社会治理离不开软法之治》，载《楚天主人》2011 年第 10 期。

于一般的社会组织，逐步发展壮大为一个成熟的革命政党组织，当前已经成为一个具有超级规模且功能强大的政治组织，在国家政治生活中发挥着重要的领导作用，也即一个具有长期执政地位的政党。〔1〕中国共产党是我国唯一的执政党，也是中国特色社会主义事业的领导核心。“党政军民学，东西南北中，党是领导一切的”〔2〕，这一点决定了管党治党在我国法治中的重要地位。一方面，中国共产党作为一个拥有9900多万党员的大党直接影响着国家治理的效果，因为党员也是国家治理的对象，能否管好党、治好党势必直接影响和制约国家治理的成效；另一方面，中国共产党作为最高政治领导力量直接左右和决定着法治目标的实现。在“依法治国，建设社会主义法治国家”已经被明文载入我国宪法而“党的领导是中国特色社会主义最本质的特征，是社会主义法治最根本的保证”〔3〕也已经被明确载入党的正式文件的情势下，运用法治思维依规治党，已成为中国特色社会主义新时代中国共产党执政的首要选择，成为我国践行法治的路径保障。“新时期，中国共产党必须适应国家现代化建设时代要求与发展要求，不断加强自身建设、不断改进党的领导，依法治国、依法执政、科学执政、

〔1〕 参见施新州：《中国共产党党内法规及其制度体系的内在逻辑》，载《中国延安干部学院学报》2017年第1期。

〔2〕 习近平：《决胜全面建成小康社会，夺取新时代中国特色社会主义伟大胜利——在中国共产党第十九次全国代表大会上的报告（2017年10月18日）》，人民出版社2017年版，第20页。

〔3〕《中共中央关于全面推进依法治国若干重大问题的决定》，载《中国法学》2014年第6期。

民主执政。”[1]换言之，运用法治的思维依规治党是我国法治的内在要求，直接关系着法治能否在我国顺利实现。而党内法规则是中国共产党实现依法治国这一目标的重要手段。它将党要求党员在国家管理与社会治理过程中应当发挥的作用以法规的形式确立下来，通过实施法规规定的要求，从而实现党自身的良好治理以及国家治理与社会治理，保证了作为执政党的中国共产党之领导及其自身建设的规范化和法治化，为全面推进依法治国提供了基础保障。

中国共产党在当代中国特殊的政治法律地位决定了“治国必先治党，治党务必从严，从严必依法度”这样一个基本逻辑。“加强党内法治建设，要完善党内法规体系，使党内政治生活有规可依、有章可循。在党内事务管理中坚持有法（规）必依、执法（规）必严、违（规）必究，充分运用党内法规调整党内政治关系，有效规范党内政治生活，以及党员的权利、义务，用党的纪律保证党内法规的效力，将党内治理建立在党内法规基础上，运用党内法规管党治党，实现党内有效治理。”[2]尤其重要的是，党内法规的存在及其完善和强化有助于更新党的治理理念和思维方式，在党的各级组织内部和党员领导干部中逐步形成善于运用法治思维和法治方

---

〔1〕 刘红凛：《百年复兴路：党的现代化与国家现代化的契合与互动》，载上海市社会科学界联合会编：《马克思主义与中国百年变迁》，上海人民出版社2011年版，第25页。

〔2〕 肖金明：《论通过党内法治推进党内治理——兼论党内法治与国家治理现代化的逻辑关联》，载《山东大学学报（哲学社会科学版）》2014年第5期。

式的习惯，形成依党内法规要求行事并进而尊重国家宪法与法律、依法办事的意识倾向和思维惯性。就此而言，管党治党在我国法治建设中的重要性决定了作为管党治党主要手段的党内法规能够在当代国家治理以及社会治理中发挥不可或缺的重要作用。

（二）党内法规相比国家法之优势

从法律与道德的关系上来看，国家法作为一种社会行为规范，所确认和维系的是最低限度的伦理道德，是维系社会正常秩序所必须的最低行为要求。正因为如此，这类规范才得以统一适用于所有人且为人们一致认可，从而在国家治理与社会治理方面发挥作用。而党内法规则是从党的纲领的角度对党组织和党员提出的，通常要远较国家法对一般公民和社会组织所提出之要求高的行为要求。从伦理道德的角度来说，这类要求通常比国家法律要求更高。如果运用富勒有关伦理道德分层的理论，国家法律属于“义务的道德”，即相对较低层次的伦理道德，而党内法规相比国家法律则属于“高尚的道德”，即相对较高层次的道德（美德）。对于“义务的道德”，我们可以通过设置法律义务的方式将其法律化，从而使之转化为法律，并在国家治理与社会治理中发挥行为规范的作用；而对于“高尚的道德”，法律则不能通过设置义务的方式将之法律化，即“法律不能以命令或者制裁来调整美德”。[1]

〔1〕 参见谢晖：《美德的暴政与权利的美德》，载《东方法学》2012年第1期。

这样一来，在国家治理尤其是在社会治理过程中，国家法就无法或至少不宜介入那些高层次的社会道德行为领域，致使法律无法在推进整个社会伦理道德的进化和完善方面发挥其作用。而党内法规则可以通过其对党组织与党员所提出的远高于国家法对一般社会组织与公民的伦理道德要求，发挥其对高层次伦理道德的引导和推进作用，并通过党员的模范带头作用，将这些行为的影响扩及一般社会组织与公民。由于党员具备国家公民和党员的双重身份，党内法规在引导和规范党员行为，保持党的先进性与纯洁性方面较国家法更具有发挥作用的空间，因为作为国家公民的党员首先是具有先进性和纯洁性要求的党的组织成员，是具有共产主义觉悟的战士，其入党时的庄严宣誓意味着其不仅需要受到国家法律的规范，更需要受到党内法规的约束。对于党员来说，在党内法规与国家法律的适用顺序上，应当是党内法规的适用具有优先性，党员需要比照党内法规确定的更高的行为标准与要求来约束自己的行为，从而可以更好地发挥模范带头作用，推进社会治理朝向纵深发展，更好地实现和保障国家治理。这就可以很好地弥补国家法律作为社会行为规范在国家治理与社会治理尤其是党的自身治理方面的不足。

就此而言，作为一种适用范围通常仅及于各级党组织与党员的行为规范，党内法规显然具有适用范围及于全体社会成员之国家法律所不具有的优势。这一优势使得党内法规具有以“法”的形式和内容出现及存在的必要性与可行性，且能够作为国家法律的重要补充甚至是保障而形成自身特有的制度优势，能够在社会治理过程中发挥其应有的作用，并确保执政党规范廉洁地治国理政。

（三）党内法规对于国家法律之建构性意义

作为一种在我国社会主义法治体系中具有特殊地位的法，党内法规之所以能够在当代国家治理以及社会治理中发挥法的作用，除了管党治党在国家法治中的不可或缺性以及党内法规相比国家法律所具有的优势之外，还得益于党内法规对于国家法律所具有的建构性意义。而党内法规对国家法律的建构性意义，主要体现在三个方面。

首先，在实践层面，党内法规的某些内容能够为国家法律所确认并维护。中国共产党作为执政党，在全面依法治国已经成为当代社会主旋律的宏观背景下，其最基本的执政方式就是将党的主张通过法定程序上升为国家意志，成为社会成员共同遵循的行为规范和准则，从制度上保证党的路线方针政策的贯彻落实。将在实践中证明可行的党内法规中的某些制度经转化后由国家法律确认下来，是中国践行法治的一种特殊方式。《党政领导干部选拔任用工作条例》的颁行及适用就是一个很好的注脚。该条例尽管是对选拔中共领导干部的具体要求，但却明确规定“上列机关、单位选拔任用非中共党员领导干部，参照本条例执行”[1]，这

---

〔1〕 参见《党政领导干部选拔任用工作条例》第4条。

说明,该条例实际上是被作为整个国家行政领导干部选拔任用的基本法加以适用的。此外,《党章》中规定的诸如人民代表大会制度、民族区域自治制度、基层群众自治制度等无一不转化为具体的法律或制度(如选举法、村民委员会选举法、民族区域自治法、各类法律中的权利保障制度等)。而《八项规定》中的反腐思想与精神对于我国《监察法》等反腐败国家立法出台的推动无疑也是非常好的注脚。凡此种种,均表明党内法规中的某些内容可以为国家法律所确认并维护,并在当代国家治理和社会治理中发挥特定作用。

其次,在价值层面,党内法规可以将党的执政理念内化为国家法律的精神。从某种程度上来说,党内法规是党的执政理念在党内政治中的制度化,而党内法规与国家法律同为我国社会主义法治体系组成部分的地位则决定了党内法规可以借助党对国家法治建设的领导,将党的执政理念内化为国家法律的精神。为《党章》所明文确认并作为中国共产党行动指南的"马克思列宁主义、毛泽东思想、邓小平理论和'三个代表'重要思想"以及科学发展观和习近平新时代中国特色社会主义思想之载入《宪法》及其成为我国社会主义法治建设的指导思想就充分说明了这一点。而《党章》中宣示的"坚持节约资源和保护环境的基本国策,坚持节约优先、保护优先、自然恢复为主的方针,坚持生产发展、生活富裕、生态良好的文明发展道路。着力建设资源节约型、环境友好型社会,实行最严格的生态环境保护制度",也无一不内化为包括我国《环境保护法》《科技进步法》《促进科技成果转化法》等在内的相关国家立法的精神。不难看出，党法在某种程度上成为对中国社会进行制度改造的试验田，承担了为法治建设架桥铺路的任务。〔1〕这是党内法规能够在社会治理中发挥作用的又一重要原因。

最后，党内法规可以起到国家“试行法”的作用。如上所述，党内法规是一种软法，而软法可以为作为硬法的国家法之出台创造有利条件。在特定的国家法创制之前，以公共政策为代表的软法经常围绕硬法的创制及其规范的公共主题进行“鼓”与“呼”，它们不仅在营造立法共识、刺激立法需求、制造社会舆论、谋求立法共识方面发挥着重要作用，而且深刻地影响着硬法的立法目标与制度安排。〔2〕在很多重要领域，软法甚至能够发挥国家“试行法”的作用。党内法规作为我国最为重要且特别的一种软法，作为加强和改善执政党自身建设的基本保障，显然更是发挥了这样的作用。这一点，从《党政机关国内公务接待管理规定》《党政机关公务用车配备使用管理办法》《关于党员领导干部报告个人有关事项的规定》《党政机关厉行节约反对浪费条例》等类似的党内法规在我国法治建设中发挥的作用上，我们不难得到验证。实际

〔1〕 参见张立伟：《法治视野下党内法规与国家法的协调》，载《中共中央党校学报》2011年第3期。

〔2〕 参见罗豪才、宋功德：《认真对待软法——公域软法的一般理论及其中国实践》，载《中国法学》2006年第2期。

上，在相关的国家法律尚未出台之前，这类党内法规不仅在很大程度上发挥了“试行法”与“先行法”的功能，暂时有效地弥补了相关国家法律空位引发的无法可依的缺憾，且对于推动相关国家法律的出台发挥着重要作用。

三、对党内法规在当代国家治理中作用的理性认识

当代国家治理是一个需要国家法律以及类似于国家法律的软法以及伦理道德等在内的诸多社会规范共同发挥作用的系统工程。党内法规作为软法的一种，且基于中国共产党最高政治领导力量与执政党的政治法律地位而成为诸多软法规范中最为重要且特殊的一种，在其中发挥着无可替代的重要作用。而执政党自身治理在国家法治中的不可或缺性、党内法规相比国家法之优势以及党内法规对于国家法之建构性意义，则是党内法规能够在中国当代国家治理以及社会治理中发挥重要作用的主要原因。基于此，在我国推进并逐步实现全面依法治国的进程中，必须高度关注和重视党内法规制度建设，推进和完善依规治党，借助依规治党推进和实现依法治国，实现我国国家治理体系和治理能力的现代化。当然，对于党内法规在中国当代国家治理中能够发挥的作用，我们也需要保持理性认识，在肯定、承认并加以重视的同时不能够夸大，以免过高估计了党内法规的作用，将其与国家法相混同。

(一)党内法规只是当代国家治理机制中的一环

法律不是万能的,任何社会规范也都不是万能的,作为一种特殊法现象的党内法规也是如此。当代国家治理是一个需要包括国家法律、党内法规、政策、宗教以及伦理道德、行业规范等众多规范共同发挥作用的综合性治理过程,是一项系统工程。在这一过程或者说在这一工程建设中,我们需要正视、重视并切实发挥党内法规的作用,通过党内法规管好党、治好党来推进党的自身建设,并通过强化和改善党的领导而加强其自身治国理政的能力与水平,推进国家治理体系和治理能力现代化,但又不能够过分强调和夸大党内法规的作用而忽视其他社会规范的运用。毕竟,党内法规只是众多国家治理手段中的一种,而且,这种治理手段更多时候是通过管党治党而在国家治理中发挥作用的,离开其他治理手段的支持与配合,尤其是离开国家法律与社会伦理道德的配合与支持,党内法规在运行中将会发生梗阻,从而难以发挥其实际作用。

因此,我们在正视并重视党内法规的作用,强调加强党内法规制度建设,提倡依规治党的同时,注意党内法规与其他社会规范的协同配合,学会运用多种手段管党治党,提倡依规治党与依法治国相结合,依规治党与制度治党相结合,以及依规治党与以德治党相结合,使党内法规在更广泛的意义上与更多的社会规范协同发挥作用,形成合力。而且,需要特别明确的是,党内法规作为法治思维、政治思维及德治思维三种思维交汇融合的产物，其作用的发挥是需要以尊重和践行法治理念为前提的，党内法规的制定与实施需要遵守宪法和法律的规定，而不能脱离更毋宁说凌驾于宪法与法律之上，成为法外特区。就此而言，党内法规要在当代国家治理中发挥其应有的作用，必须要以其自身不违反宪法与法律的规定为前提。

（二）只有得到严格执行的党内法规才能真正发挥其作用

需要指出的是，"徒善不足以为政，徒法不能以自行"。[1]任何好的制度都离不开人的实施，伦理制度如此，法律制度如此，党内法规制度自然也不例外。党内法规在当代国家治理中能够发挥其他社会规范乃至国家法律所不可能产生的作用，但作用的有无与其实际发挥的作用并不是画等号的，它需要一个转化的过程。而党内法规能否真正发挥其应有的作用，真正在加强党的领导和强化党的建设方面发挥出实践伟力，关键还需要看其执行的情况。党内法规作为一种特殊的法治现象，其约束力的形成并不倚赖国家强制力，这就使得其作用的发挥更需要以被严格执行为前提，只有其被严格执行，才能够切实发挥其应有的作用。

实际上，从党内法规发展的历史来看，中国共产党一直比较关注和重视运用党内法规来加强和改善自身建设的问题，但在特

〔1〕参见《孟子·离娄上》。

定历史时期，党内法规却并没有发挥其应有的作用。究其原因，笔者以为，并不在于在这些历史时期作为领导核心的中国共产党没有制定相关的党内法规，也不完全在于这些党内法规在内容设计上不够完善以致限制了其作用发挥，而更在于党内法规在这些时期的执行效果不甚理想，没有被真正作为党内具有法律性质的规矩而受到应有的尊重和实施，以致很多时候成为制度装饰和摆设。即便是现在，党内法规执行不力的问题也依然突出，实践中，“有令不行、有禁不止”、“执行打折”或者“以对策来对抗政策”等现象屡有发生。“党内法规执行情况总体上是好的，但也存在一些重制定、轻执行的问题，还存在‘上热中温下冷’，先紧后松、上紧下松、外紧内松等现象，机械执行、选择执行、繁琐执行、变通执行问题都不少。”[1]例如，《党政领导干部选拔任用工作条例》已经对选拔干部的程序和方式作了明确规定，但有的地方选人、用人的不正之风仍然比较严重，没有依据德才兼备的标准去选拔任用干部，而是搞“一言堂”，搞裙带关系，或者贿选，置民主推荐、集体决定等程序于不顾，以致出现了湖南衡阳破坏选举案、四川南充贿选案、辽宁贿选案等影响非常恶劣的案件，给党风政风建设带来了恶劣的影响。而《八项规定》在全国范围内以前所未有之力度的严厉执行及其对于腐败之有效遏制以及对于党风政风建设所起到的巨大改善效果，则从某个侧面说明了严格执行

〔1〕 王伟国：《增强党内法规权威性和执行力》，载《民主与法制》2022年第41期。

党内法规对于党自身的建设乃至国家建设客观上所具有的重要意义。正因为如此，习近平总书记一针见血地指出“现在，我们有法规制度不够健全、不够完善的问题，但更值得注意的是已有的法规制度并没有得到严格执行”〔1〕。指出“要完善党内法规制定体制机制……提高党内法规执行力”〔2〕“要狠抓制度执行，扎牢制度篱笆，真正让铁规发力、让禁令生威”〔3〕。

“党内法规的执行在党内法规制度建设中仍然是一个短板，高度重视并抓好党内法规执行，是当前一项十分重要而紧迫的任务。”〔4〕在党内法规已经形成比较完善的体系而其实施问题越来越重要的背景下，党内法规执行已经成为党内法规制度建设新征程中的重中之重。因此，在强化党内法规制度建设的过程中，除了要继续重视立规建设，加快急需但尚未颁布的党内法规之立规步伐，弥补党内法规制度建设空位，继续健全党内法规自身体系，并完善现有法规的制度与规则之外，还必须高度重视党内法规的执行问题，在为党员建规立矩的同时，注重这些规矩的实效，强化其执行与实施，使其真正成为能够关住党员权力的笼子，成为加强党自身建设从而影响和推动国家建设以及社会建设的制度手段。

〔1〕 中共中央纪律检查委员会、中共中央文献研究室编：《习近平关于严明党的纪律和规矩论述摘编》，中央文献出版社、北京方正出版社2016年版，第89页。

〔2〕 习近平：《习近平谈治国理政》(第二卷)，外文出版社2018年版，第119页。

〔3〕 中共中央纪律检查委员会、中共中央文献研究室编：《习近平关于党风廉政建设和反腐败斗争论述摘编》，中央文献出版社、中国方正出版社2015年版，第127页。

〔4〕 宋功德、张文显主编：《党内法规学》，高等教育出版社2020年版，第10页。

（三）党内法规作用的发挥需要广大党员的认同和接受

不仅如此，党内法规的实施还需要得到绝大多数党员的认同、理解与支持。“党员是党的肌体和细胞，是构成党组织的基础，重视党员是保证党内工作正常开展，平稳有序的基础。”〔1〕作为法的一种，党内法规与国家法律遵循类似的机理，其真正获得有效遵行的关键并不在于其强制力，而更在于获得其适用对象内心的认同、接受甚至是信仰。“党规党纪在一定程度上主要依靠党员的觉悟与忠诚来维系，也即其固然需要外力来维系，但得以有效实施的基础却是党员发自内心的对党的纪律的高度认同和自觉执行。”〔2〕这是因为，党内法规是主要适用于党内并调整党内关系的一种规范，其对于党员的要求要远高于国家法律对普通公民的要求。从法理上来说，要求的高低在法律法规中往往直接对应着主体权利的敛缩与扩张。这实际上意味着，作为党内法规适用对象的党员如果依照党内法规的要求行事，就需要主动放弃其在国家法律中依法享有的部分权利。而在法理上，权利的本质则是利益与自由。这显然意味着，党员依党内法规行事势必要放弃其依国家法律本可享有的一些权利及其背后所隐含的相应的利益与自由，而更多地去履行作为一个党员而非仅仅是一个公民所需要履行的义务。如果没有对于党内法规的高度认同、接受与信仰，

〔1〕 金成波、张源：《试论党内法规体系的完善》，载《科学社会主义》2015年第6期。

〔2〕 崔建周：《“党规党纪严于国家法律”：理论依据、实践指向与实现条件》，载《理论探索》2015年第4期。

党内法规是无法得到全体党员一体遵循的。而如果党内法规无法得到很有效的遵行，则其就很容易成为“纸老虎”与“稻草人”，也就自然难以在管党治党方面发挥应有的作用，并难以通过管党治党这一当代中国国家治理的最核心问题之治理而发挥其对于整个国家治理的示范引领作用与推进作用。

为此，站在执政党的角度来说，党应当重视并充分保障党员在党内法规中的权利，通过对党员在党内法规中的权利加以宣示、维护和保障，增强其作为具有共产主义觉悟的先锋战士在党内的归属感、责任感与荣誉感，推进广大党员对于党内法规的认同、理解与接受，激发广大党员履行党员义务的热情与主动性，增进党内法规的执行力，使党内法规能够更有效地发挥管党治党的作用。不仅如此，还需要扩大普通党员对党内事务的参与权，在党内法规制定与修改的过程中，应当坚持民主集中制的要求，尽可能广泛地听取和吸收普通党员的意见和建议，以在显现其党内主体地位的基础上，激发其主观能动性，增加其对党内法规制度的认同、接受与信仰。“在党内法规的立项、起草、审议等各个阶段充分征求地方党委、中央各有关部门和党员的意见，使党内法规成为党内民主的制度保障，成为保证全党团结统一的有力武器。”〔1〕只有党内法规在制定过程中尽可能多地让广大党员参与，才能充分体现和突出党员在依规治党中的主体地位，使广大党员

〔1〕　江国华：《党内法规的程序法则》，载《光明日报》2017年2月6日，第11版。

在获得正确反映其自身诉求以维护其正当利益的基础上，更加认同和接受这些党内法规，也才能够心甘情愿地履行这些法规所确定的体现其作为党员之先进性与代表性的党员义务。[1]这些显然都是切实发挥党内法规在当代国家治理中之作用而对党内法规制度建设提出的非常现实的要求。

〔1〕 参见刘长秋：《依规治党中的党员权利问题研究》，载《党内法规研究》2023 年第 1 期。

第四章　党内法规与国家法律的关系

党内法规与国家法律的关系问题，是研究党内法规乃至我国社会主义法治体系时不可能绕开的一个重要的基础理论问题。无论是在党强化自身建设过程中，还是在我国厉行法治的进程中，党内法规与国家法律的关系问题都是我们必须妥善处理和解决的关键性问题。为此，我们需要在理论上对二者之间的关系加以认真梳理和科学阐释。

第一节　党内法规与国家法律关系的一般原理

党内法规是在加强党的领导和强化党的建设中为了实现“党要管党、全面从严治党”需要而产生和发展起来依靠党的组织力量保障实施的特殊法治现象；国家法律则是由国家强制力保障实施的社会行为规范。在我国社会主义法治体系中，二者都是重要且不可或缺的组成部分。但无论就其实质与内容，还是在其所各自发挥作用的领域与范围等方面而言，二者都是不尽相同的两种制度规范。可以说，二者是既存在密切联系又存在明显不同的两种规范。在此情势下，无论在理论研究过程中，还是在实践操作层面，科学地把握二者之间的关系都是极为必要的。

一、党内法规与国家法律的联系

党内法规与国家法律都属于制度层面的范畴，而制度是为满足秩序与效率的需要而产生的，是理性的产物。这决定了二者之间必然存在难以回避的关联。而中国共产党在我国长期执政，其领导地位是在宪法中明文规定的，所以，一些党内法规和国家法律紧密联系，相互渗透。

（一）党内法规与国家法律具有类同性

党内法规与国家法律都是法，具有法所共有的规范性、权威性及相对稳定性等特征。同时，中国共产党在我国政治法律生活中的特殊地位，决定了旨在管党治党的党内法规与旨在治国理政的国家法律具有类同性。

1.二者具有高度的一致性

党内法规与国家法律在本质上是一致的，其存在的目的都是保障人民当家作主的政治地位。在我国，“人民意志、国家利益与党的主张，三者是在根本上是一致的，这就决定了党内法规与国家法律具有一致性”[1]，二者都是国家治理体系的重要组成部分，

---

〔1〕 刘练军：《党内法规学讲义》，北京大学出版社 2023 年版，第 47 页。

都是中国特色社会主义制度的基本形式，都要求坚持中国特色的社会主义道路。二者的存在与发展都服务于我国国家治理体系的完善与国家治理能力的提升。当代中国国家治理，既需要依法治国，也需要依规治党，需要国家法律与党内法规的共同支撑、同频共振。党内法规与国家法律共存于中国特色社会主义法治体系中，具有共同的价值目标。党内法规体系建设的目的在于维护中央权威以确保党内统一步调，规范党的权力运行过程，强化权力监督机制，确保党服务于人民群众，保障人民群众根本利益的实现。国家法律的运行在于维护社会公平、正义、确保国家全面建成小康社会，实现最广大人民群众的根本利益。党内法规与国家法律统一于人民群众根本利益这一共同目标之下。〔1〕非但如此，二者的核心准则也具有一致性，无论是党规还是国法，都强调了宪法至上的原则。〔2〕党内法规以党章为统领和根本，强调宪法至上；而国家法律同样强调宪法至上。无论是党内法规还是国家法律，都需要以不违反宪法为其合法性前提。此外，二者也都是作为执政党的中国共产党管党治党时需要遵循的法度。党内法规作为治党规范，是党管党治党的依据，是党及党员开展活动的准绳，也是党及党员必须遵守的法；而在法治已经成为社会主旋律，

---

〔1〕 参见罗许生：《国家治理现代化视阈下党内法规与国家法律衔接机制建构》，载《中共福建省委党校学报》2016 年第 6 期。

〔2〕 参见王立峰：《党规与国法一致性的证成逻辑——以中国特色社会主义法治为视域》，载《南京社会科学》2015 年第 2 期。

国家在全面推进依法治国的宏观背景下，国家法律更是党加强自身建设时必须遵守的最起码规矩，是党必须首先遵守的、不言自明的法。国家法律与党内法规在推进和保障党的建设科学化方面所发挥的作用尽管不同，但都是推进党的建设科学化必不可少的制度保障。〔1〕而由于执政党执掌国家政权的特殊地位，党内法规对党务的调整必然影响和涉及国务，因而还具有一定的“国家法”的作用。〔2〕

2.二者都具有法律性

无论是国家法律还是党内法规，都是法，都具有法律性，都能够发挥法的作用。(1)党内法规与国家法律都是调整人们行为的社会规范，都能够发挥特定的约束力。尽管二者约束力的成因并不相同，但在各自的适用范围内，无论是国家法律还是党内法规，都能起到相应的约束作用。具体到管党治党领域，二者都是管党治党所不可或缺的规矩，都是党员必须严格遵守的法。(2)二者都以权利与义务为基本内容。国家法律需要规定公民的权利与义务，而党内法规则需要规定党员的权利与义务。尽管二者在权利与义务的配设上未必遵循相同的理念，在权利义务所对应的利益与自由的范围上也不尽一致，但都需要以对权利与义务的规

〔1〕参见刘长秋:《全面提高党建科学化水平的法律保障研究》，载《理论探讨》2013年第2期。

〔2〕参见姜明安:《论中国共产党党内法规的性质与作用》，载《北京大学学报(哲学社会科学版)》2012年第3期。

定为其基本内容，并都通过对适用对象之权利与义务的规定达到调整相应社会关系的目的。(3)党内法规与国家法律都需要遵循相应的制定程序。对国家法而言，其制定与修改需要遵循《立法法》的规定，不得违反《立法法》规定的程序和要求；而党内法规尽管不是国家法律，无法被纳入国家法律的范畴，但作为一种法也需要遵循诸如《党内法规制定条例》这样的党内“立法法”的规定，其制定、修改与废止不得违反《党内法规制定条例》的要求。(4)二者都具有法的权威性，具有适用上的相对普遍性与平等性。国家法律是对全体公民的要求，而党内法规则是对全体党员的要求，二者都具有法的权威性。国家法律从来只对它所调整的社会关系作普遍的规定，它反映社会成员的共同要求，是对个体共性的一般抽象和提炼，不考虑具体的、个别的、特殊的情况。[1]“法律的普遍性是法律所必须具备的本质属性。”[2]对于国家的公民而言，国家法具有适用上的平等性，公民在法律面前一律平等。而党内法规作为一种法，也不是针对某一个或某几个党员或党组织制定的规矩，而是适用于特定领域或法域(地方性党内法规)所有党员及党组织的，且在适用上具有平等性。对违反党内法规的党组织和党员必须严肃、公正执行纪律处分，党内不允许有任何不受党内法规约束的党组织和党员。国家法与党内法规都具有适用的相对普遍性要求。

〔1〕　参见高其才：《法理学》，清华大学出版社2007年版，第16页。
〔2〕　胡玉鸿：《个人独特性与法律普遍性之调适》，载《法学研究》2010年第6期。

(二)党内法规与国家法律相互保障、相互制约

作为法,党内法规与国家法律具有高度的一致性,也都具有法律性,对其适用对象具有无可否认的约束力,二者都是我国社会主义法治体系不可或缺的组成部分。不仅如此,就二者在我国现实社会中的作用来看,党内法规与国家法律是相互保障,相互制约的。“全面推进依法治国,必须努力形成国家法律法规和党内法规相辅相成、相互促进、相互保障的格局。”〔1〕

1.党内法规与国家法律相互保障

一方面,党内法规保障着国家法律:(1)党内法规是党领导制定国家法的基础,保障着国家法的制定。在我国,依法治国是党领导下的依法治国,依法治国需要坚持党的领导,而立法是依法治国的基础。为此,需要在党的领导下坚持科学立法、民主立法。而党内法规则是保障并强化党的自身建设以确保党不出错,从而领导人民科学立法、民主立法的关键。“党规虽然作为政党内部规范,约束政党自身的行为。但鉴于中国共产党的执政地位,坚持党的领导与国家法治的统一性,党规具有更多的‘辐射效应’。”〔2〕(2)党内法规是促进国家法律实施的重要保障。党通过制定和实施党内法规,可以有效地调整党内关系、规范党内生活,

---

〔1〕 中央文献研究室编:《习近平关于全面依法治国论述摘编》,中央文献出版社 2015 年版,第 112 页。

〔2〕 王立峰:《党规与国法一致性的证成逻辑——以中国特色社会主义法治为视域》,载《南京社会科学》2015 年第 2 期。

为各级党组织和党员提供更标准的行为规范，促使各级党组织及党员模范地遵守宪法和法律，并以此发挥示范引领作用，引导全国人民遵纪守法。同时，党通过党内法规强化了自身建设，实现了严格而有效的自治，这必然有助于提升其依法治国的能力，在保障国家立法质量的基础上提升其实施效果。党内法规作为一种更具灵活性的法，能够细化宪法、法律确立的党的领导，保障国家法的贯彻。国家法律尤其是宪法确立了党的领导这一基本原则，但并没有细化。党的领导如何具体实施，需要党内进行领导体制、机制和方式上的具体制度安排，国家法律不宜作具体规定，这就需要党内法规加以具体化、细致化，以具体落实宪法和法律确立的“坚持党的领导”这一基本原则。〔1〕(3)党内法规对于国家法律的建构与维护具有引领示范作用。很多国家法律是党内法规直接推动的产物，而很多党员的违法犯罪也往往是从违反党内法规开始的。实践表明，党的组织和党员干部不按宪法、法律的规定办事，首先是从违背党章和党内法规开始的。要从根本上维系党的纪律，保持党的纯洁性，树立党的威信，从而保证党对依法治国事业的坚强领导，必须构建全面、系统、规范的党内法规体系。只有将党领导国家政权机关的内容、方式和程序都以党内法规的

---

〔1〕 参见孙才华、方世荣：《论党内法规与国家法律的相互作用》，载《湖北社会科学》2015 年第 1 期。

形式规定下来，才能保证党的领导的权威性、严肃性和稳定性。〔1〕正因为如此，党的十八届四中全会《决定》指出，要加强和改进党对全面推进依法治国的领导，加强党内法规制度建设。党内法规既是管党治党的重要依据，也是建设社会主义法治国家的有力保障。〔2〕而历史的经验与教训表明，党内法规是管党治党的重要制度保障，只有依照党内法规把党建设好，才能够使党成为领导我国法治建设的中流砥柱，才能够为全面推进依法治国、建设社会主义法治国家提供有力保障。

另一方面，国家法律也保障着党内法规：(1)国家法律为党内法规的制定提供立法依据与权限，保障着党内法规自身的合法性，使党内法规能够依据国家法律的指引并在国家法律的规范和保障之下实现管党治党。法治是当代社会的主旋律，而法治之法首先是国家法律。法治意味着国家社会生活的方方面面都需要被纳入国家法律的调整和规范之中，其中也包括作为执政党的中国共产党及其活动。而党内法规的制定与实施作为党的活动的重要组成部分，显然也在其中。(2)国家法律所确立的法治精神与法治思维及其丰富经验为党内法规的制定和实施提供参考与借鉴，能够使党内法规从形式到内容上都更为严谨和法化。党内法规制

〔1〕 参见周益扬、陈武明编:《反腐败研究(第七集)》，浙江大学出版社 2008 年版，第 261 页。

〔2〕 参见《中共中央关于全面推进依法治国若干重大问题的决定》，载《中国法学》2014 年第 6 期。

度建设实际上是党力行依法治国时对于管党治党提出制度保障需求，是法治精神与党的法治思维在党的建设方面的体现。对党内法规的重视是党领导人民全面推进依法治国的必然结果。不仅如此，国家法制建设的丰富经验可以为党内法规建设提供帮助。我国社会主义法律体系于2011年宣告形成，但党内法规体系则是在建党百年即2021年时才宣告形成。国家法律体系形成更早，可以为党内法规体系建设提供可资参考和借鉴的经验。(3)国家法律也保障着党内法规的实施。《中国共产党纪律处分条例》第7条第1款明确规定："党组织和党员违反党章和其他党内法规，违反国家法律法规……依照规定应当给予纪律处理或者处分的，都必须受到追究。"显然，对于党员而言，国家法律法规与党纪是合二为一的，遵守国家法律是最起码的党纪要求。对党员来说，违反国法是最基本的违纪。对于违反国家法律法规的党员，一方面需要追究其党纪责任，另一方面也需要追究其国家法律责任，对其国家法律责任的追究显然是追究其党纪责任的重要组成部分。站在党员的角度，国家法律是党内法规实施的基本保障。不仅如此，对于那些严重违反党内法规并触犯国家法的党员，在党内法规已经追究其党纪责任的基础上再追究其国家法责任，可以借助国家强制力来强化党内法规的威严。

2.党内法规与国家法律相互制约

国家法律与党内法规都是我国社会主义法治体系的组成部分，这必然决定了二者在党领导人民治国理政过程中相互支撑，同时又相互影响、相互制约。党内法规制度建设的成效会影响和制约国家法体系的健全与完善，而国家法律内容的完备与实效也反过来会制约党内法规制度建设的水平。历史经验表明，国家法治与党内法规制度建设是相互制约的，国家法治退步的时期往往也是党内法规制度建设乏力和疲弱的时期。

首先，国家法律制约着党内法规。我国《宪法》第5条第4、5款规定：一切国家机关和武装力量、各政党和各社会团体、各企业事业组织都必须遵守宪法和法律。一切违反宪法和法律的行为，必须予以追究。任何组织或者个人都不得有超越宪法和法律的特权。为此，作为中国社会主义建设事业领导者也是唯一执政党的中国共产党，其活动显然必须在宪法和法律允许的范围内进行，而不能游离于国家法之外。而党内法规制度建设作为党针对其自身及其成员的立法与执法活动显然也受此限制。这意味着党内法规必须遵守宪法和法律的规定，不得违背国家法律的精神。党规在国法之下，党规必须服从国法，党内法规作出的任何规定，都不得与宪法和法律相抵触。这是党规和国法关系的基本定位。[1]国家法律的规范性与更强法律性可以为党内法规制度建设提供必要的依据和参考，从而使其更具规范性和法律性，更符合法的要求与逻辑。一旦国家法制建设搞不好，则整个国家就难以形成法治的环境，从而影响作为执政党的

---

〔1〕 参见姜明安：《论党内法规在依法治国中的作用》，载《中共中央党校学报》2017年第2期。

中国共产党法治思维的形成，导致其难以形成依规治党的意识，难以重视和强化党内法规制度建设，使党内法规制度建设受到制约。

其次，党内法规也制约着国家法律。中国的事情关键在党，关键在党要管党、全面从严治党。而党内法规则是实现管党治党的制度保障。中国的法治建设需要坚持并强化党的领导，而党领导的水平与能力显然就成为决定中国法治建设成效的关键。只有加强党内法规制度建设，借助党内法规之力实现管党治党，实现党自身建设的科学化以提高党自身的能力，才能够保证中国法治建设始终沿着正确的方向以高效、科学的方式前进。历史经验证明，如果党内法规制度建设出现了问题，则党的建设就一定会出现问题，而党领导的社会主义法治建设也会出现问题。此外，作为我国社会主义法治体系的组成部分，国家法律与党内法规显然是我国法治建设的两条腿，缺少党内法规制度建设或党内法规制度建设得不好，势必令我国法治建设形成跛腿走路的局面，从而难以真正实现法治。正如有学者指出的，依法治国关键在于依法行政，而依法行政关键在于治权，将权力关进制度的笼子里。党内法规即党的权力之“囚笼”，党内法规不健全必将影响国家法律的实施。〔1〕

---

〔1〕 参见罗许生：《国家治理现代化视阈下党内法规与国家法律衔接机制建构》，载《中共福建省委党校学报》2016年第6期。

二、党内法规与国家法律的区别

在中国当代国家治理过程中，无论是国家法律还是党内法规，都是极为重要的治理手段，也都是中国社会主义法治体系不可或缺的组成部分。二者相互联系，相互影响，相互促进又相互制约，共同支撑起我国社会主义法治体系，并在我国国家治理中发挥着各自的重要作用。但党内法规之“法”与国家法律之“法”既有共同之处，又有不同的内涵和特征。[1]二者存在密切联系，相互影响，相互制约，但又不能相混同。

（一）制定与实施主体不同

党内法规是党内的规矩，国家法律是全社会的规矩。[2]作为适用对象不同的规矩，国家法与党内法规有着不同的制定与实施主体。国家法律的制定有着严格的立法主体，即由代表国家的具有立法权的国家机关制定。依据我国《立法法》的规定，全国人民代表大会和全国人民代表大会常务委员会行使国家立法权。全国人民代表大会制定和修改刑事、民事、国家机构的和其他的基本法律。全国人民代表大会常务委员会制定和修改除应当由全

---

〔1〕 参见潘泽林:《中国共产党党内法规及其体系构建问题研究》,载《南昌大学学报(人文社会科学版)》2007年第1期。

〔2〕 参见李树忠:《党内法规与国家法律关系的再阐释》,载《中国法律评论》2017年第2期。

国人民代表大会制定的法律以外的其他法律；在全国人民代表大会闭会期间，对全国人民代表大会制定的法律进行部分补充和修改，但是不得同该法律的基本原则相抵触。[1]省、自治区、直辖市的人民代表大会及其常务委员会根据本行政区域的具体情况和实际需要，在不同宪法、法律、行政法规相抵触的前提下，可以制定地方性法规。[2]民族自治地方的人民代表大会有权依照当地民族的政治、经济和文化的特点，制定自治条例和单行条例。[3]国务院各部、委员会、中国人民银行、审计署和具有行政管理职能的直属机构以及法律规定的机构，可以根据法律和国务院的行政法规、决定、命令，在本部门的权限范围内，制定规章。[4]省、自治区、直辖市和设区的市、自治州的人民政府，可以根据法律、行政法规和本省、自治区、直辖市的地方性法规，制定规章。[5]

而党内法规的制定主体则是党的相关组织。依据《党内法规制定条例》，党内法规的制定主体是党的中央组织，中央纪律检查委员会以及党中央工作机关和省、自治区、直辖市党委。其中，党的中央组织制定的党内法规称为中央党内法规。中央纪律检查委员会以及党中央工作机关制定的党内法规为部门党内法规，而省、自治区、直辖市党委就其职权范围内有关事项制定的党内法

〔1〕 参见《立法法》第10条。
〔2〕 参见《立法法》第80条。
〔3〕 参见《立法法》第85条第1款。
〔4〕 参见《立法法》第91条第1款。
〔5〕 参见《立法法》第93条第1款。

规为地方党内法规。很显然，党内法规的制定尽管也有着特定的主体，但这些主体并不是国家以及代表国家的国家机关，而是党的特定机关。

一言以蔽之，对于国家法而言，其立法主体只能是国家法明文规定的、代表国家的立法机关；而党内法规的制定主体则是能够代表党的党的组织。二者在立法的主体上是不同的。这种不同决定了党内法规尽管具有法律性，但不是一种国家法，而是一种非正式意义上的法。“在与国家法对应的意义上，党内法规实际上是一种非正式法。”〔1〕以上不同决定了国家法与党内法规立法技术上的差异，具体而言：国家法出于治国理政的需要，其立法技术上要更为严谨、技术性要求更高、规范性更强，而党内法规则出于管党治党灵活性的需求，其制定可以相对比较简易，技术要求相对低一些，且其规范性也没有国家法那样强。

（二）效力来源不同

法律效力是指法律所具有的一种作用于其对象的合目的性的力量。〔2〕作为法，党内法规尽管与国家法律一样，都具有相应的约束力，但二者约束力的来源并不相同。国家法作为硬法，其效力亦即约束力来自国家强制力的保障，其后盾是监狱、警察、

〔1〕 张立伟：《法治视野下党内法规与国家法的协调》，载《中共中央党校学报》2011年第3期。

〔2〕 参见杨春福：《论法律效力》，载《法律科学（西北政法大学学报）》1997年第1期。

法院、检察院等国家暴力机构，尽管从法理上来说，“国家制定的法律必须得到人们的接受，才能获得完全的持久的效力”。[1]与国家法不同，“党内法规”的强制力则来源于党组织和党员的自觉认同、组织内的纪律、党组织和党员的利益。[2]换言之，国家法律的效力来自人民的授权，来自人民对自己权利的让渡以及基于这一让渡而产生的国家强制力，即人民作为集体把权力赋予自己选举产生的立法机关，而立法机关制定的法律反过来约束作为个体的公民个人；而制定党内法规的目的是约束党的组织和党员个人，因此其效力或者说强制执行力来自党员的认可接受，[3]或者说，党内法规的效力来自党员入党宣誓时明确自愿对自己权利的让渡。“无论是在党内还是党外，党规都不得运用国家强制力保证实施，不得作为行政机关的执法依据，不得作为检察院提起公诉的依据，不得作为法院判案的依据，不得依靠行政权、司法权保证实施。”[4]由于其效力来源不同，党内法规与国家法律约束力发挥作用的场合与机制也不相同。对于公民（包括党员）而言，遵守国家法是其法定义务，是义不容辞的，但遵守党内法规则不是其义务。而对于党员而言，尽管遵守党内法规也是其义务，但如果

---

〔1〕 参见[德]伯恩·魏德士：《法理学》，丁晓春、吴越译，法律出版社2013年版，第151页。

〔2〕 参见王俊华：《对“党内法规”提法的再思考》，载《上海党史与党建》2008年第7期。

〔3〕 参见王振民：《党内法规制度体系建设的基本理论问题》，载《中国高校社会科学》2013年第5期。

〔4〕 宋功德：《党规之治》，法律出版社2015年版，第509页。

其不再是党员，则可以不受党内法规的约束。例如，我国宪法规定公民有宗教信仰的自由，但党内法规则规定党员必须坚持马克思主义信仰。表面上看，党内法规的规定似乎违反了国家法律的规定。但实际上不然，因为党内法规适用的对象是中国共产党党员，而入党的前提就是需要明确宣誓，遵守党的纪律，履行党员义务。这显然意味着，其对党员义务的履行来源于其自身对自己权利的让渡。换言之，如果不是党员就可以完全不受党内法规的约束，可以不对其适用党内法规的规定，而只要是党员就必须基于其入党时的承诺而接受党内法规的约束。国家成员的权利与生俱来，而政党成员的权利是在政党认同的基础上通过自身努力争取的，是党员在自己作为公民本来享有的自由权利的基础上，以部分公民权利交换而来的，党员在享有公民权利的同时，必须接受党的严格纪律的刚性约束。〔1〕

党内法规与国家法律效力来源的不同，决定了二者尽管都被纳入我国社会主义法治体系，成为我国社会主义法治体系不可或缺的组成部分，但有着不尽相同的作用机理，并因而隶属于两个不同的法体系。国家法律属于硬法体系，而党内法规则属于软法体系。二者共同支撑起我国社会主义法治体系，并相互支持、相互配合又彼此制约，共同在推进我国社会治理体系现代化方面发挥着作用。

〔1〕 参见周淑真、袁野：《论国家法律与党纪党规关系之协调——以当代德国为例》，载《中共中央党校学报》2015年第3期。

(三)适用的对象与领域不同

国家法律作为法适用于全体公民,也包括在中华人民共和国境内的外国组织或个人,用以调整国家、社会组织与公民之间的相互关系。对于国家、社会组织(包括党)以及公民(包括党员)而言,国家法是其行为底线,而遵守国家法律是其法定的义务。作为法,国家法律通过调整社会成员之间的权利义务关系,维护着社会的正常秩序,保障着社会的健康发展。“作为人类社会的行为规范,任何国家的法律都是人与人之间实现交往、确定关系及秩序的最重要途径”,〔1〕国家法律对于一国之内的所有人(包括党员)具有普遍适用性。而党内法规作为法则只适用于党内,一般仅用以调整党内关系。党内关系是一个政党内部的相关组织、部门以及党员之间进行党内行为时产生的内在关联。〔2〕从党的角度来说,党内法规是一种法,对所有党员和党组织具有法律约束力,而党员与各级党组织则负有遵守党内法规的义务。从社会治理的角度来说,党内法规是一种软法,是独立于国家法体系之外的另外一种社会治理规则体系,是对国家法律不可或缺的补充与支撑,并与国家法律共同构建起我国的社会主义法治体系。而从

〔1〕 参见[德]京特·雅科布斯:《规范·人格体·社会:法哲学前思》,冯军译,法律出版社 2001 年版,第 2 页。

〔2〕 参见李军:《中国共产党党内法规研究》,天津人民出版社 2016 年版,第 161 页。

国家的角度来说，党内法规不仅是一种法，更是一种政策。[1]但对于党之外的其他组织以及一般公民而言，党内法规则不是其必须遵守的规范，对其行为并不适用，其违反党内法规并不需要承担任何不利后果。

不仅如此，党内法规与国家法律适用的领域也不完全相同，国家法律作为硬法只适用于人们的行为领域，用以调整人们的行为。“法律仅仅关注行为，只有在行为人的思想和感情能够提示行为特征并决定该行为对公共安全的威胁时，才对其进行考虑。”[2]而党内法规作为一种软法则在适用于党员行为领域之外，还适用于党员的思想领域，对党员的思想提出要求。“国家法律调整只是对人们外在行为的一种调整，党内法规调整则是从党员思想到行为、从主观到客观、由内及外的全面调整。”[3]正因为如此，党内法规可以在思想建党与制度建党相结合的过程中发挥其特定优势，而国家法显然不具备这样的优势。此外，从广义上来说，国家法律与党内法规都是管党治党的规范，但在管党治党方面，党内法规所涉及的范围显然要广于国家法。这一点在《中国共产党纪律处分条例》中有明确体现，该条例第 7 条第 1 款规定：党组织和党员违反党章和其他党内法规，违反国家法律法规，违

---

〔1〕 参见殷啸虎主编：《中国共产党党内法规通论》，北京大学出版社 2016 年版，第 13 页。

〔2〕 [美]罗斯科·庞德：《法理学》，封丽霞译，法律出版社 2007 年版，第 205 页。

〔3〕 刘长秋：《论党内法规对党内关系的调整》，载《探索》2021 年第 6 期。

反党和国家政策，违反社会主义道德，危害党、国家和人民利益的行为，依照规定应当给予纪律处理或者处分的，都必须受到追究。很显然，在管党治党方面，国家法律只涉及党员违反国法的行为，而党内法规则不仅涉及党员违反国法的行为，还要处理其违反党规、国家政策、道德以及其他危害党、国家和人民利益的行为。

（四）规范逻辑不同

从结构视角来看，任何类型的法（法律制度）都是权利和义务的统一，尽管有时是以变异的形式表现出来的。[1]不过，在不同的法中，权利义务设置的理念亦即规范的逻辑是不同的。具体而言：对国家法律来说，法律的直接目的是保障利益，也就是说，保障人们的诉求与要求。[2]为此，它需要以权利为基石，因为权利能以其特有的利益导向和激励机制帮助人们实现自由，维护和保障人们的利益，实现人们的诉求。国家法律体系得以建构的逻辑是权利本位，是以对基本权利的保护为出发点来建立法律体系的，限制国家权力，保障公民权利。因此，在国家法律中，“法律上的义务通常都伴随着相应的权利”，[3]其对于权利的保护和强调多

---

〔1〕 参见张文显主编：《马克思主义法理学——理论、方法和前沿》，高等教育出版社2003年版，第302-303页。

〔2〕 参见［美］罗斯科·庞德：《法律与道德》，陈林林译，中国政法大学出版社2003年版，第150-151页。

〔3〕 参见［澳］维拉曼特：《法律导引》，张智仁、周伟文译，上海人民出版社2003年版，第229页。

于对义务的规定和宣示。而在党内法规体系中，党员与公民还是有相对差异的。公民需要国家对他负有义务，要保障他的生存、自由与发展，但是党员是人民当中特定化出来，经过政治考察跟选拔以后确认的，对于他们来讲，优先考虑的不是他们个人的权益，而是他们参与党组织之后如何为人民服务。〔1〕因此对于党员来讲，义务更具有优先性，义务是本位的。〔2〕党内法规之所以突出和强调党员义务优先，就是为了使广大党员牢记其作为以"为中国人民谋幸福，为中华民族谋复兴"为初心和使命的中国共产党之光荣成员的身份，自觉承担起作为党员的使命与责任，全心全意为人民服务。〔3〕而且，义务并不必然伴随权利。正因为如此，党内法规制度体系的建设跟国家法律制度体系的建设会有所差异，国家法律制度体系建设侧重对公民的权利保障，而党内法规制度体系建设则侧重对党员的约束与责任。在党内法规中，尽管也有诸如《中国共产党党员权利保障条例》这样专门性的党员权利保障法规，但更多的是规定党员义务与责任的法规；即便在《中国共产党党员权利保障条例》这一侧重党员权利保障的法规中，

〔1〕 参见田飞龙：《法治国家进程中的政党法制》，载《法学论坛》2015年第3期。

〔2〕 需要指出的是，党内法规强调党员"义务优位""义务重于权利"，并不是否定党员权利的意义与价值，不是倡导党在管党治党方面只提倡和要求党员义务，不注重党员权利。而是通过对党员义务的强调，使党员时刻保持对于党的先进性之认同以及对于党员身份的光荣感与责任感，从而更愿意且能够自觉地将其自身的发展投入与党的建设相一致的步调中。

〔3〕 参见刘长秋、颜波：《论党内法规调整的具体特征及应坚持的原则》，载《廉政文化研究》2022年第6期。

也依旧不乏对党员义务与责任的规定，很多党员权利的享有和实现也都是以履行相应的义务为前提的。例如，“党员有党内参加讨论权，有权在党的会议上和党报党刊上参加关于党的理论、政策的学习讨论，并充分发表意见；有权按照规定在党内参加有关重要决策和重要问题的讨论，参加党组织开展的征求意见等活动，反映真实情况，积极建言献策”，但“党员在讨论党的基本理论、基本路线、基本方略的过程中，应当自觉同党中央保持高度一致”〔1〕；再如“党员有党内提出罢免撤换要求权，有权向所在党组织或者上级党组织反映领导干部不称职的情况，负责地提出罢免或者撤换不称职领导干部的要求”，但“党员提出罢免或者撤换要求应当严肃负责，按照组织原则，符合有关程序”。〔2〕而这显然也是党内法规作为法在要求上高于国家法且在内容上严于国家法的一个重要理据。

此外，在规范逻辑方面，无论是党内法规还是国家法律，其产生与存在都与权利及权力密不可分，但其逻辑机理却不相同。具体而言：国家法律更多是基于限制国家公权力的运行和保护公民的权利而产生和存在的，它通过倡导、维护和保障公民的权利来制衡、对抗以及限制国家公权力的运用；而党内法规作为管党治党需要的产物，其产生与存在则更多基于规范和约束党的权力，

〔1〕《中国共产党党员权利保障条例》第 9 条。

〔2〕《中国共产党党员权利保障条例》第 12 条。

它通过对广大党员提出远高于对一般公民要求的思想与行为要求来约束党员的私权利，以此控制和规范党权力的行使，将党的权力关进制度的笼子，以确保其权力能够为民所用，利能够为民所谋，而不会滥用这一权力。换言之，国家法通过保障公民的权利来限制国家公权力，而党内法规则借助限制党员权利来制约党的权力。

（五）制度构建所强调的基点不同

国家法律制度构建的基点更强调和突显人性，而党内法规制度构建的基点则意在突出和强化党性。任何法制度的构建都需要立足于人性的假设之上，尽管无论在古今还是在中外，人们对于人性善恶的假设始终都没有定论，但在进行制度设计时以人性恶为基点显然要比以人性善为基点更为理性。就此而言，任何法的制度基点都是旨在防范人性恶的制度建设，亦即法制度构建的目的在于防范和抑制人性恶。在这一点上，国家法与党内法规并没有实质性不同。然而，与国家法律所不同的是，党内法规制度构建的目的除了要防范和抑制作为人的党员之可能的人性恶之外，更在于激发党员的德性，维护党员的党性，其制度设置必须围绕维护党员的党性进行。“党规之中有党性，这是党规与国法的一个重要区别。”[1] 所谓党性，是指一个政党固有的本性，是一个

---

〔1〕 范锐丽：《党规制度的基点与方向》，载《改革与开放》2017年第6期。

政党区别于其他政党所具有的特性。[1]而具体到党员身上，党性则是指党员在思想、政治、组织上所具有的与众不同的独特个性，它是党的固有本性在党员身上的体现。[2]中国共产党的性质和宗旨、指导思想和奋斗目标，决定了党性的内容。[3]中国共产党是建立在超越自私自利性质、只是为部分人与团体利益服务和负责的"理性人假设"基础之上的新型政党组织。[4]中国共产党始终代表最广大人民的根本利益。党性的本质是人民性，体现了党的先进性。中国共产党始终代表最广大人民群众的利益，要求党员必须讲党性，这是党员与党外群众的一个重要区别，党性是共产党员的灵魂。同样，作为管党治党规矩的党内法规也需要讲党性，而党内法规制度构建的基点就在于维护、突出和强化党性。国家法律作为更具有普遍适用性的规范，显然只能以维护和保障人性为基点，它能够保障和维护人的人性，但却无法像党内法规那样拔得更高，以确保党员的党性。

（六）对公开性的要求不尽相同

除了以上五个主要方面的差异之外，对公开性要求的不尽相同也是党内法规与国家法之间的一个区别。国家法——无论是全国人大及其常委会通过的法律及其解释，还是国务院及其部委通

〔1〕 参见崔岩：《什么是党性》，载《学习与研究》1983 年第 6 期。

〔2〕 参见宋功德：《党规之治》，法律出版社 2015 年版，第 310 页。

〔3〕 参见范锐丽：《党规制度的基点与方向》，载《改革与开放》2017 年第 6 期。

〔4〕 参见唐亚林：《人心政治论》，载《理论与改革》2020 年第 5 期。

过的法规、规章，抑或地方人大及政府通过的地方性法规、规章，甚至是与之相关的规范性文件——其内容应当一律公开发布，这是《立法法》对于国家法的基本要求，也是使人们知法守法的客观需要，是现代国家法意义上的法治的内含之义。而党内法规则由于其适用对象的关系，特别是党进行政治活动的需要，除了公开发布的情况之外，还存在可以不公开发布的情况。这一点，在作为党内法规“立法法”的《党内法规制定条例》中有着明确规定，该条例第 29 条第 3 款规定：党内法规除涉及党和国家秘密不得公开或者按照有关规定不宜公开外，应当在党报党刊、重点新闻网站、门户网站等党的媒体上公开发布。这表明，对于党内法规而言，公开发布是原则、不公开发布是例外。但很显然，与国家法必须毫无保留地完全公开发布相比，党内法规基于其政治性的考量存在不公开发布的情况。

三、党内法规与国家法律关系的协调

党内法规与国家法律都是法，都对其适用对象具有约束力，都能够产生特定的规范效果。但很显然，作为法，党内法规与国家法律在很多方面都是不同的。二者尽管都是我国社会主义法治体系的组成部分，但分别隶属于两种不同的法体系，适用于不同的调整对象。其中，党内法规属于软法体系，是治党之保证；而国家法律则隶属硬法体系，是治国之重器。这样一来，当党内法规与国家法律共同被纳入我国社会主义法治体系并都作为社会治理规则而在社会治理方面发挥作用时，难免会因其不同而产生冲突或不协调，而这种不协调显然会对我国全面依法治国战略及全面从严治党战略的推进带来负面影响。因此，全面推进依法治国需要加强政党法治研究，尤其是加强关于如何实施党内法规与国家法律衔接和协调的研究。[1]

（一）协调党内法规与国家法律之间关系的必要性

党的十八届四中全会《决定》把党内法规明确纳入中国特色社会主义法治体系，是一个具有建设性的举措。“它确立和形成了党、法关系的新格局，探索到了一条在和平时期提升中国共产党执政合法性的新途径，理顺了长期以来党在国家和社会治理上存在的某些体制性、理论性障碍。”[2]然而，这并不意味着党内法规与国家法律的关系问题就顺理成章地得到了解决，由于两者之间的差异尤其是各自立法理念的不同以及立法技术上的欠缺，党内法规与国家法律依旧面临相互衔接与协调的问题。正因为如此，党的十八届四中全会《决定》明确指出，要“注重党内法规同国家法律的衔接和协调，提高党内法规执行力，运用党内法规把党要管党、从严治党落到实处，促进党员、干部带头遵守国家法

〔1〕 参见蒋劲松：《政党的国法治理》，载《法学》2016年第1期。

〔2〕 陶青德：《党规纳入国法体系后的党、法关系新格局、新问题》，载《甘肃理论学刊》2015年第6期。

律法规”。而习近平总书记也特别强调“要完善党内法规制定体制机制，注重党内法规同国家法律的衔接和协调，构建以党章为根本、若干配套党内法规为支撑的党内法规制度体系……党章等党规对党员的要求比法律要求更高，党员不仅要严格遵守法律法规，而且要严格遵守党章等党规，对自己提出更高要求”。〔1〕

就目前来看，国内学者对于党内法规与国家法律之间关系的衔接与协调做了大量富有成效的研究，也提出了一些很好的对策建议，但同时也存在不少争议。例如，有学者认为，党内法规与国家法的协调路径应当是将部分党内法规上升为国家法，使二者相互吸收与借鉴，最终完全成为一个统一的法体系。〔2〕有学者认为，应当实现党内法规与国家法的协同，必须在中国法治建设中把两者统一起来，统筹兼顾，协同推进，为中国特色社会主义事业提供法治保障。〔3〕也有学者认为，党内法规制定既应在形式上与国家立法的总体规划相适应，又需在内容上与国家立法实现对接。〔4〕还有学者认为，必须坚持党内法规和国家法律相辅相成，实

〔1〕 参见习近平：《加快建设社会主义法治国家》，载《求是》2015年第1期。

〔2〕 参见王春业：《论将党内法规纳入国家法律体系》，载《天津师范大学学报（社会科学版）》2016年第3期。

〔3〕 参见韩强：《党内法规与国家法律的协同问题研究》，载《理论学刊》2015年第12期。

〔4〕 参见董业东：《党内法规与国家法律的衔接协调》，载《中共山西省委党校学报》2015年第1期。

现党内法规和国家法规的一致。[1]管党治党既要充分发挥党规党纪的作用，又要充分发挥国家法律的作用，使二者相辅相成、相得益彰。[2]

(二)协调党内法规与国家法律之间关系的要求与路径

在推进党内法规与国家法律的衔接与协调方面，笔者赞同如下观点，即党内法规与国家法律的衔接和协调，既需要考虑管党治党和党内治理法治化的实际，又需要遵循法治一般规律。两个规范体系的衔接和协调不是机械地将党内法规上升为国家法律，也不是片面地追求“统一”或“一致”，更不是“促进二者从形式到内容的完全统一一致”，而是在追求两个规范体系依据法治规律和治国理政的客观实际不断完善，确保两个规范体系自洽周延、不相抵触，在维护宪法和法律尊严的基础上，保持两个规范体系相互呼应、协同和承接的良性互动，从而达致两个规范体系“内在统一”于中国特色社会主义法治体系的状态，形成相辅相成、相互促进、相互保障的格局。[3]而党的十八届四中全会《决定》实际上已经从理论上指明了党内法规与国家法律的关系，即二者都

〔1〕 参见李恩侠:《党内法规如何与国家法律相协调》，载《天水行政学院学报》2006年第5期。

〔2〕 参见张文显:《统筹推进依法治国与依规治党意义重大》，载《人民日报》2017年5月1日，第7版。

〔3〕 参见秦前红、苏绍龙:《党内法规与国家法律衔接和协调的基准与路径——兼论备案审查衔接联动机制》，载《法律科学(西北政法大学学报)》2016年第5期。

是我国社会主义法治体系的组成部分，依法治国需要坚持党的领导，需要党依法执政。依法执政，既要求党依据宪法法律治国理政，也要求党依据党内法规管党治党。党内法规既是管党治党的重要依据，也是建设社会主义法治国家的有力保障。党规党纪严于国家法律。就此而言，协调党内法规与国家法律的关系，必须严格把握党内法规与国家法各自的界域。

具体而言，政党（包括中国共产党）的治理应当在国家法律划定底线与边界的基础上，由政党按照各自不同的奋斗目标与宗旨，运用其党内法规或制度自行治理。政党内部的运作管理是国家立法永远不可能完全替代的，特别是中国共产党作为执政党，其内部建设是国家法律无法涵盖的，只能靠自己制定规则加以规范。〔1〕同样，国家的治理也是党内法规无法替代的。中国共产党作为我国唯一的执政党，尽管对国家具有领导权，对法治具有领导权，但其制定的党内法规也不宜用来取代法律而作为治国理政的主要手段，更毋宁唯一手段。为此，需要“厘清党内法规与国家法律的规范边界，妥善处理分工与合作的关系，提高党内法规制定的协调化水平，使党内法规不超越权限范围而只对党内事务进行规范，归属社会事务的则交由国家强制力为保障的法律来规

〔1〕 参见王振民、施新州等：《中国共产党党内法规研究》，人民出版社2016年版，第127页。

制”。[1]如有学者所指出的，如果所调整的事项仅仅是党内事务，当然只能是党规；如果是社会事务，也许就需要表现为国法；如果涉及法定的人身权利与财产权利等，就必须用国法。[2]“专属国家事务的规范性文件不能直接以党的文件形式出台，需不断减少并最终消除此现象。”[3]党内法规不宜直接调整党外事项，即使某些党内事务已纳入法律的调整范围，党内法规也只能在其权限范围内以贯彻法律的目的进行细化，且其效力仅及于党员与各级党组织。[4]基于此，需要切实规避党内法规对自身作用范畴的逾越，从而不再出现以往在实际工作中出现的“党纪取代国法”之异化情形。当然，在此过程中，党作为领导者，可以就社会事务首先在党内形成自己的政策，借助政府不断推进这些政策，并在推进这些政策的过程中，逐渐将其中已经成熟可行的政策通过法律化的方式上升为国家意志，最终成为国家法，而不宜以党内法规的形式直接管理社会事务。这是当代法治的内在要求，也是贯彻落实全面从严治党，树立并维护中国共产党自身良好形象，践行党领导人民全面推进依法治国的客观需要。对于中国共产党而言，只有牢固树立宪法、法律至上的理念，自觉在宪法法律范围内活动，依

〔1〕 参见管新华：《依规治党的历史溯源、现实设计和未来推进》，载《探索》2016年第2期。

〔2〕 参见卓泽渊：《党规与国法的基本关系》，载《中共杭州市委党校学报》2015年第1期。

〔3〕 王若磊：《依规治党与依法治国的关系》，载《法学研究》2016年第6期。

〔4〕 参见谢仁海、吴家驹：《论全面从严治党视野下的依规治党与以德治党》，载《学校党建与思想教育》2017年第7期。

法执政、依法治国，坚定维护法治权威，才能形成领导立法、保证执法、支持司法、带头守法全面统筹局面，全面推进依法治国、加快建设法治中国、实现法治强国的法治梦。〔1〕“党领导人民制定宪法和法律，党必须在宪法和法律范围内活动。任何组织或者个人都不得有超越宪法和法律的特权，绝不允许以言代法、以权压法、徇私枉法。”〔2〕

不仅如此，严格把握党内法规与国家法各自的界域以协调党内法规与国家法律的关系，还需要注意维护并维持党内法规作为党管党治党依据的高标准，避免降低党内法规对党员在思想与行为方面的要求。在内容上，应当避免将国家法律中对于一般公民的行为要求纳入党内法规中，以免造成党内法规与国家法的混同。相应地，在国家法的立法过程中，也必须注意掌握国家法在行为底线方面的标准，在条件和时机尚不成熟和具备时，不宜将党内法规中对党员的行为标准要求规定到国家法中，使国家法律规定的行为底线抬得过高，以免作为公民行为底线的国家法变异为人们行为的高线，最终变得无法实施。也就是说，协调党内法规与国家法之间的关系，绝不意味着要将党内法规的内容纳入国家法之中，亦即将那些“经过实践检验、立法条件成熟的党内法规

---

〔1〕 参见张文显：《治国必先治党》，载《光明日报》2016年11月2日，第4版。

〔2〕 胡锦涛：《坚定不移沿着中国特色社会主义道路前进 为全面建成小康社会而奋斗——在中国共产党第十八次全国代表大会上的报告》，人民出版社2012年版，第28页。

及时通过法定程序转化为国家法律”，[1]或者反过来，将国家法的内容纳入党内法规之内，使二者成为同一个法体系，而必须保持党内法规与国家法的二元法体系。这也是我们在协调党内法规与国家法关系时必须注意把握的一个方面。

除此之外，要协调党内法规与国家法律之间的关系，实现党内法规与国家法律的协同与衔接，必须加强党内立法部门与国家立法部门之间的沟通协调，形成常态化的工作机制。具体而言：（1）党内的法规工作机构、人大的法律工作机构、政府的法制工作机构应当定期交流、通报情况，研究哪些事项需要由党内法规来规定，哪些事项需要党内立法与国家立法通力协作和配合解决，开展对需要党内法规和国家法律共同调整问题的立法调研和论证。（2）应严格按照《党内法规制定条例》有关规定，做好规划计划、组织起草、前置审核、审议批准、审核签批、公开发布等环节的工作，减少党内法规与国家法相冲突的可能；加强前置审核，重要党内法规应在经过党内法规工作机构初步审核后再报请审议审批，确保及时发现和消除党内法规草案中可能存在的与国家法相冲突的问题。（3）建立健全党内法规和国家法律在立法后的实施评估、备案审查与定期清理机制。应通过立法后的实施评估，及时发现国家法已有制度的不足及其完善路径，或发现并修改与国家法律不相匹配的党内法规；通过备案审查，及时纠正党内法规

〔1〕　参见李忠：《构建依规治党法规制度体系研究》，载《西北大学学报（哲学社会科学版）》2017年第5期。

与国家法律不一致的问题，保证党内法规和国家法律的融贯与协调；通过定期清理，适时将不符合党内法规定位的党内规定转化为国家法律，及时将落后于时代和政治情势的党内规定废止。[1]

第二节　党内法规不宜上升为国家法律

需要特别指出的是，作为一种软法，党内法规尽管与国家法律一样，都是我国社会主义法治体系的组成部分，是我国社会主义法治体系不可或缺的构成要件，但其实质性的不同决定了其彼此之间不宜相互替代，即不宜将党内法规上升为国家法律，使之失去自身特殊的独立存在形态而成为国家法的组成部分，也不宜将国家法律的内容过多地融入党内法规中，否则会降低党内法规对于党员的要求。学术界曾经有很多人主张将党内法规上升为国家法律，[2]这实际上只看到了党内法规作为一种法与国家法所共同具有的法律性，而混淆了党内法规作为一种法与国

〔1〕参见李树忠：《党内法规与国家法律关系的再阐释》，载《中国法律评论》2017年第2期。

〔2〕参见刘松山：《建议将党规党法上升为国家法律》，载《理论与改革》2000年第6期；王绍远：《实现党内法规与国家法律的有机衔接研究》，载《中共珠海市委党校珠海市行政学院学报》2016年第1期；谢宇：《论中国共产党党内法规的法治化》，载《云南社会科学》2016年第3期；张文显：《法治与国家治理现代化》，载《中国法学》2014年第4期；袁达松、黎昭权：《法治思维和法治方式在全面从严治党中的作用》，载《人民论坛》2015年第29期。此外，还有很多学者也都持这样的观点。

家法的不同。

一、将党内法规上升为国家法律不利于维护国家法治统一

实际上，从表面上看，把党内法规上升为国家法律客观上的确能够解决一些看上去似乎是问题的问题，例如貌似破坏法治统一等问题。有学者就指出，如果将党内法规体系视为我国国家法体系之外的另外一个体系，则势必出现两个或两个以上独立的规范体系同时存在的情况，而这会导致其相互间不协调的现象与日俱增，从而破坏国家法治的统一，进而影响国家的治理效果。该学者同时认为，将党内法规纳入国家法律体系更易于将党内法规纳入法治轨道，更有利于提高党内法规质量，更有利于加强对党内法规的监督，也更利于党内法规的执行。[1]但对此观点，笔者不敢苟同，相反，笔者认为，将党内法规体系纳入国家法律体系，使之成为国家法反而不利于国家法治统一。原因在于以下三个方面。

（一）将党内法规上升为国家法律会使国家法的行为标准产生冲突

在法理上，国家法律与党内法规对其适用对象的行为要求在

〔1〕 参见王春业：《论将党内法规纳入国家法律体系》，载《天津师范大学学报（社会科学版）》2016年第3期。

伦理道德层次上不同。“中国共产党是马克思主义政党，是有着严格党内制度和高超建设标准的政党。”〔1〕党内法规就是这一高超建设标准的最突出体现。党内法规作为一种管党治党的规范，其在行为标准上的要求要远高于国家法律，甚至有些要求已经涉足“高尚的道德”领域。这是其发挥管党治党优势，使党得以保持先进性与纯洁性的内在需要与现实选择。从法与伦理道德的关系来说，国家法律只是为适应社会治理需要而被法律化的、适用于一般公民的、最低限度的伦理道德规范。党内法规则不然，出于中国共产党自身性质及使命的要求，党内法规对党员提出的要求往往要远高于国家法对一般公民的要求，以使其能够依照党员的标准行事，体现党的先进性，发挥党员的模范带头作用。如果将党内法规上升为国家法律，则要么必须遵循国家法律对人们行为要求的设置标准，降低对党员的行为要求，要么提高对一般公民的行为标准，使国家法律对公民行为标准的要求达到党内法规对党员要求的高水平，否则国家法在行为标准的要求上就会出现矛盾与冲突。“作为国家的法律，如果将它和执政党的党内法规混为一谈，就会使希望遵守法律的公民无所适从，降低公民对于法律的预期性，更进一步造成法律公信力的下降。”〔2〕将党内法规

---

〔1〕 韩喜平、巩瑞波：《边界与效度：政党内部激励活动的原则论析——以中国共产党党内表彰活动为例》，载《中共中央党校学报》2017年第4期。

〔2〕 王绍远：《实现党内法规与国家法律的有机衔接研究》，载《中共珠海市委党校珠海市行政学院学报》2016年第1期。

上升为国家法律尽管会使二者在行为要求的标准上保持一致，契合了法治的公平原则与平等理念，但也显然会造成党内法规与国家法律各自调整范围的错乱，使二者失去其各自原本具有的调整优势而趋于混同。

（二）将党内法规上升为国家法律会使国家法律设置的理念出现混乱

国家法律与党内法规在内容设置的理念上存在较大差别。国家法律由于是广大人民群众用以保障自己当家作主地位的基本工具，所以相对更倾向于权利保障，在制度设置上也更突出权利保障，它是以权利本位为基础的，将享有权利作为履行义务的逻辑前提。“对于当代社会而言，应当以权利为本位，来重塑人的主体性理念。”〔1〕因为只有以权利为本位，才能够走向一种道德、公正、合理与进步的高级法律生活。而权利本位的基本要义在于：任何义务的设定都需要以相应的权利为基础，是为实现特定权利所必需的。在权利与义务的关系上，权利是目的，义务是手段，法律设定义务的目的在于保障权利的实现；权利是第一性的因素，义务是第二性的因素，权利是义务存在的依据和意义。〔2〕而党内法规作为一种更高标准的行为要求以及出于管党治党的需要，则以义

---

〔1〕 葛洪义主编：《法理学》，中国人民大学出版社 2007 年版，第 53 页。

〔2〕 参见张文显主编：《马克思主义法理学——理论、方法和前沿》，高等教育出版社 2003 年版，第 303 页。

务本位为基本特征，往往更显现和突出党员的义务，将党员义务的履行作为其享有权利的条件。对于党员而言，“一个人所享有的权利只应该是对他所负有的义务的交换：他从对方那里得到的权利只应该是用他从对方那里承担的义务换来的”[1]，“与国家的法律规定和权力行使必须以维护公民法定权利为价值取向不同，中国共产党党员只有承诺和自觉履行党章规定的义务，才能享有党员权利，反之，其享有的权利就会被取消”[2]。这种承载着职责和责任的义务本位使中国共产党成为一个为了中华民族不断奉献的政治组织。也正是中国共产党的这种特性，才可以承载中国共产党领导中国人民完成新民主主义革命、社会主义建设和改革开放的伟大事业。[3]在此情形下，将党内法规上升为国家法律势必导致同一国家法律体系内出项两种截然不同的权义设置理念，从而造成国家法律在理念上的冲突与内容设置上的混乱，危害国家法治统一。

（三）将党内法规上升为国家法律会异化国家法律体系

国家法律与党内法规作为法的调整机理并不相同。国家法律作为一种法，作为最低限度的伦理道德，只能调整人们的行为，不能涉足人们的思想，尽管其能对人们的思想世界产生非调

〔1〕 王海明：《论权利与义务的关系》，载《伦理学研究》2005年第6期。

〔2〕 黄明哲、赖路成：《党员主体地位与党员权利义务关系研究》，载《学习与实践》2009年第2期。

〔3〕 参见李军：《中国共产党党内法规研究》，天津人民出版社2016年版，第110页。

整性的、价值取向方面的和结构性的影响。[1]“法律的调整对象是行为或行为关系，纯粹的思想或思想关系不能为法律所调整。”[2]这是其与伦理道德的一个本质性区别。而党内法规则不同，党内法规作为相对国家法而言在伦理道德要求层次上要高的制度规则，是介于国家法律与伦理道德之间的一种规范，在调整党员的行为之外，还可以调整其思想，要求党员加强自身思想作风建设。在党内法规中，很多规范都已经不限于对党员的行为进行调整，也已经涉足其内心世界，涉足其思想意识领域。如《中国共产党廉洁自律准则》第 7 条规定的“廉洁修身，自觉提升思想道德境界”等，就是典型的对于党员思想的调整。《中央党内法规制定工作五年规划纲要（2013—2017 年）》中明确指出：完善党的思想建设方面的党内法规，为做好理论创新和理论武装工作提供制度保障。而《中央党内法规制定工作规划纲要（2023—2027 年）》也明确要求“制定《中国共产党思想道德准则》，筑牢中国共产党人思想道德高地”。就是说，在党的思想建设方面，有专门的党内法规。这注定了党内法规与国家法的调整机制是不尽相同的。国家法律的调整依靠外在约束，依靠对人们行为的引导和约束实现社会治理；而党内法规则强调思想建党与制度建党相结合，其调整提倡内外兼修，依靠对党员行为与思想的双重规范

〔1〕 参见季金华、张昌辉：《论法律对思想的影响》，载《法律科学（西北政法大学学报）》2016 年第 2 期。

〔2〕 朱景文主编：《法理学》，中国人民大学出版社 2008 年版，第 120 页。

达到党内治理。在这种情况下，如果将党内法规上升为国家法，则势必令党内法规成为国家法体系中的“另类”，从而直接冲击和动摇国家法律只规范行为而不能调整思想的理论根基，造成国家法律制度体系的异化与混乱，且会导致党内法规自身合法性的消减。

二、将党内法规上升为国家法律不利于全面从严治党

不仅如此，笔者以为，将党内法规纳入国家法律体系，使之上升为国家法律，也不利于“党要管党、全面从严治党”。从理论上来说，党内法规上升为国家法律会削弱其作为制度所具有的政治属性，而相应地增强其作为法所具有的规范性、权威性与强制性，但也会带来一些显见的不良效应。原因在于，这种转变会使党内法规的调整领域由党内扩至党外，使党内法规与国家法律的调整范围逐渐趋同。而这显然会改变党内法规姓“党”的事实，从而不利于党要管党与全面从严治党的实际需要。事实上，“党内法规作为一种管党治党规范，其存在的价值在于弥补国家法律对党员和各级党组织行为调整之不足，使作为领导核心并具有先进性与纯洁性要求的党具有更为适合的制度规范来进行自我约束，通过自我革命，实现更高标准和更严要求的自我治理。”〔1〕党内法规

〔1〕 刘长秋、颜菠：《论党内法规调整的具体特征及应坚持的原则》，载《廉政文化研究》2022 年第 6 期。

之所以是党内法规，一方面在于其具有法律属性，在于其对于党员及各级党组织具有的类似于国家法的权威与约束力，但另一方面则在于其具有政治属性，在于其姓“党”，在于其能够坚持党的宗旨，能够以其自身更高的行为标准与更严的内容要求帮助党保持工人阶级先锋队并同时也是中华民族与中国人民先锋队的党性。从法理上来说，国家法律具有普遍适用性，即其对于一国公民是统一适用的，将党内法规上升为国家法律显然意味着党内法规对于一般公民也要加以适用，而党内法规对于党员的高标准与严要求也势必统一适用于一般公民。这不仅极不现实，而且会抬高国家法律对于一般公民的行为要求，使党内法规作为一种治党规范失去其在从严治党方面的优势，进而使党丧失其先进性。因为既然一般公民都能够借助上升为国家法律之后的党内法规而具有更高的行为标准，则中国共产党党员的先进性势必无从体现，而党的先进性也就会因此丧失。

此外，从党内法规制度体系的主要内容来看，其中的大部分都是中国共产党进行党内治理的依据和准则。它们主要涉及党的思想作风、民主集中制、反腐倡廉、机关工作等方面的建设，而这些内容是国家法律无法触及或取代的。[1]将党内法规纳入国家法律体系，使之升格为国家法律，显然意味着党内法规成为需要借助而且必须借助国家强制力加以实施的硬法。这就意味着党

〔1〕 参见支振锋：《党内法规的政治逻辑》，载《中国法律评论》2016年第3期。

规与国法将融为一体，成为本质上无差别仅在适用对象上存在差异的制度规范，对于违规的党员追究其责任时追究的一律是其国家法律责任，而不再有也不需要再有更能体现从严治党要求的党纪责任，党内法规的更严厉责任即“纪严于法”势必将无法体现。这必然会在事实上降低党对于党员的思想和行为要求，无法显现“党要管党、全面从严治党”的必要性和重要性。

非但如此，与国家法律相比，党内法规一个非常重要的特征并同时也是优势，就在于党内法规既具有法律属性又具有政治属性，“党内法规既要坚持马克思主义政党的属性和要求，体现党建的实践经验，又要具有全局性和前瞻性，创立这样一些法规必须考虑很多因素”。〔1〕而党内法规的政治属性则使其具有相对灵活与独立的特点，这正是其能够适合管党治党需要的关键所在。因为“党内法规因其制定主体是党的组织，虽然其制定也有一定的程序，但一般会根据社会的发展实际以及党内出现的新情况新问题及时地做出调整，具有灵活性，且文本形式和内容可繁可简，可以是具体的也可以是原则性的”〔2〕“作为政党组织建立规章制度的形式与程序就相对简单、简便与快捷得多，这样的特点便于规章制度在社会生活中能够快速实施”〔3〕“党内立法的灵活性表现出

---

〔1〕 参见蔡文华：《论依规治党的内涵、目标及其实践路径》，载《探索》2016 年第 4 期。

〔2〕 许耀桐：《党内法规在法治中的重要作用》，载《北京日报》2016 年 12 月 5 日，第 17 版。

〔3〕 石文龙：《依法执政与“党法”》，载《太平洋学报》2011 年第 2 期。

党组织的适应能力。面对党内出现的新问题、新现象，在党内立法上可以先行出台些试行条例，它不仅规范了党内组织行为，而且也为调整规范留下了空间和余地”〔1〕。而国家法律则必须具有更强的稳定性，这“不仅是社会稳定的基础，也是社会发展的基础”。〔2〕基于稳定性的需求，国家法律需要受严格的立法程序之限制，无论是制定还是修改都需要遵循极为繁杂的程序，与党内法规相比，国家法律缺乏必要的灵活性。“党内法规的‘内’决定了党规姓党，党规非国法，无需法院，但党规也要避免文牍主义和形式主义，不能以死板的制度约束执政党本身政策机动灵活的优势。”〔3〕而将党内法规上升为国家法律则意味着党内法规必须要受国家法相对更为稳定这样一种要求的制约，必须要受《立法法》所规定的远较《党内法规制定条例》所规定的烦琐的立法程序之制约，从而失去其相比国家法律而言所具有的相对灵活性，〔4〕难以适应管党治党的实际需要，使党内法规丧失其作为具有政治属性的法而具有的制度优势。

相反，将党内法规纳入国家法治体系同时又令其保持与国家

---

〔1〕 王振民、施新州等：《中国共产党党内法规研究》，人民出版社 2016 年版，第 126 页。

〔2〕 参见张文显主编：《马克思主义法理学——理论、方法和前沿》，高等教育出版社 2003 年版，第 344 页。

〔3〕 支振峰：《党内法规的政治逻辑》，载《中国法律评论》2016 年第 3 期。

〔4〕 需要特别指出的是，党内法规的灵活性只是相对国家法的灵活性而言的，作为法，党内法规也具有法律的特性，也需要遵循法的制定与操作规程，只不过相较于国家法而言，这一规程要简化一些，但依然不离合法性这一底线要求。

法律的区别，则不仅可以确保国家法律的更高权威，有利于维护国家法治的统一，也有利于体现党的先进性，保证党要管党和实现全面从严治党。笔者以为，党内法规制度建设是党的法治思维的影射，将党内法规纳入我国法治体系但又独立于国家法律体系而存在，是党运用并坚持法治思维的一种灵活体现。这样一种做法既可以避免将党内法规上升为国家法律可能引发的党内法规成为国家法律体系中“另类”的尴尬，从而维护和保证我国国家法治的统一，又可以宣示党内法规在我国法治体系中的重要性，突出其对于党员和各级党组织之无可辩驳、不可否认的法律性，推进和带动广大党员干部对党内法规法律性的认同、接受与遵行，从而借助党内法规与国家法律之不同而强化和凸显党对于党员的高标准与严要求，实现和保障全面从严治党，永葆党的先进性与纯洁性，并因之而进一步凸显党自身作为执政党与领导核心的正当性与合法性。以此为基点，“只有坚持党规别于国法、党规国法分工协作，党纪严于国法、党纪挺在国法前，才能保证党内法治与国家法治良性互动，保证党内善规之治与国家良法之治相辅相成”。〔1〕将党内法规上升为国家法律会导致党内法规难以再成为党内法规，造成党内法规与国家法律调整范围的混同。“党内法规与国家法律畛域之消融将导致党政不分、党国不分，不利于实现国家治理体系与治理

〔1〕 参见肖金明：《在党内治理中实现良法善治》，载《山东人大工作》2016年第10期。

能力现代化。"〔1〕易言之,"如果我们将两个工具单一化、同质化乃至同一化,就必然会使我们丧失本可自如运用的执政手段,执政效能必然大大降低,执政目的就很难达成"。〔2〕因此,在党内法规与国家法律的关系上必须要明确以下方面的内容,即党内法规不能够取代国家法律成为治国理政的基础和依托;而国家法律也无法代替党内法规成为管党治党的基本制度保障与优势。二者需要形成良性的互动互补关系,共同在当代社会治理中发挥作用,而不是简单地将党内法规上升为国家法律。

当然,需要特别指出的是,党内法规不宜上升为国家法律并不意味着党内法规的某些内容不能转化为国家法律中的具体制度。〔3〕作为执政党与领导核心,党的执政理念必然会体现在党内法规的某些具体制度之中,而这些制度很多情况下未必仅适用于治党,其中的一部分也适用于治国理政。如有关党员干部财产申报的制度,既可以适用于党员干部,也可以适用于一般公务员等

〔1〕 罗许生:《国家治理现代化视阈下党内法规与国家法律衔接机制建构》,载《中共福建省委党校学报》2016年第6期。

〔2〕 参见卓泽渊:《党规与国法的基本关系》,载《中共杭州市委党校学报》2015年第1期。

〔3〕 从语义学上来说,将党内法规上升为国家法意味着从党内法规到国家法只是调整范围与效力上的转变,即令党内法规在所调整的对象上将党内关系扩展为一般性社会关系,党内法规即成为正式的国家法,其效力将由国家强制力加以保障,但其制度内容并不需要改变。而将党内法规的某些内容转化为国家法的一些具体制度则不同,它是在充分考虑这些制度适用效果及其在国家法层面适用可能性的基础上,由国家法在立法时对这些制度的理念或调整方法等加以借鉴,其制度内容实际上已经做了有利于其升格为国家法制度方面的改变。如《党章》中的人民代表大会制度、民族区域自治制度等向人大代表法、民族区域自治法的转化等。

非党员领导干部。这类制度显然可以转化为国家法律，成为国家法律的内容之一。此外，在党内法规能否上升为国家法律的问题上，还需要区别党的重大决议与党内法规的不同。与党内法规不宜上升为国家法律不同，党的重大决议一般可以上升为国家法律，甚至从党治国理政的角度来说，很多党的重大决议都有必要上升为国家法律。原因在于，党内法规是一种管党治党规范，通常只适合于调整党内关系，以此凸显并保持党的先进性与纯洁性，确保党作为中国特色社会主义事业领导核心的道德合法性，而不适宜调整党外关系，但党的重大决议则未必如此。因为作为我国唯一的执政党与领导核心，党的重大决议中有相当一部分属于党治国理政层面的内容，归属党的政策，如党的十八届三中全会通过的《关于全面深化改革若干重大问题的决定》、党的十八届四中全会《决定》以及党的二十大报告等。这些都属于党的政策层面的决议，其针对的对象显然已不限于党内。而这些政策层面的重大决议作为党的政策并不仅仅适用于调整党内关系，甚至并不是主要用以调整党内关系的，而是党作为中国社会主义建设领导者发挥其领导作用的重要依据。[1]依据政策与国家法律的关系

---

〔1〕笔者以为，理论界之所以有很多人认为党内法规应当被上升为国家法律，一个很重要的原因就在于其混淆了党内法规与党的政策之间的区别，将党的政策与党内法规混同，把党的政策也当作了党内法规。例如，罗许生就认为："从我国重要法律法规的立法进程来看，基本遵循着党的主张——党内法规——国家法律这么一个路径。"（罗许生：《国家治理现代化视阈下党内法规与国家法律衔接机制建构》，载《中共福建省委党校学报》2016 年第 6 期。）但实际上，我国重要法律法规的立法所遵循的进路并不是"党的主张——党内法规——国家法律"，而是"党的主张——党的政策——国家法律"。

机理，很多法律都是政策的法律化以及政策实施的保障，而很多政策则往往是法律的前奏。“党的政策是国家法律的先导和指引，是立法的依据和执法司法的重要指导。”〔1〕在政策与法律的关系上，需要重视政策向法律的转化，使政策多一些类似法律的稳定性，并“让法律多一些政策考量”，〔2〕易言之，就是要重视政策的法律化。就此而言，党作出的一些具有政策性质的重大决议是可以甚至必须要转化为国家法律的。

第三节　作为党内法规的“纪”与国家法律

习近平同志指出：“依规治党，首先是把纪律和规矩立起来、严起来，执行起来。党的性质、宗旨都决定了纪严于法，纪在法前。要把党的纪律和规矩挺在前面，用纪律和规矩管住大多数，使所有党员干部严格执行党规党纪、模范遵守法律法规。”〔3〕“要坚持纪严于法、纪在法前，实现纪法分开。”〔4〕当前，“纪严于

〔1〕 习近平：《在中共十八届四中全会第二次全体会议上的讲话》，载《习近平关于全面依法治国论述摘编》，中央文献出版社 2015 年版，第 20 页。

〔2〕 参见肖金明：《为全面法治重构政策与法律关系》，载《中国行政管理》2013 年第 5 期。

〔3〕 中共中央党史和文献研究院编：《习近平关于依规治党论述摘编》，中央文献出版社 2022 年版，第 152-153 页。

〔4〕 中共中央纪律检查委员会、中共中央文献研究室编：《习近平关于严明党的纪律和规矩论述摘编》，中央文献出版社、中国方正出版社 2016 年版，第 65 页。

法”“纪在法前”作为党对党员干部必须牢记于心的基本法纪要求与政治规范，已经为越来越多的人所熟知和接受，也已经成为各级党组织管党治党时最经常提及的两个基本要求。然而，在全面依法治国的宏观背景下，“纪”为什么须严于“法”？为什么需要将“纪”挺在“法”前？其中的原因与机理何在？“纪在法前”在适用上应遵循什么样的原则？这些问题却很少为学术界所研究并阐释。而在理论上，这些问题能否被科学地阐释显然直接关涉“党大还是法大”这一命题能否被科学地解释，关系到我国能否真正实现全面依法治国的战略目标。

一、党纪概述

从研究的角度来说，哲学社会科学深入研究和理论创新的一个重要切入点，是从基本概念开始的，[1]概念的确定是获得对研究对象更深刻理解与科学把握的前提与基础。基于此，有必要先对党纪的概念加以界定。党纪作为纪律的一种特殊类型，其概念的界定显然需要以纪律的概念为基础。一般认为，纪律是在一定社会条件下形成的一定社会成员必须遵守的行为规则，它强制要求人们在社会生活中遵守一定的秩序、执行命令和履行职责，如有违反，行为人将受到相应的惩戒。纪律是任何社会组织要达到

〔1〕 参见李林：《科学定义“党内法规”概念的几个问题》，载《东方法学》2017年第4期。

既定目的的必备手段，它通过外在约束和事后的惩戒来调整社会组织成员的行为，以求得行动的协调和一致，达到既定目标。[1]根据国内有关学者考证，纪律作为人类社会生活中的行为规范，在古代就已产生。“纪律”一词的出现和使用可追溯到我国的春秋战国时期，《左传·桓公二年》记载：“百官于是乎戒惧，而不敢易纪律。”[2]显然，纪律最初主要是指纲纪法律之意。当代意义上的“纪律”已经发生了一定程度的变化。通常认为，在现代意义上，“纪律……在本质上是特定组织共同利益和意志的体现”。[3]政党纪律作为纪律的一种，显然是政党这一政治组织共同利益和意志的体现，是对其组织成员行为形塑和规约的党内规则或组织契约。纪律建构的强化预示着政党制度化供给倍增或叠加的可能，是政党完备与成熟的自我维系。[4]在我国，党的纪律简称“党纪”，一般特指作为执政党的中国共产党的纪律，是按照民主集中制的原则，根据党的性质、纲领和实现党的路线、方针、政策的需要而确立的各种党规党法的总称。[5]对于任何一个政党来说，纪

---

〔1〕 参见陈毓江:《浅论纪律的沿革和特征》,载《社会科学战线》2010 年第 3 期。

〔2〕 吴黎宏编著:《把纪律挺在前面》,中共中央党校出版社 2016 年版,第 1 页。

〔3〕 参见李斌雄、张银霞:《中国共产党严明政治纪律政治规矩的利益基础和生态分析》,载《马克思主义研究》2016 年第 1 期。

〔4〕 参见刘明:《纪律建构与政党现代化》,载《中共山西省委党校学报》2017 年第 4 期。

〔5〕 参见丁俊萍:《党的纪律建设的历史考察》,载《武汉大学学报(人文科学版)》2016 年第 1 期。

律和制度都是根本性的。[1] 因此，马克思和恩格斯都特别强调政党组织纪律的重要性，明确指出："我们现在必须绝对保持党的纪律，否则将一事无成。"[2]

在现有的党的文件以及很多学者的论文与著作中，党规经常被混同为党纪，二者也经常并用，即用"党规党纪"这样的提法。但实际上二者的关系极为复杂。具体而言，党纪通常在广义和狭义两个层面加以使用。狭义上的党纪，即《党章》《中国共产党纪律处分条例》等党内法规中明确规定下来需要党员和各级党组织遵守的纪律，亦即党的纪律性法规，是党内法规不可或缺的重要组成部分，"党的纪律性法规是党内法规的一种，是党内法规中关于纪律要求的具体化"。[3] 在此意义上，党的纪律与党内法规之间是种属关系，即党内法规包含党的纪律，党的纪律是一种极为特别的党内法规，诚如有学者指出的，"党纪实际上是党内法规的重要组成部分，但并非党内法规的全部"。[4]"党的纪律是党内法规的组成部分，其实就是党内'刑法'，是党的各种规范中最具基础性、最具刚性和约束力的部门，是对党员要求的底线。"[5]

---

〔1〕 参见张振:《马克思恩格斯执政伦理建设思想探源》，载《伦理学研究》2016 年第 1 期。

〔2〕《马克思恩格斯全集》(第 29 卷)，人民出版社 1972 年版，第 413 页。

〔3〕 参见杨林清:《论党的纪律性法规在党内法规中的重要地位》，载《学习月刊》2018 年第 3 期。

〔4〕 参见王振民、施新州等:《中国共产党党内法规研究》，人民出版社 2016 年版，第 8 页。

〔5〕 王振民、施新州等:《中国共产党党内法规研究》，人民出版社 2016 年版，第 8 页。

党纪是党的组织和党员必须遵守的行为规则，是党的生命线。而党内法规除了党纪这一刚性十足的规矩之外，还有其他组成部分。[1]而广义上的党的纪律，则不仅包含党内法规中明确规定下来的纪律，还包括以其他形式确立下来并表现出来的纪律，是指以成文或不成文形式表现出来的、作为具有先进性与纯洁性要求的中国共产党党员和各级党组织必须遵守的各种限制性规范的统称。广义上的党纪有很多内容不在党内法规中，没有被党内法规所明确规定，相反，它有多种表现形式。而通常我们说的“纪严于法”“纪在法前”显然是在狭义上说的，即“纪严于法”“纪在法前”中的“纪”是指作为党的纪律性法规的党纪，而非广义上的党纪。

党的纪律涉及党内生活的各个方面，从内容上可以分为党的政治纪律、组织纪律、群众纪律、财经纪律、保密纪律、宣传纪律、人事纪律和外事纪律。[2]党的纪律是执行党的路线、方针、政策和决议，维护党的团结统一，巩固党同群众的密切联系，提高党的战斗力并加强党的执政能力的重要保证，是党员必须始终遵守的最基本的法。每个党员必须自觉地用党的纪律约束自己，并接受党

---

〔1〕 李军在论述党的法规部门时，将党的法规划分为五种主要部门，即党章部门、组织法规部门、纪律法规部门、党员和党的干部法规部门以及其他法规部门。显然，在他看来，党纪也是党内法规的重要组成部分。参见李军：《中国共产党党内法规研究》，天津人民出版社2016年版，第124-132页。

〔2〕《中国共产党纪律处分条例》主要规定了对违反党的政治纪律、组织纪律、廉洁纪律、群众纪律、工作纪律、生活纪律行为的处分，但实际上，党的纪律并不只有以上六种。

组织和人民群众的监督。要实行在党的纪律面前人人平等的原则，所有党员，不论职务高低都必须遵守党的纪律，党内不允许有凌驾于党的纪律之上的特殊党员。中国共产党是中国工人阶级的先锋队，同时是中国人民和中华民族的先锋队，而我们党之所以是先锋队，一个极其重要的条件就是党有严明的党纪，或者说，严格的纪律是党的先进性的重要保障。[1]正因为如此，习近平总书记指出，“我们党是靠革命理想和铁的纪律组织起来的马克思主义政党，纪律严明是党的光荣传统和独特优势”[2]“如果不严明党的纪律，党的凝聚力和战斗力就会大大削弱，党的领导能力和执政能力就会大大削弱”。[3]而《党章》第 39 条也明确规定：“党的纪律是党的各级组织和全体党员必须遵守的行为规则，是维护党的团结统一、完成党的任务的保证。党组织必须严格执行和维护党的纪律，共产党员必须自觉接受党的纪律的约束。”此外，《中国共产党纪律处分条例》第 3 条中也规定：“党章是最根本的党内法规，是管党治党的总规矩。党的纪律是党的各级组织和全体党员必须遵守的行为规则。党组织和党员必须坚守初心使命，牢固树立政治意识、大局意识、核心意识、看齐意识，始终坚定道路自信、理论自信、制度自信、文化自信，切实践行正确的权力观、政绩观、

〔1〕 参见本书编写组编：《全面从严治党党员干部读本》，北京联合出版公司 2015 年版，第 124 页。

〔2〕 参见习近平：《习近平谈治国理政》，外文出版社 2014 年版，第 386 页。

〔3〕 参见《十八大以来重要文献选编（上）》，中央文献出版社 2014 年版，第 131 页。

事业观，自觉遵守和维护党章，严格执行和维护党的纪律，自觉接受党的纪律约束，模范遵守国家法律法规。”而《关于新形势下党内政治生活的若干准则》更是指出：“纪律严明是全党统一意志、统一行动、步调一致前进的重要保障，是党内政治生活的重要内容。必须严明党的纪律，把纪律挺在前面，用铁的纪律从严治党。坚持纪律面前一律平等，遵守纪律没有特权，执行纪律没有例外，党内决不允许存在不受纪律约束的特殊组织和特殊党员。每一个党员对党的纪律都要心存敬畏、严格遵守，任何时候任何情况下都不能违反党的纪律。党的各级组织和全体党员要坚决同一切违反党的纪律的行为作斗争。”〔1〕

二、“纪”严于“法”的机理

如上所述，“纪严于法”中的“纪”是在狭义上使用的党的纪律，即作为党内法规的党纪，亦即党的纪律性法规。而“纪严于法”主要是指党内纪律性法规严于国家法律。依据学者的研究成果，对“纪严于法”的含义，应当从以下四个方面加以把握，即党规党纪的约束性要求比国家法律多；党规党纪对党员比国家法律对公民的要求标准高；党规党纪与国家法律相比较，其强制力量主要源于内心的认同与坚守；一般情况下触犯党规党纪要先于违

〔1〕《关于新形势下党内政治生活的若干准则》，载《光明日报》2016年11月3日，第5版。

反国家法律。[1]站在“党要管党、全面从严治党”的角度，无论是国家法律，还是党内法规，都是中国共产党党员需要严格遵守的法。但对于有着先进性与纯洁性要求而非一般公民的中国共产党党员来说，则更需要在模范遵守国家法的前提之下，把作为党内法规的党的纪律挺在国家法律之前，以党纪所要求的高标准严格要求自己，而不能舍本逐末，将国家法律放在党纪之前，以不违反国家法律作为自己行为的底线，否则就降低了对于自己的要求。正因为如此，党的十八届四中全会《决定》明确提出：“党的纪律是党内规矩。党规党纪严于国家法律，党的各级组织和广大党员干部不仅要模范遵守国家法律，而且要按照党规党纪以更高标准严格要求自己，坚定理想信念，践行党的宗旨，坚决同违法乱纪行为作斗争。对违反党规党纪的行为必须严肃处理，对苗头性倾向性问题必须抓早抓小，防止小错酿成大错、违纪走向违法。”[2]这科学地指明了党纪与国法的关系。

（一）“纪严于法”是党的性质使然

依据《党章》，中国共产党是中国工人阶级的先锋队，同时是中国人民和中华民族的先锋队，是中国特色社会主义事业的领导核心，代表中国先进生产力的发展要求，代表中国先进文化的前

---

〔1〕 参见崔建周：《“党规党纪严于国家法律”：理论依据、实践指向与实现条件》，载《理论探索》2015年第4期。

〔2〕《中共中央关于全面推进依法治国若干重大问题的决定》，载《中国法学》2014年第6期。

进方向，代表中国最广大人民的根本利益。中国共产党始终坚持全心全意为人民服务。党除了工人阶级和最广大人民群众的利益，没有自己特殊的利益。党在任何时候都把群众利益放在第一位，同群众同甘共苦，保持最密切的联系，坚持权为民所用、情为民所系、利为民所谋，不允许任何党员脱离群众，凌驾于群众之上。[1]中国共产党自身的性质和地位决定了“纪严于法”的必要性与必然性。这个“严”是由中国共产党的先锋队性质决定的，也是党的历史地位和使命决定的。“党的历史使命越光荣，奋斗目标越宏伟，执政环境越复杂，越需要党炼就百毒不侵的金刚之身，越需要巩固党总揽全局、协调各方的领导核心地位，越需要全面从严治党。”[2]“纪严于法”不仅决定于中国共产党自身的性质，也符合人们对于党和党员行为的期待。

与其他党派与社会组织相比，中国共产党是具有先进性的政党，其之所以能够成为中国革命和建设的领导核心，除了中国革命和建设的历史选择之外，更在于其作为执政党是一个具有道德先进性与组织纯洁性的政党。而其先进性与纯洁性则在于其对于自身及其成员的行为要求要远高于其他党派和社会组织，也远高于一般公民。只有“纪严于法”，使党的行为标准高于国家法律规定的对于一般公民的行为标准，才能使党员在这种高标准与严要

〔1〕 参见《党章》总纲。

〔2〕 许耀桐：《党内法规在法治中的重要作用》，载《北京日报》2016 年 12 月 5 日，第 17 版。

求之下所具有的思想境界与行为表现高于一般群众，也才能真正体现中国共产党工人阶级先锋队并同时也是中国人民和中华民族先锋队的性质，从而充分显现其先进性，并保证其纯洁性。同时，也只有保证“纪严于法”，才能够真正将权力关进制度的笼子，保证自己在任何时候都把群众利益放在第一位，没有自己特殊的利益，从而坚持权为民所用、情为民所系、利为民所谋，也才能坚持立党为公、执政为民。

（二）“纪严于法”是管党治党的内在要求

办好中国的事情关键在党，关键在党要管党、全面从严治党。作为中国特色社会主义事业领导核心与执政党，党必须高度重视自身建设，尤其是重视自身的作风建设。“打铁还需自身硬”，“中华号”巨轮乘风破浪、顺利前行，关键靠党来掌舵，靠党来掌握方向。[1]只有使“纪严于法”，才能够保证党始终依照高标准与严要求实现“党要管党、全面从严治党”，才能使党始终感到执政的压力以及动力，从而能够清楚地意识到自己肩负的职责与使命，始终依据更高的标准严格要求自己，始终关注和重视管党治党的问题，真正发扬党的优良传统和作风，不断提高党的领导水平和执政能力，提高拒腐防变和抵御风险的能力，也才能不断增强党的阶级基础和扩大党的群众基础，不断提高党的创造力、凝聚力、战

〔1〕 参见中共中央宣传部编：《习近平总书记系列重要讲话读本》，学习出版社、人民出版社 2014 年版，第 159 页。

斗力，建设学习型、服务型、创新型的马克思主义执政党，使我们党始终走在时代前列，成为领导全国人民沿着中国特色社会主义道路不断前进的坚强核心。习近平总书记指出："如果管党不力、治党不严，人民群众反映强烈的党内突出问题得不到解决，那我们党迟早会失去执政资格，不可避免被历史淘汰。这决不是危言耸听。"[1]这客观地指明了管党治党的重要性。而要管党治党，就务必要从严，不能够降低对于党员的要求，不能只依据行为标准更适合于一般公民的国家法来要求党员，约束党员，而必须对党员适用甚至优先适用更高的标准，这一标准不仅能够体现党的先进性，体现管党治党的从严性，而且通常只适用于党员这一应当具有更高觉悟的群体。党纪显然就是这样的标准。当前，我们党面临的执政环境是复杂的，影响党的先进性、弱化党的纯洁性的因素也是复杂的，党内存在的思想不纯、组织不纯、作风不纯等突出问题尚未得到根本解决。这一点注定了全面从严治党永远在路上。只有坚持"纪严于法"，才能体现党在管党治党方面的高标准与严要求，也才能最终实现从严管党治党。

（三）"纪严于法"是党厚爱党员的必然选择

立足法行为学的视角，任何违法犯罪行为都不是一蹴而就的，而往往会经历一个由微渐著的发展过程。很多违法犯罪源于

---

〔1〕 中共中央宣传部编：《习近平总书记系列重要讲话读本》，学习出版社、人民出版社2014年版，第157页。

潜藏在人们内心的私欲，在发端之初只是违反伦理道德的行为，但由于管教不及时而最终发展成违法行为甚至是犯罪，害人害己。如果行为人在思想发端之始就受到提醒并被严格制止，而不是被纵容，则其就没有可能再继续发展。就此而言，严是爱，而宽则是害。而我党多年来反腐败的实践也早已不止一次地证明，党员干部从违纪到违法，是一个量变到质变的发展过程。党员干部出“大问题”，都是从破坏“小”规矩开始的。[1]党纪作为党内法规，是严于国法的一种行为规范，在思想乃至行为的要求上都高于国法，可以担当“安全阀”的角色，通过严管而成为阻拦党员违法犯罪的初始防线，使党员的不正确思想在萌芽之初就得到及时纠正，从而避免这些不正确思想转化为违规，并向违法乃至犯罪进一步发展。它实际上是广大党员从事社会活动的思想红线与行为警示线。党坚持“纪严于法”，要求党员严格守纪，以纪律为底线，既是保证广大党员牢记其党员身份，全面从严治党的需要，也是为广大党员设置红线并同时也是安全线，避免其逾规并最终违法甚至走上犯罪道路的必然选择。此即党的十八届四中全会《决定》所指出：“对苗头性倾向性问题必须抓早抓小，防止小错酿成大错、违纪走向违法。”[2]就此而言，坚持“纪严于法”，用纪律管住全体党员，使纪律成为不可触碰的红线，对全体党员来说，既是严管，

---

〔1〕 参见吴黎宏编著：《把纪律挺在前面》，中共中央党校出版社 2016 年版，第 29 页。

〔2〕 《中共中央关于全面推进依法治国若干重大问题的决定》，载《中国法学》2014 年第 6 期。

也是厚爱，充分体现了党“惩前毖后、治病救人”的精神。[1]

（四）“纪严于法”是力行法治的客观需要

现代政治合法性基础在于法治政治。[2]法治已成为人类社会治理不可逆转的潮流与趋势。为此，党的十八届四中全会《决定》指出：“依法治国，是坚持和发展中国特色社会主义的本质要求和重要保障，是实现国家治理体系和治理能力现代化的必然要求，事关我们党执政兴国，事关人民幸福安康，事关党和国家长治久安。全面建成小康社会、实现中华民族伟大复兴的中国梦，全面深化改革、完善和发展中国特色社会主义制度，提高党的执政能力和执政水平，必须全面推进依法治国……党的领导是中国特色社会主义最本质的特征，是社会主义法治最根本的保证。”[3]而对于领导者和执政者而言，其自身的引领示范至为关键，“其身正，不令而行；其身不正，虽令不从”。[4]中国特色社会主义法治必须坚持中国共产党的领导，对于我国法治建设来说，只有使“纪严于法”，才能够使全党牢固树立起党纪亦法的观念和意识，形成遵纪守法的思想和行为惯性，从而模范带头遵守国家法律，并利用党

〔1〕 参见郑须生：《严管就是厚爱》，载《当代江西》2016年第3期。

〔2〕 参见沈国明：《论依法治国、依法执政、依规治党的关系》，载《东方法学》2017年第4期。

〔3〕 《中共中央关于全面推进依法治国若干重大问题的决定》，载《中国法学》2014年第6期。

〔4〕 参见《论语·子路》。

员的先锋模范作用，带动广大人民群众遵法守法，使法的观念深入人心，浸入骨髓，成为中国特色社会主义建设的重要保障。正因为如此，2023 年 4 月印发的《中央党内法规制定工作规划纲要（2023—2027 年）》指出："推进依规治党、加强党内法规制度建设，事关党长期执政和国家长治久安，事关事业兴旺发达和人民幸福安康。"此外，在内容上，追求先进性的中国共产党，其纪律相比法律要求更高，也更加严格，若遵守党规党纪自然不会违背法律。〔1〕因为在逻辑上，党依规治党实际上是党所力行的依法治国在党的建设方面的必然要求与客观体现。理由在于，在党能够严格遵守要求上高于国家法且内容严于国家法的党内法规，能够依照党内法规规定的要求行事的情势下，对于在行为要求上相对更低且在内容上相对更宽的国家法，党不太可能会去违反或践踏，不太可能会出现党违背法治要求的行为结果。就此而言，"纪严于法"显然是保证党自身守法而不违法的内在要求，是党带领全国人民力行法治的客观需要。

三、"纪在法前"的原因

（一）"纪在法前"是党全面从严治党的需要

全面从严治党是新时代党的建设新的伟大工程的鲜明主题，

〔1〕 参见王若磊：《依规治党与依法治国的关系》，载《法学研究》2016 年第 6 期。

是新时代党的自我革命的伟大实践。[1]“纪在法前”是作为执政党的中国共产党对全体党员的必然要求，是实现“党要管党、全面从严治党”，以保持党的纯洁性与先进性的理性选择。原因在于，“纪”作为党为党员树立的行为标准，其在规范上的要求显然要严于法，在伦理道德层面也远高于法，它是党对党员提出的、远高于国家对一般公民所提出的、在行为标准上要高得多的行为规范要求。“任何一个组织的内部规则都比国家法律严格。我们党是肩负神圣使命的政治组织，党的先锋队性质和执政地位，更是决定了党规党纪必然要严于国家法律。如果党员都退守到公民的底线上，就降低了党员标准，全面从严治党便无从谈起，党的先进性更是无从体现。”[2]

此外，从党纪与国法的范围来看，党纪的范围包含对党员遵守国家法律方面的要求，遵守法律本身就是党纪的内在要求。《中国共产党纪律处分条例》第3条与第7条规定：“党的纪律是党的各级组织和全体党员必须遵守的行为规则。”“党组织和党员违反党章和其他党内法规，违反国家法律法规，违反党和国家政策，违反社会主义道德，危害党、国家和人民利益的行为，依照规定应当给予纪律处理或者处分的，都必须受到追究。”显然，这

〔1〕 参见刘长秋：《以永远在路上的执着深入推进全面从严治党》，载《光明日报》2022年12月5日，第6版。

〔2〕 王岐山：《坚持高标准　守住底线　推进全面从严治党制度创新》，载《人民日报》2015年10月23日，第4版。

里的党纪，其外延已经涵盖所有党内法规，甚至包括党内法规之外的如国家法律、伦理道德等其他通行社会行为规范。任何党员都不能违反国家法律，党员的任何违法行为都是违纪行为，但党规党纪对党员的要求比国家法律对公民的要求更多、更高，所以任何违法行为必然首先触犯党规党纪，所以“违法必先违纪”。[1]由于“违法必先违纪”而“违纪不一定违法”，也即与违法比较起来，违纪的行为更细小、更容易被忽略而作从宽处理，因而容易对一些党员形成误导，使其认为违纪不违法，无须小题大做，从而放松作为一个中国共产党党员的要求。“纪在法前”意味着党员需要遵守的社会行为规范多于普通公民，意味着党员作为一类具有先进性与纯洁性要求的群体，不能够像普通公民一样，只需要遵守作为社会伦理道德底线的法律即可；相反，党员需要在模范遵守国家法律的同时遵守党纪这一更高层面的规范，而且必须首先以是否遵守要求更高、更严的党纪作为衡量和判断其是否为一个合格党员的标准。这说明，党对党员的要求要远高于国家对于一般公民的要求。对于普通公民而言，只有违反国家法律才构成违法；而对于党员来说，只要违纪就已经属于违法。“党的先锋队性质和执政地位决定了党纪必然严于国法，而不能等于国法。如果纪法不分，把公民都不能破的法律底线等同于执政党的纪律，党的各级组织、党员都退到法律底线上，就降低了党员标准，弱化了

〔1〕 参见崔建周：《“党规党纪严于国家法律”：理论依据、实践指向与实现条件》，载《理论探索》2015 年第 4 期。

党作为政治组织的先进性。"[1]就此而言，"把纪律和规矩挺在法律前面"，将党纪挺在国家法律之前并不是要降低、否定或弱化国家法律的作用，而是为了突出和强调党纪在规范党员行为方面的重要性。

正因为如此，党的十八届六中全会明确提出："必须严明党的纪律，把纪律挺在前面，用铁的纪律从严治党。"[2]显然，"纪在法前"是党全面从严治党的需要，党提出并强调"纪在法前"体现了党对于党员及其自身的高标准与严要求，显现了党全面从严治党的立场与决心。

（二）"纪在法前"是维护党良好形象的理性选择

党中央提出并坚持"纪在法前"，既是全面从严治党的客观需要，也是维护党良好形象的理性选择。党作为中国特色社会主义事业领导核心，在政治上具有先进性，在思想上具有纯洁性，她始终代表中国先进生产力的发展要求，始终代表中国先进文化的前进方向，始终代表中国最广大人民的根本利益。但党作为一个政治实体，难以确保所有党员都能够依照党的要求规矩为人、勤勉做事，也难以确保所有党员都能够始终严格遵守党的要求，以一个党员的标准时刻严格要求自己，难以确保所有党员都能够坚持党性修养，绝不会作奸犯科。因为党员既是党的人，受党的指引

---

〔1〕 白广磊：《坚决把纪律和规矩挺在前面》，载《中国纪检监察》2016年第5期。

〔2〕 《中共十八届六中全会公报》，载《云岭先锋》2016年第11期。

和约束，同时也是“社会人”，有着普通公民都有的欲望和需求。在社会发展过程中，尤其是在社会转型时期，社会中的各种诱惑难免造成部分党员党性弱化，从而逐渐蜕化堕落，甚至走上违法犯罪的道路，成为不合格的党员。而对于蜕化堕落的党员，如果不经纪律处分而直接追究其国家法律责任，就会给人“党对党员管理无方，监管不严”的感觉，从而对党的良好形象带来负面影响，玷污党的纯洁性，进而使人们对党执政的合法性产生疑问。

“纪在法前”则意味着在对腐化堕落、违法犯罪的党员进行法律追责之前需要党先行使对党员的组织处分权，使其接受党纪处分，甚至可能先要祛除其头顶上的党员光环，使其降格为普通公民。[1]在此基础上追究其法律责任，则不仅意味着党对其党员管理有方，爱护有度，教育到位，违规必究，绝不纵容和袒护，而且意味着国家法律所追究的违法行为人已经不再是一个合格的党员，而完全是一个已经降低了对于自己的要求甚至失去了党性而与党脱离了关系的普通公民，其从事的腐化堕落与违法犯罪活动与党并没有直接关系，完全是其个人的行为。这显然有利于维护党自身的良好形象，保持党的权威，增强党执政的合法性。

（三）“纪在法前”完全符合法治精神

“纪在法前”并不意味着纪律大于国家法律或高于国家法律，

〔1〕《党章》第40条明确规定：严重触犯刑律的党员必须开除党籍。

因为党内法规是用来规范中国共产党党员的，“纪在法前”只是针对党员而言，对一般公民或其他党派的党员并不适用。对于其他党派党员及普通公民而言，违法依旧只是违反国家法律。而对中国共产党党员来说，违纪所追究的是党的纪律责任或者说党内法规责任，而非国家法律责任。在追究党员违法责任之前先追究其纪律责任并不违背法治精神，也不违反法律规定。因为党作为一个具有先进性的政治组织，对其成员即党员的加入尽管有着严格的条件限制，但却是完全遵循自主自愿原则的。对一般公民而言，其加入中国共产党的行为是一种自行决定的政治选择，完全是自觉自愿的行为，是需要提出申请的，其入党之后也是自愿接受党纪约束的。“申请加入共产党这个组织，就应当赞同和坚持党的主张，就要在政治上讲忠诚、组织上讲服从、行动上讲纪律。”〔1〕这一点完全符合现代法治的契约自由精神。如果我们把党纪作为一种要约，则党员入党宣誓的誓词就完全是一种承诺，党员入党的过程完全符合法律对于要约与承诺的规定，完全符合自主原则这一基本法律原则。

不仅如此，党主张入党自愿，还坚持退党自由，无论入党还是退党都是公民自愿选择的结果。对于那些自愿要求退党的人，充分尊重其个人意愿与自由，允许其退党。这些显然都在法律的监督之下，完全符合法律的规定。对于公民而言，是否要遵守党规

---

〔1〕 苑秀丽：《新形势下加强党的纪律建设的思考》，载《中国特色社会主义研究》2016年第1期。

党纪有很强的可选择性，其完全可以基于自己只是一般公民而非党员的身份而拒绝认同和遵守党纪，对作为公民的党员而言，道理也是如此。但不同的是，普通公民对于党纪之遵守的可选择性在于其并非党的成员，没有对党作出任何承诺，不需要承担必须选择的伦理义务；而党员由于自愿加入了党，且作出了入党承诺，则其对于党纪之遵守的可选择性就只能通过退党的方式加以实现。就此而言，党员完全可以通过自动退党的方式选择拒不接受党纪的规范而仅接受国法的约束。“公民可以通过加入或不加入某个政党组织来表示自己是否愿意遵守其党规党纪的约束，而且这一选择是自愿的且成本极低。正是基于党员对党的宗旨信念、纲领政策的出自本愿的心理认同与价值认同，才导致党员愿意加入党组织并志愿接受党规党纪的约束，因此才能自觉主动地根据党规党纪进行自我修养、自我约束、自我警示、自觉践行，才使得遵守党规党纪成为党员的自觉义务。”〔1〕“一个人之所以成为党员，逻辑前提是他或她认同政党的政治信念和目标，并自愿为实现这一目标而竭尽全力。很显然，如果党内规范遵循了现代法的形式理性要求，所有的党员义务都预先周知于众，一个人是否自愿接受这些甚至比法律要求还高的义务，完全由其自主决定。一旦其自愿争取并获得党员身份，那一刻也就是其承诺遵守政党章程和

〔1〕 崔建周：《“党规党纪严于国家法律”：理论依据、实践指向与实现条件》，载《理论探索》2015年第4期。

规范义务的时刻。”[1]“党员是有着特殊政治责任的公民，当党员握紧拳头向党旗庄严宣誓时，就意味着主动放弃一部分普通人享有的权利和自由，就必须多尽一份义务，就要在政治上讲忠诚、组织上讲服从、行动上讲纪律。党员干部尤其是高级干部放弃的要更多，责任和担当要更大。”[2]就此而言，“纪在法前”作为全面从严治党的客观需要，完全符合法治精神，符合党在宪法和法律范围内活动的要求。

四、适用纪法时应当遵循的原则

实际上，就国家法律与党内法规的关系而言，国家法律在效力上要高于党内法规，党内法规必须在宪法和法律规定的框架之内，以不违反宪法与法律的规定为前提方才有效。“党内法规规范党的生活各领域和各方面，但党员在每一领域和每一方面的行为都要同时遵守国家法的规定，党内法规不能作出与国家法相违背的规定。党内法规和国家法可以是相辅相成的，但不是并驾齐驱的，更不能是分庭抗礼的。”[3]对于党员来说，应当以要求更高、

〔1〕赵树坤:《全面推进依法治国视野下坚持党的领导的“规范”之维》，载《山东社会科学》2015年第1期。

〔2〕殷啸虎:《依法依规治党，党规严于国法》，载《解放日报》2016年11月15日，第13版。

〔3〕屠凯:《党内法规的二重属性：法律与政策》，载《中共浙江省委党校学报》2015年第5期。

更严的党纪要求亦即党内法规的规定为自己行为的底线，在遵守国家法律方面发挥模范带头作用，通过对党纪的遵守与信仰带动对国家法的尊崇与敬畏。而在党纪与国法适用的先后顺序上，作为党内法规的党纪则要优先适用于国家法律，纪在法前，纪严于法。当然，这里的“纪在法前”“党内法规优先于国家法律适用”，并不是指二者在适用效力上的优先性，而是在适用顺序上的优先性，即在对党员适用国家法律而追究其法律责任之前，需要首先适用党内法规，依党内法规进行处理后再适用国家法律；换言之，就是必须要对违法的党员通过优先适用党内法规而追究其双重违法责任，而绝不是在适用党内法规后就不再适用国家法律了。〔1〕原因在于，党内法规要求高于国家法律，也严于国家法律。党员最有可能首先违反党纪而后构成违法，或者只违反党纪而依旧符合国法。正如《中国共产党纪律处分条例》第 7 条第 1 款规定：“党组织和党员违反党章和其他党内法规，违反国家法律法规，违反党和国家政策，违反社会主义道德，危害党、国家和人民利益的行为，依照规定应当给予纪律处理或者处分的，都必须受到追究。”这显然意味着，党员一旦违法实际上会构成双重违法，即既违反国家法律，又违反党内法规。不经党内法规追究违规党员的党纪责任而直接追究其法律责任，只是表明党员作为一名公民的违法行为得到了追究，而其作为一名在思想和行为方面应当具有

〔1〕 把握纪法适用关系时坚持“纪在法前”还意味着，无论党员的行为是否违反国家法，只要其违反了党内法规，依规需要承担党纪责任，就应当追究其党纪责任。

更高要求的党员的违法责任则并未被追究。这样一来，就很容易导致用法律责任完全替代或覆盖对违法党员党纪责任的追究，造成对党员违法行为的从轻处理，从而背离党“全面从严治党”的要求，难以体现党的先进性。而对违法党员优先适用党纪或追加适用党纪，显然是贯彻落实全面从严治党的内在要求，也是全面从严治党的客观体现，而不是要纵容和袒护违法党员，是突出和强调“纪严于法”，要求违法党员承担双重违法责任的必然选择。

因此，就党纪与国法在适用时的关系而言，我们首先必须对党纪与国法在我国法治中的各自定位保持明确和清醒的认识，在坚持党内法规（包含党纪）不违背国家宪法与法律的前提之下，优先适用行为标准要求更高且规定更严的党内法规（包含党纪），亦即应当让党纪治理在先、触碰在先、查处在先以及叠加惩处，[1]在对违法党员追究其党纪责任的基础上再去追究其国家法律责任。优先适用和叠加适用党内法规的目的在于强化党员的责任意识，体现党员的高标准与严要求，而绝非减轻其责任；换言之，优先适用和叠加适用党内法规的目的在于全面从严治党，而绝非治党以松、以和、以宽。这是我们在对违法党员适用党纪与国法时必须明确的准线，是突出并保障党的先进性的需要，也是坚持“纪严于法”，将纪律挺在法律前面的需要，是处理党纪与国法关系时必须要遵循的基本原则。

〔1〕 参见崔建周：《“党规党纪严于国家法律”：理论依据、实践指向与实现条件》，载《理论探索》2015年第4期。

第五章　依规治党与以德治党相结合

“政治以伦理为基础，具有道德价值。”[1] 伦理道德不仅被视为政治的载体和基础，而且被视为政治的目的。而依规治党作为我国政治的重要组成部分，显然也离不开伦理道德的浸润。正因为如此，习近平总书记在第十八届中央纪律检查委员会第六次全体会议上指出：“我们深入研究探索，汲取全党智慧，坚持依规治党和以德治党相统一，坚持高标准和守底线相结合，把从严治党实践成果转化为道德规范和纪律要求。”[2] 这在科学指明党内法规作为一种治党规范需要伦理道德加以辅助和支撑的同时，也提出了很多新的课题，即在党自身的建设中，为什么需要坚持依规治党与以德治党相结合？依规治党与以德治党相结合应把握什么样的要求，遵循何种路径？在新的形势下，面对“党要管党、全面从严治党”的现实迫切需要，这些课题显然需要尽快从理论层面予以破解，以便更好地适应党的领导与党的建设的实际需要，使永远在路上的“党要管党、全面从严治党”能够

〔1〕 李明辉：《论廉政的伦理内涵》，载《伦理学研究》2005 年第 5 期。

〔2〕 中共中央党史和文献研究院编：《习近平关于依规治党论述摘编》，中央文献出版社 2022 年版，第 124 页。

得到理论的浸润而更富有生命力。

第一节　依规治党和以德治党的必要性分析

党的十八届四中全会《决定》指出："国家和社会治理需要法律和道德共同发挥作用。必须坚持一手抓法治、一手抓德治，大力弘扬社会主义核心价值观，弘扬中华传统美德，培育社会公德、职业道德、家庭美德、个人品德，既重视发挥法律的规范作用，又重视发挥道德的教化作用，以法治体现道德理念、强化法律对道德建设的促进作用，以道德滋养法治精神、强化道德对法治文化的支撑作用，实现法律和道德相辅相成、法治和德治相得益彰。"〔1〕这科学地指出了法律与道德在社会治理中的作用机理。"在目的上，法律与道德之目的，皆为保障群众安宁、维护社会秩序，促使社会和谐，改过向上。"〔2〕当代社会治理既需要依法治理，又需要以德治理，需要法治与德治的有机结合。而在"办好中国的事情关键在党，关键在党要管党、全面从严治党"〔3〕这

〔1〕《中共中央关于全面推进依法治国若干重大问题的决定》，载《中国法学》2014年第6期。

〔2〕苏嘉宏、吴秀玲编著：《医事护理法规概论》，台北，三民书局2015年版，第23页。

〔3〕中共中央党史和文献研究院编：《习近平关于全面从严治党论述摘编（2021年版）》，中央文献出版社2021年版，第13页。

样一个毋庸置疑的事实背景下，党的建设作为我国社会治理中最为关键和重要的一环，显然也需要从法律与道德两个方面加以思考和推进。笔者以为，依规治党与以德治党实际上是党分别立足于依法治国与以德治国的高度对党的建设提出的具体要求，而这一要求显然是依法治国与以德治国在党的建设方面的客观体现。

一、依规治党是依法治国的必然要求与客观体现

当代社会是一个以法治为主旋律的社会，依法治理是当代社会最显著的特征。法治作为治国理政的一种相对理性的模式，是人类社会发展的必然归向，也是经人类历史发展与各国治国理政实践证明了的最值得人类信任和倚赖的治理方略。正因为如此，在纪念现行宪法公布施行 30 周年讲话中，习近平总书记指出："要更加注重发挥法治在国家治理和社会管理中的重要作用，全面推进依法治国，加快建设社会主义法治国家。"[1] 而党的十八届四中全会《决定》更是明确肯定了依法治国的意义，即"依法治国，是坚持和发展中国特色社会主义的本质要求和重要保障，是实现国家治理体系和治理能力现代化的必然要求，事关我们党执

〔1〕 习近平:《在首都各界纪念现行宪法公布施行 30 周年大会上的讲话》，载《光明日报》2012 年 12 月 5 日，第 2 版。

政兴国，事关人民幸福安康，事关党和国家长治久安。全面建成小康社会、实现中华民族伟大复兴的中国梦，全面深化改革、完善和发展中国特色社会主义制度，提高党的执政能力和执政水平，必须全面推进依法治国”〔1〕。而在全面推进依法治国必须坚持党的领导的前提下，依规治党作为管党治党及提高党的治理法治化的制度保障，势必将成为依法治国必然要提出的命题。正如王若磊指出：“依规治党和依法治国的关系是政党与法治关系中最核心的问题。它既关乎执政党自身如何遵规守法，又关乎法治国家建构的合理路径，内涵之意蕴直指政党与法治关系的核心。”〔2〕依规治党必须首先明确依规治党与依法治国的关系问题，这是科学依规治党的基础，也是依法治国必须要直面和解决的现实问题。笔者以为，依规治党是依法治国的必然要求，也是依法治国的保障，更是依法治国在党的建设方面的客观体现。

（一）依规治党是依法治国的必然要求

依法治国首先意味着，作为国家的领导者，党自身首先需要尊法、守法。在现代法治语境中，依法治国重点是依法治权，法治的本质是限制权力。〔3〕法治要求一切权力受制于法律，政党作

〔1〕《中共中央关于全面推进依法治国若干重大问题的决定》，载《中国法学》2014年第6期。

〔2〕王若磊：《依规治党与依法治国的关系》，载《法学研究》2016年第6期。

〔3〕参见张战伟：《全面依法治国重在管权治吏》，载《学习论坛》2015年第11期。

为实质性权力主体也不应例外，即便它是整个政治系统的中枢神经。[1]依法治国是崇尚法律规则至上的一种治理方式，要求法律在治国理政中享有至高权威、获得普遍遵守。这一要求自然也包括对作为执政党以及中国特色社会主义事业领导核心的中国共产党之要求。“依法治国是党领导人民依照宪法和法律的规定来管理国家事务，因此作为领导者的中国共产党必须依法执政，必须严格依照宪法和法律的相关规定来行使执政权力，这是依法治国的基本前提。”[2]“如果我们党在对待法律的态度上恣意妄为，而不是带头遵守和执行法律，广大党员没有根据党章要求表现出先进性，而仅仅以不触犯法律底线为要求，不可能取得广大人民群众的信任，人民不会长期将权利让渡给我们党。”[3]由此可见，依法治国需要作为我国法律适用对象之一的党以及党员在宪法和法律规定的范围内行事，需要党以及党员不逾国家法所设定的规矩。这是依法治国对于党的最底线要求。就此而言，依法治国首先需要维护宪法和法律的威严，需要保障在依法的基础上管党治党，将党的权力关进国家法的笼子。而依规治党是指依照并运用

〔1〕 参见王若磊:《依规治党与依法治国的关系》，载《法学研究》2016年第6期。

〔2〕 杨超、李先伦:《习近平依法治国思想的理论逻辑与现实启示》，载《广西社会科学》2015年第5期。

〔3〕 沈国明:《论依法治国、依法执政、依规治党的关系》，载《东方法学》2017年第4期。

党内法规来管理、规范党自身以及各级党组织与党员的行为。[1]依规治党是政党规律的本质体现，是党要管党、全面从严治党的内在要求决定的。[2]它是借助党内法规的规范性与约束力，将党的权力首先关进党自身制度的笼子，避免其过于任性之需要，是使党形成对于法治所赖以存在的规则之敬畏，从而保证党及党员

---

〔1〕 有学者认为，在政党治理实践中，可以将党内法规作宽泛解释，即党规不仅包括政党制定的组织规范和行为规范，还包括国家规范和社会规范（参见肖金明：《法学视野下的党规学学科建设》，载《法学论坛》2017年第2期）。还有学者则认为，依规治党的依据源于党内法规制度体系，它主要包括成文性质的宪法与法律、党内法规以及不成文性质的政治规矩（参见谢仁海、吴家驹：《论全面从严治党视野下的依规治党与以德治党》，载《学校党建与思想教育》2017年第7期）。但笔者认为，这是对党内法规外延的曲解，实际上，依规治党中的“规”应当仅指党内法规，而不包括宪法与法律以及党内法规之外的政治规矩；应当仅指党内的组织规范与行为规范，而不包括国家规范与社会规范。原因在于，党内法规以及依规治党是在全面推进依法治国的战略中形成的特定概念，是党运用法治思维管党治党的思想结晶。党依规治党的目的在于提高对其自身以及党员的要求，保持并突出党的先进性与党员的代表性。也正因为如此，党内法规作为一个能够体现在要求上高于法律且在形式上又具有法律性的概念才得以受到关注和重视，并得以被纳入我国社会主义法治体系之中，成为我国社会主义法治体系的组成部分。在社会主义法治体系中，党内法规与国家法的定位是明确的，也是科学的，即党的一切活动需要在宪法和法律的框架内进行，而党内法规作为管党治党的重器则严于国法，有助于突出并确保党的先进性与纯洁性。而如果将党内法规作扩大性解释，将依规治党之规解释为“不仅包括政党制定的组织规范和行为规范，还包括国家规范和社会规范”，或者“包括成文性质的宪法与法律、党内法规，以及不成文性质的政治规矩”，则会直接冲击现有的法治体系及其理论，使国家法与党内法规的关系变得混乱而难以解释。而且，将依规治党中的“规”解释为包括国家规范与社会规范或成文性质的宪法与法律与不成文性质的政治规矩，也会使“规”降格为要求更低的国家法或社会规范，使其难以再适应全面从严治党的现实需要。此外，从党的相关文件来看，依规治党之“规”的内涵也是明确的，即特指党内法规，如党的十八届五中全会公报就明确指出：“运用法治思维和法治方式推动发展，全面提高党依据宪法法律治国理政、依据党内法规管党治党的能力和水平。”

〔2〕 参见王振民、施新州等：《中国共产党党内法规研究》，人民出版社2016年版，第89页。

依规行事、守法不逾规的理性选择，是依法治国不可或缺的重要路径保障。

同时，依法治国也意味着，作为国家的领导者，党自身更需要尊法、守法。党的十八届四中全会《决定》指出：党的领导是中国特色社会主义最本质的特征，是社会主义法治最根本的保证。把党的领导贯彻到依法治国全过程和各方面，是我国社会主义法治建设的一条基本经验。而作为领导者，党更需要自身尊法、守法。因为“其身正，不令而行；其身不正，虽令不从”。[1]作为国家的执政党与中国特色社会主义事业的领导核心，党在整个国家治理中发挥着引领示范作用。党自身能否模范地尊法守法将直接影响着一般公民是否会尊法、守法。如果党自身对法不存在心理上的敬畏，不受法的约束，其党员可以随便违法而不受制裁或少受制裁，则客观上就会产生“上行下效”的结果，广大人民群众也会视法为儿戏。依规治党，在宪法和法律允许的范围内制定党内法规，并运用党内法规规范和约束党员以及党自身的活动，无疑可以将党的权力关进法律制度的笼子之中，使党在法律授权的范围内合法地开展活动，从而进一步增强其执政的合法性。同时，运用党内法规规范和约束党员以及党自身的活动可以增强党运用法治思维的习惯与能力，使党在尊法、守法方面能够身体力行，率先垂范，模范地遵守国家法，增强其在领导依法治国过程中的权威

〔1〕 参见《论语·子路》。

性，以上率下，更好地带领全国人民践行依法治国。正如有学者指出："党内法规不但在全面从严治党、依规治党中发挥了重大作用，更重要的是，它成为每一个党员的基本要求，即成为党员素质的'测试仪'、党员身份的'合格证'、党员行为的'责任状'、党员任职的'资质书'。达不到这四大要求，根本不能成为党员、干部。"[1]只有模范遵守党内法规的党员才是合格的党员，才能够更模范地遵守国家法，发挥对于公民尊法、守法的示范引领作用。

此外，依法治国还意味着，中国共产党对法律的尊重与遵守不应当仅仅限于国家法，而更应当是在行为标准上高于国家法且在内容上严于国家法的一种法。因为作为国家的领导者，作为工人阶级并同时也是中国人民与中华民族的先锋队，作为一个有着先进性要求的政党，中国共产党只有把自身需要遵行的法的标准在要求上有所提高，才能够与其工人阶级先锋队的性质相匹配与契合，也才能体现其先进性，并保持其纯洁性。从逻辑上来说，模范地尊重和遵守国家法，只是表明党的行为标准达到了国家法律规定的一般社会组织行为应当达到的底线，但尚不足以突显其先进性与纯洁性，因为一般社会组织也能达到这一行为标准。理论上，党依规治党实际上是中国共产党依法治国在党的建设方面的必然要求。原因在于，在党能够严格遵守要求上高于国家法且内容严于国家法的党内法规并能够依照党内法规规定的要求行事的

〔1〕 许耀桐：《党内法规论》，载《中国浦东干部学院学报》2016年第5期。

情势下，对于在行为要求上相对更低且在内容上相对更宽的国家法，党不太可能会去违反或践踏。以此为基点，依规治党，运用党内法规的更高标准和更严要求管党治党，可以增强党的道德感召力，永葆党的先进性与纯洁性，使党的建设不仅契合依法治国的内在需要，更合乎党自身建设的客观需要。概言之，依规治党是依法治国的引领和保障，依法治国是依规治党的基础和依托，二者统一于推进国家治理现代化整个过程之中。〔1〕

（二）依规治党是依法治国的客观体现

作为中国共产党十八大的重要战略部署，全面推进依法治国在党的十八届四中全会中被进行了全面设计。这标志着依法治国的伟大事业在我国进入了一个全新的历史发展时期。而依规治党作为依法治国的内在要求必然受到关注和强化。当前，全面从严治党已经成为党的建设的主基调。全面从严治党，是中国共产党100多年历史上首次提出的党建方针和党内生活准则，勾勒出了新时期的治党逻辑，赋有重要的政治使命。〔2〕而党内法规则是全面从严治党的“四梁八柱”。就此而言，加强党内法规制度建设，依规治党，是全面从严治党的长远之策与根本之策，是依法治国的客观体现。全面从严治党——正如有学者指出的——“根本

〔1〕 参见王利明：《准确把握统筹推进的科学内涵》，载《人民日报》2017年5月2日，第8版。

〔2〕 参见马长山：《全面从严治党的法治之维》，载《当代世界与社会主义》2017年第1期。

在制度”，制度不仅具有刚性，而且带有根本性、统领性、长期性，只有紧紧牵住“制度治党”这个“牛鼻子”，才能实现党和国家长治久安。[1]党内法规是党运用法治思维管党治党的制度工具。依规治党是落实全面从严治党的关键一环，是我们党切实解决自身存在的突出问题，切实改进工作作风，密切联系群众，永做中国特色社会主义事业坚强领导核心的必然举措，是我们党顺应国家治理现代化需求作出的战略抉择。依规治党的提出，是我们党自身建设的一次革命，是我们党实现从“革命党”向“执政党”“建设党”转变的一个巨大飞跃，标志着法治思维开始进入管党治党领域，[2]是依法治国在党的建设方面的客观体现。正因为如此，党的十八届五中全会提出，“必须坚持依法执政，全面提高党依据宪法法律治国理政、依据党内法规管党治党的能力和水平”，把依规治党和依法治国相并列，将依规治党的地位和作用提到了前所未有的高度。这正是基于对依规治党作为依法治国客观体现的理性认识。

二、以德治党是以德治国的必然要求与客观体现

无论在历史上，还是在当代，法治与德治都是国家治理过程

〔1〕 参见张文显：《治国必先治党》，载《光明日报》2016年11月2日，第4版。

〔2〕 参见鞠成伟：《论依规治党的观念前提与制度方法》，载《马克思主义与现实》2016年第4期。

中必须要倚赖的两种相互支撑的治理模式。作为一种治国的传统模式,德治在我国有着极其深厚的历史渊源,是我国古代一种传统的治国方略。从我国步入阶级社会开始,历朝各代的统治者便几乎都对德治给予了极高的重视。西周初年的周公(姬旦)就是典型的德治的倡导者,以他为首的西周统治者所提出的"明德慎罚"思想在我国整个古代社会的政治生活中都闪烁着耀眼的光辉。儒家思想的开创者孔子也极为看重德治,他曾说:"为政以德,譬如北辰,居其所而众共之"[1],并指出,"道之以政,齐之以刑,民免而无耻。道之以德,齐之以礼,有耻且格"[2],这两句话一针见血地指出了德治的意义。秦始皇时期,由于过分迷信"法治",治国专任刑罚,以致几乎完全抛弃了"德治",最终导致滥法,秦朝二世而亡。此后,历朝各代的统治者大都以此为教训,在治国方略上采取"德主刑辅"、德法(刑)并用。唐代时期的"德礼为政教之本,刑罚乃政教之用"[3],则将"德治"的历史地位推到了一个前所未有的高峰。此后一直到晚清末年,"德治"一直是我国各代治国方略中的主导方略,在维护历朝各代社会秩序稳定方面发挥了不可抹杀的重要作用。

当然,我们现在所倡导的"以德治国"与传统意义上的"德治"在本质上是截然不同的,它有着自身特殊的时代内涵。传统

---

〔1〕《论语·为政》。
〔2〕《论语·为政》。
〔3〕《唐律疏议·名例篇》

德治的主要内容在于“以德治民”，即通过统治阶级自身的道德表率作用与道德自身能够产生的心理影响以及对民众施以的道德教化，促使其甘于“天命”、安分守己，不犯上作乱，以此来维护有利于保障统治阶级利益的社会秩序。而我们现在所倡导的以德治国，则是在中国共产党的集体领导之下，通过党员干部发挥模范带头作用，影响和带动广大人民群众自觉抵制各种不健康的思想文化，在全社会形成良好的道德风尚，以保持社会秩序的稳定，为我国社会主义现代化建设的深入进行创造良好的道德氛围。因此，在当代，以德治国的重心应在于以德治党，而其本质目的则在于提高全民族的思想道德素质以促进中华民族的伟大复兴。〔1〕

（一）以德治党是以德治国的必然要求

以德治国的重心在于以德治党，而以德治党则是以德治国在当代中国的必然要求和在党的建设方面的客观体现。“以德治党”就是以理想信念宗旨和传统优良作风为规范引领党员干部自觉提高道德素质、道德修养、道德觉悟，展现共产党人高尚道德追求和行动的高标准，把党始终建设成为中国特色社会主义事业的领导核心，永葆党的先进性和纯洁性。〔2〕就其内容而言，共产主义的道德追求、中国特色社会主义的道德规范、中国传统优良的道德要

---

〔1〕 参见刘长秋、石冬旭：《关于“以德治国”的党建思考》，载《南方论刊》2004年第4期。

〔2〕 参见文斌：《以德治党的价值维度与实践维度》，载《攀登》2016年第2期。

求是以德治党的三个基本层面。[1]以德治党重在依据党的宗旨培育党员干部的理想信念，锤炼他们的道德品行。[2]以德治党是增强党执政合法性的道德需要。党执政的合法性一方面来自广大人民群众历史选择的必然性，另一方面来自党在道德上的先进性与纯洁性，来自党良好的执政品性。正如有学者指出："党既不能只靠打江山的历史功绩来维系执政后的政治合法性，也不能只靠过去已有的执政资源来支撑现实与将来的执政合宪性；既不能用历史的选择来为现实的执政合法性辩护，也不能用人民过去的选择来替代人民永久的政治认同和信任。人民可以继续作出选择，历史也可以继续作出选择。"[3]"如果党丧失了其先进性，也就丢掉了赖以继续执政的资格。"[4]而以德治党是培植良好执政品性的必然选择。[5]从社会主义精神文明建设的角度来讲，以德治国的目的是通过加强道德建设，把提高人的道德素质作为实现中华民族伟大复兴的一个重要环节，令道德成为人们思想与行为的更高要求，使社会形成守道重德、崇道尚德的良好风尚与氛围，要求人们做有道德之人，讲有道德之言，行有道德之事，激发人们的善念

---

〔1〕 参见谢仁海、吴家驹：《论全面从严治党视野下的依规治党与以德治党》，载《学校党建与思想教育》2017年第7期。

〔2〕 参见田旭明：《论依规治党与以德治党的协同互动》，载《理论探索》2017年第2期。

〔3〕 李清华：《怎样认识我们党的执政地位》，载《半月谈》2004年第21期。

〔4〕 郑志飚主编：《党的执政规律研究》，中共中央党校出版社2006年版，第61页。

〔5〕 参见王平生：《执政信用：巩固党的执政地位的理论视角》，载《政治与法律》2006年第3期。

与德性，从而提升整个社会的文明。而党作为始终“代表中国先进生产力的发展要求，代表中国先进文化的前进方向，代表中国最广大人民的根本利益”的执政党，需要保持政治上的先进与道德上的纯粹，需要自身首先守道重德、崇道尚德，需要其党员做有道德之人，讲有道德之言，行有道德之事，否则，就无以体现其先进性，难以保持其纯洁性，并无法显现其代表性。为此，需要党以德治党，以德立党，使党执政的合法性始终立足于道德的制高点。党必须始终保持道德先进性，形成自我调整的内在道德机制，努力把自己置于社会道德领域的最前沿，以巩固和增强其执政的道义基础，确保执政的合法性、长期性。〔1〕

在逻辑上，以德治国必然要求以德治党，这是治国必先治党的逻辑延伸。一个执政党能否成为社会正义的化身，关键在于执政党能否成为道德自律型的政党，只有自律型的政党才更能代表正义且维护正义。因此，执政党的道德建设是执政党建设和以德治国方略的重要内容。〔2〕从伦理学上来讲，道德的意义在于“通过人格的力量激起他人的感佩，于无形中给人示范，引人追随。榜样的力量之所以是无穷的，正是因为它可以造成一种时势，凝聚人心，通过感召而使某种高尚行为获得众人的响应，从而改变

〔1〕 参见陈宝生：《政治秩序的道义基础与以德治党——论执政党的秩序供给与道德建设》，载《中共中央党校学报》2003 年第 3 期。

〔2〕 参见陈宝生：《政治秩序的道义基础与以德治党——论执政党的秩序供给与道德建设》，载《中共中央党校学报》2003 年第 3 期。

社会成员的共同意识和普遍心态”。[1]中国共产党作为中国工人阶级的先锋队，同时是中国人民和中华民族的先锋队，作为中国特色社会主义事业领导核心，在提倡用道德浸润人心的同时需要自身守道重德、崇道尚德，需要其党员做有道德之人，讲有道德之言，行有道德之事，以便发挥其先锋模范作用，并借助这种先锋模范作用形成对所有社会成员的示范引领。“党员、干部的道德情操、人格品行和知识才能本身就是一种最直接、最生动的力量，最具有说服力、感召力和凝聚力，这种力量必将感染、影响广大人民群众。”[2]如果党员具备高尚的道德修养，就必然会引起人民群众的仰慕和效仿，起到很好的道德垂范和道德教化的导向作用，促进党和国家各项事业的完成，从而实现以德治国。反之，党员如果不具备应有的道德修养，不讲道德，必然会失去群众对其的尊重和信任，并进而影响群众对党的尊重和信任，给党和国家的事业造成严重损害。道德建设是社会主义建设的重要组成部分，是社会主义事业成功的需要和保障，作为中国特色社会主义事业领导核心，如果党自身不讲德治，缺乏德行，就无法实行以德治国。因此，以德治国势必要求党自身要做讲道德的执政党，要有德行，行德政，以德治党，令其自身成为道德的标兵与楷模，并通过以德

〔1〕 参见陈根法主编：《心灵的秩序——道德哲学理论与实践》，复旦大学出版社 1998 年版，第 303 页。

〔2〕 李建华：《以德治党与政党伦理建设》，载《湖南社会科学》2003 年第 5 期。

治党带动和实现以德治国。

（二）以德治党是以德治国的客观体现

从党性修养的角度来说，中国共产党之所以能够成为一个具有战斗力、永葆活力的政党，一个至关重要的原因在于党始终高度重视党性建设，始终强调并强化党员的党性修养，始终坚持全心全意为人民服务的宗旨，做到“情为民所系，利为民所谋”。而党性修养作为党员必备的基本修养，除了是一种政治修养之外，更是一种思想道德修养，是一种要求党员始终牢记党的理想、信念与宗旨，崇尚党规党德的思想道德修养，是一种激励和倡导党员先人后己、舍己为人的崇高的人品与德性修养。“德”的核心是价值观，对于共产党员来说，核心就体现为党性。[1]只有以德治党，用道德感化人、凝聚人、激励人，使党员讲道德，才能够提高党员的思想品德修养，增强其党性。就此而言，以德治党是以德治国的客观体现。不仅如此，党的宗旨是全心全意为人民服务，而全心全意为人民服务不仅需要建立在党员具有崇高的理想信念与良好的道德修养基础之上，更是党员具有崇高的理想信念与良好的道德修养的直接体现。党员如果没有崇高的理想信念，缺乏应有的道德品质，就容易斤斤计较，患得患失，甚至会与民争利，无法明确自己的位置，无法摆正自己的坐标，无法正确处理个人利益与集体利益、个

〔1〕 参见傅学俭、闻涛：《傅学俭：“德”是人的第二生命》，载《检察风云》2017年第8期。

人利益与群众利益以及个人利益与国家利益之间的关系，也就无法践行党的宗旨，实现全心全意为人民服务的目标。因此，全心全意为人民服务作为党的宗旨，既是党依据以德治国的要求实行以德治党的必然结果，更是以德治国在以德治党方面的客观体现。

作为中国特色社会主义事业领导核心，中国共产党的自身建设至关重要。正因为如此，在中国，治国必先治党，而治党务必从严。全面从严治党、推进党的建设是一项伟大的工程，事关党自身的生死存亡，事关中国特色社会主义建设事业的兴衰成败。党的建设的关键是“党要管党、全面从严治党”，而要实现“党要管党、全面从严治党”则不仅需要党内法规在管党治党方面发挥作用，也需要充分重视并发挥其他各种规范的作用。这其中既包括国家法律，也包括伦理道德。就此而言，以德治党，用道德激励党员、感召党员、引领党员、塑造党员，使党员真正成为具有先进思想道德觉悟的共产主义先锋战士，从而使党永远成为具有先进性与纯洁性并具备执政资格与能力的政党，是我们党加强自身建设的重要措施，是以德治国在党的建设方面的基本要求和重要体现，也是依法治国与依规治党的必要补充。

第二节　依规治党与以德治党相结合的机理与路径

就法律与道德的关系而言，二者是密切联系但又存在明显区别的两个概念。就其区别而言，法律在价值上是一元的，具有确定性，而道德在价值上则是多元的，具有模糊性与笼统性。道德既能调整人们的行为，又能调整人们的思想，而法律作为一种行为规范则只能调整人们的行为。法律作为刚性的国家立法是以国家强制力来保障实施的，而道德作为柔性的社会立法，则不以国家强制力为后盾，只能依靠社会习俗、人们的内心确信等发挥作用。法律作为人们行为的规范，只能以社会上大多数人能够达致的行为标准为底线，而道德作为对人们行为的要求则可以遵循更高的标准。就其联系来说，道德是法律的基础与支撑。任何法律的制定都有一定的伦理背景与道德动机，其内容也都离不开一定伦理道德规范的支持，脱离了一定社会的伦理道德，法律将无以存在。"法律只是一种他律性权威，任何外在强制性的他律性要求，只有转化为社会成员的自觉性自律后，才会得到真正有效的贯彻。"〔1〕"从发生学意义上说，任何法律规则的制定，必须以一个社会占统治地位的道德价值体系为内在根据。'应然'的道德理想阐述在先，'已然'的法律制度形成在后。而且，只有与社会道德价值追求相吻合的'良法'才会被社会成员所普遍认同而产生持久的效力。"〔2〕换言之，法律上的合法性首先需要具备道德上的合理性。很显然，法律是道德的转化与保障，是底线的道德。道德作为社会柔性立法，能够通过教化激发人们的良心与善念，发

〔1〕 李文彬：《道德自律是法治秩序的最高实现形式》，载《社会科学》2000年第9期。
〔2〕 李文彬：《道德自律是法治秩序的最高实现形式》，载《社会科学》2000年第9期。

挥其规范约束作用，但它并不具有强制性，无法确保自身得到遵行。社会治理需要道德自律，但更离不开法律的他律。而党内法规则是具有先进性与纯洁性要求的中国共产党党员的底线道德，是党员必须遵守的法律，也是中国共产党始终能够站在道德制高点从而能够具备并保持先进性与纯洁性的保障。在管党治党过程中，必须依赖党内法规，依规治党，但同时也需要关注和重视道德建设，以德治党。需要坚持依规治党与以德治党相结合。

一、依规治党需要与以德治党相结合

笔者以为，依规治党与以德治党相结合是道德与党内法规关系的必然要求，是在党建方面践行依法治国与以德治国相结合的客观需要，是全面从严治党的应含之义，也是形成反腐保障机制的客观选择。

（一）依规治党与以德治党相结合是道德与党内法规关系的必然要求

依规治党与以德治党相结合是德规关系的必然要求。从法理上来说，道德是法律的基础与支撑，而法律则是道德的体现和保障。对于一般公民而言，法律是最低限度的道德，是其行为的底线。党内法规作为在要求上高于国家法的规范，则是党员行为的底线。因此，对于党员而言，道德是党内法规的基础与支撑，而党内法规则是党员道德的体现与保障。在党内，道德与党内法规的关系原理与道德与法律的关系原理是基本一致的。这一原理决定了二者之间必然相互影响，相互制约。

德治是规治的精神基石和深层源泉，规治凝结和沉淀着德治的要素，能为德治提供切实有效的实现路径和保障。法治、规治每前行一步，都离不开道德理念及其教化力量的支撑和熏陶，都需要从道德法制系统中汲取相应的资源和养分。[1]没有道德的支撑，规不成规。对没有道德的人来说，法规再多也难以取得预期成效，反而增加党内法规执法的成本。党内法规内容再完备，体系再健全，最终也还是要落在人身上，靠人来执行与遵守。面对利益诱惑，道德修养高的人能够心无旁骛，不为所动，而道德低下的人则极容易被捕获。只有得到道德的支持，法规才能发挥预期的效果。同样，没有规矩的守护，德将难守。“道德作为一种主观的法，解决的是人的内心之中的问题，诸如人的动机、原则、意图等等。”[2]道德规范的确立，一方面在于人性自觉，另一方面则在于法规的引导和维护。历史经验和教训都告诉我们，人性可以向善，但不能过度依赖人性的自觉。制度永远比人性本身更值得信赖。全面从严治党需要倚仗道德来规划愿景，但也离不开以党内

〔1〕 参见田旭明:《善规与善德的统一:依规治党与以德治党互动互促的多维论析》，载《理论导刊》2017年第3期。

〔2〕［德］黑格尔:《法哲学原理》，杨东柱、尹建军、王哲编译，北京出版社2007年版，第51页。

法规为基础，以纪律规范为保障。只有通过他律引导自律，让党员干部心存敬畏、行有底线，才能保证“德”之树立。立规立德，对于管党治党来说，如车之两轮，鸟之双翼，不可偏废。立德，即树立高尚的道德，激发内在的自律；立规，即建立健全党纪约束，明确行为边界。[1]在管党治党方面，道德与党内法规都不可或缺，道德通过对党内法规的规范与制度的公正性之评价，促使党内法规“废、改、立”，使其更符合管党治党的需要，符合党全心全意为人民服务的需要，始终保持党内法规的伦理向度；而党内法规则通过其制定与执行，很好地提升党员行为的道德底线。也就是说，二者需要相互支持，有机结合，即“既树立高尚的道德情操，又严明党的纪律戒尺；既要奔向高标准，以人格力量凝聚党心民心；又要守住底线，严格执行党的纪律，决不越雷池一步”。[2]

以德治党承载着共产党人的血脉、灵魂、宗旨和作风，是马克思主义政党的内在修养和外在形象，以制度为中轴的全面从严治党要实现治党的“善治”状态，必然需要依靠德治。只有党员干部高筑起内在的道德防线，依规治党才能在道德的滋养下有效落实。[3]而党内法规维护着管党治党的底线标准，保障着管党治党的有法可依，有据可守，有规可循。依规治党保障着以德治党的

---

〔1〕 参见李锡炎：《全面从严治党的新视野：依规治党与以德治党相结合》，载《长白学刊》2016年第1期。

〔2〕 参见张文显：《治国必先治党》，载《光明日报》2016年11月2日，第4版。

〔3〕 参见刘先春、王小鹏：《论依规治党和以德治党相结合》，载《探索》2016年第3期。

底线与准线，承载着中国共产党全面从严治党的历史使命。对于党员而言，党内法规是强制的道德，也是最低的道德，而道德则是自觉的法律，也是活的法。只有依规治党和以德治党紧密结合，法规以道德为指引，道德以法规为坚实后盾，两者协同发力，才能不断优化全面从严治党的治理体系、增强党的治理能力，最终实现政党治理现代化。〔1〕

（二）依规治党与以德治党相结合是在党建方面践行依法治国与以德治国相结合的客观需要

依规治党与以德治党相结合是在党的建设方面践行依法治国与以德治党相结合的客观需要。法律的领域是道德要求的一部分，在特定的社会发展阶段中，对这部分的遵从是必不可少的。〔2〕以此为基点，国家及社会治理既需要德治，也离不开法治，需要依法治国与以德治国相结合。其中，依法治国是底线标准，而以德治国则是更高的要求。作为国家及社会治理最重要组成部分的政党治理显然也需要树立较高的标准，并设置必要的底线，需要依法治理与以德治理相结合。中国共产党作为我国的执政党，作为具有先进性与纯洁性要求的政党，其自身的治理定然也需要高标准与严要求相结合，需要法德并举。其中，以德治理是更高标准，

〔1〕 参见刘先春、王小鹏：《论依规治党和以德治党相结合》，载《探索》2016年第3期。

〔2〕 参见［美］罗斯科·庞德：《法律与道德》，陈林林译，中国政法大学出版社2003年版，第147页。

而依法治理则是底线要求。中国共产党自身的特殊性质及其所肩负的光荣历史使命决定了其需要给党员设置一定的行为底线，但这一底线不能偏低，否则将难配其先锋队的地位，无法体现其先进性。为此，党不宜以国家法这样一种更适合全体公民的行为标准作为党员行为的底线，而更宜以党内法规这类在要求上更高且在内容上更严的规范作为底线，以拔高党对党员行为的要求，使党能够凸显并保持自己的先进性与纯洁性。但很显然，党内法规作为底线不可能无限度地拔高对党员行为的要求，否则就会使党员的行为标准过高而令党员无法达致，以致其失去行为底线的意义。而尽可能凸显并提高党的先进性与纯洁性的党建要求，客观上又需要广大党员在不违背党内法规这一行为底线的基础上有更高的修养和更好的表现，显然不是党内法规自身能够实现的，更超出了国家法的能力之外。在此背景下，道德作为一种相比法或规而言要求更高但又缺乏强制性而不宜转化为直接义务的规范便有了发挥作用的空间。在管党治党方面，道德能够对党员提出相比党内法规以及国家法而言更高的行为标准要求，并能够依靠其非强制性的柔性机制感召和激励广大党员参与和践行，从而可以很好地解决不宜无限度拔高党内法规对党员要求的行为底线但管党治党又需要一定高线的问题，使管党治党既有底线守护，又有高标准要求。

由此可见，管党治党需要党内法规与道德共同发挥作用，需要坚持依规治党与以德治党相结合，而二者的结合实际上是依法治国与以德治国相结合在党的建设方面的必然要求，是依法治国与以德治国相结合的逻辑延伸。

（三）依规治党与以德治党相结合是全面从严治党的应含之义

党自身的性质、其全心全意为人民服务的宗旨以及其所肩负的光荣历史使命，决定了全面从严治党已经成为党管党治党的新常态，成为党加强自身建设，提高自身执政能力的必然选择。全面从严治党首先需要从严治党，需要坚持并坚守管党治党的底线标准，加强党内法规制度建设，提高党内法规的执行力，依规治党，用党内法规将党的权力关进制度的笼子，用制度理性推进并保障党依法执政。其次，全面从严治党更需要全面治党，需要在坚持从严的同时力求全面，坚持制度建党与思想建党的统一。而以德治党则是全面治党的内在要求。党的治理既需要建规立矩，也需要宣道树德，需要规矩与道德相互配合，协同发挥作用。依规治党是全面治党在建规立矩方面的客观需要，而以德治党则是全面治党在宣道树德方面的必然选择。依规治党与以德治党尽管在本质上是一致的，但体现了两种差异化的思维。依规治党体现的核心思维是法治思维；而以德治党体现的核心思维则是德治思维。在管党治党过程中，法治思维是必不可少的，但德治思维也是至关重要的。全面治党离不开依规治党以及体现在依规治党中的法治思维，但也需要以德治党以及体现在以德治党中的德治思维，需要依规治党与以德治党相结合以及法治思维与德治思维同步推进。

不仅如此，以德治党也是全面从严治党在治党方面的必然体现，因为它体现了党在管党治党方面的高标准，体现了党作为一个具有先进性的政党所特有的坦荡与大气。如前所述，中国共产党从历史基因上说，始终具有一种世界眼光、全球视野和开放胸怀。[1]她有着其他政党和社会组织所不具备的更为广博的胸襟和更为坦荡的情怀，能够自觉用更高的标准和更严的要求约束自己，建设自己，令自己始终具有先进性。作为主动提高自身行为标准举措的依规治党是其显然体现，而作为追求自身更高行为标准的以德治党更是其显然体现。依规治党与以德治党都是党的先进性与纯洁性的内在要求，是全面从严治党的需要。对于全面从严治党来说，依规治党就是要守住底线，而以德治党则要力求高线。“对于有崇高理想的共产党人来说，高线好比灯塔，散发着信仰之光芒；底线好比堤坝，是建党治党不可撼动之根基。放弃高线，就失去了前行的目标，往往容易冲破底线，走上邪路；放弃底线，则会与目标背道而驰，迷失方向，陷入堕落腐化的深渊。”[2]全面从严治党内含依规治党与以德治党相结合的要求，而依规治党与以德治党相结合则意味着治党不仅具备了严格的底线标准，也拥有了更高的高线要求。这对于深化和

---

〔1〕 参见黄相怀等：《不忘初心：中国共产党为什么能永葆朝气》，中国人民大学出版社2016年版，第8页。

〔2〕 张瑶：《坚持依规治党和以德治党相统一》，载《党政论坛》2016年第9期。

强化党的建设，提高党的建设的科学化水平而言，显然是极为必要的。

（四）依规治党与以德治党相结合是形成反腐保障机制的客观选择

当前，腐败尤其是党内腐败已经成为制约我党执政能力并进而影响我国社会健康发展的一颗"毒瘤"，而预防和反对腐败则成为考验党执政能力的一块"试金石"。为此，2013 年 1 月 22 日，习近平总书记在十八届中纪委二次会议上指出："要加强对权力运行的制约和监督，把权力关进制度的笼子里，形成不敢腐的惩戒机制、不能腐的防范机制、不易腐的保障机制。"[1]2015 年 1 月 13 日，习近平总书记在十八届中纪委五次全会上再次指出，我们党从关系党和国家生死存亡的高度，以强烈的历史责任感、深沉的使命忧患感、顽强的意志品质推进党风廉政建设和反腐败斗争，坚持无禁区、全覆盖、零容忍，严肃查处腐败分子，着力营造不敢腐、不能腐、不想腐的政治氛围。中外经验告诉我们，只有坚持依法严厉惩治、形成不敢腐的惩戒机制和威慑力，坚持完善法规制度、形成不能腐的防范和预防机制，坚持加强思想教育、形成不想腐的自律意识和思想道德防线，才能有效铲除腐败现象的生存空间和滋生土壤。习近平总书记强调，从这两年查处的案件和

〔1〕《习近平谈治国理政》，外文出版社 2014 年版，第 388 页。

巡视发现的问题看，反腐败斗争形势依然严峻复杂，主要是在实现不敢腐、不能腐、不想腐上还没有取得压倒性胜利。[1]而党的十八届六中全会则再次指出，必须筑牢拒腐防变的思想防线和制度防线，着力构建不敢腐、不能腐、不想腐的体制机制。依规治党与以德治党相结合则是形成反腐保障机制的需要。党的十九大报告指出："强化不敢腐的震慑，扎牢不能腐的笼子，增强不想腐的自觉，通过不懈努力换来海晏河清、朗朗乾坤。"[2]党的二十大报告则进一步指出："只要存在腐败问题产生的土壤和条件，反腐败斗争就一刻不能停，必须永远吹冲锋号。坚持不敢腐、不能腐、不想腐一体推进，同时发力、同向发力、综合发力。"[3]对于广大党员来说，国家法律就是不敢腐的威慑，党内法规就是不能腐的笼子，而伦理道德则是不想腐的自觉。在法治已经成为当代社会主旋律的情势下，如果说依法治国是为了利用国家法律的惩戒机制从"不敢腐"的角度形成反腐保障机制，则依规治党与以德治党就是为了从"不能腐"和"不想腐"的角度形成反腐保障机制。

---

〔1〕 参见《习近平谈中共的纪律和规矩》，载《人民日报》(海外版)2016年1月8日，第8版。

〔2〕 习近平:《决胜全面建成小康社会 夺取新时代中国特色社会主义伟大胜利——在中国共产党第十九次全国代表大会上的报告(2017年10月18日)》，人民出版社2017年版，第67页。

〔3〕 习近平:《高举中国特色社会主义伟大旗帜 为全面建设社会主义现代化国家而团结奋斗——在中国共产党第二十次全国代表大会上的报告(2022年10月16日)》，载《光明日报》2022年10月26日，第5版。

具体言之，党提出全面依法治国，将管党治党也建立在法治的基础之上，确保党自身在宪法和法律的框架下活动，旨在依赖国法的威严与强制力使党员干部形成知法、尊法、守法的习惯，使其基于对国法的敬畏而不敢腐。党提出依规治党，则意在通过加强作为党员干部行为底线的党内法规制度建设提醒党员作为党员亦即作为具有共产主义觉悟的共产主义先锋战士的身份，使其心存对作为工人阶级先锋队并同时也是中国人民与中华民族先锋队的中国共产党之尊崇而“不能腐”。至于党提出以德治党，则是为了通过倡导并践行共产主义道德并发扬中华民族的传统美德，使党员干部从精神上获得基于其党员身份能够获得的激励与促动，[1]从而促使其牢记全心全意为人民服务的宗旨及实现共产主义的最高理想和最终目标而“不想腐”。就此而言，依规治党与以德治党相结合实际上是为了在全面依法治国，使全党形成对国法之敬畏而不敢腐的基础上，充分发挥党内法规以及道德的力量及优势，使广大党员干部基于对党的事业的忠诚及对全心全意为人民服务的执政伦理之崇敬与坚守而“不能腐”和“不想腐”，是形成反腐保障机制在党内法规制度建设与道德建设方面的必然要求。

---

〔1〕 从组织学的角度来说，党员加入党组织的目的是实现其政治理想，并期望其自身价值在党组织中得到肯定和实现。

二、依规治党与以德治党相结合的要求与路径

理论上，依规治党与以德治党相结合的目的是使党内法规与道德相互协同，相互支持，相互配合，切实在管党治党中发挥作用，从而强化党的建设，纯化党的先锋队性质，提高党的执政能力。依规治党与以德治党相结合能够通过“规”克服“德”的笼统化与多元化，保证治党能够有明确的标准可循，有底线可守；同时也能够借助“德”培育“规治”所必须的道德环境，并参考“德”提升“规”对于治党的要求，为治党确立更高的目标，保证全面从严治党永远在路上。

（一）依规治党与以德治党相结合的基本要求

依规治党与以德治党相结合并不是也不能是以党内法规制度建设取代党内道德建设，也不是且不能是以党内道德建设覆盖党内法规制度建设，而是在正视二者相互支撑、相互配合原理的基础上，借助其中一个强化另外一个：依规治党与以德治党相结合是为了利用“规”来强化和促进“德”，并通过“德”来提升和推进“规”，以此放大二者的规范效能，在实现治党的同时推进国家治理。换言之，依规治党与以德治党相结合是为了充分发挥党内法规制度建设与道德建设在管党治党方面的作用，使“1+1”（党内法规制度建设 + 道德建设）产生大于 2（“规治”与“德治”）的效果，在深入推进党的自身建设的同时，引领和带动社会治理。因

此，在依规治党与以德治党相结合的过程中，需要准确把握作为底线的党内法规与作为高线的道德之间的关系，不能无限度拔高依规治党过程中党内法规的道德底线，而必须要尊重思想道德建设的规律，把握一定的限度，否则很容易导致治党被伦理道德所绑架，使以德治党成为空谈。党内法规作为党员思想与行为的底线，需要在伦理道德要求上高于国家法，以凸显党员与一般群众的不同，体现和保持党的先进性与纯洁性，但不宜过高，不应溢出普通党员的承受水平，否则会令党内法规难以获得广大党员的认同和接受，进而产生排斥心理而沦为具文。因此，对于要求过高的伦理道德，党可以在道德建设中倡导广大党员遵行，但不宜通过党内法规强制性地予以推行。当然，考虑到党员在党内的不同位置及其示范效果的差异以及从严治党的现实需求，可以在党内法规中针对不同的党员提出不同的要求，如对于普通党员可以设立高于国家法对于一般群众的要求，而对于党的高级领导干部，则可以设立更高的要求。因为一个人从单纯的公民身份增加了党员、公务员、领导干部等其他身份之后，受约束的规范理应相应增多，只有身份变化与约束增多同步进行，即“身变规随、规随身变、身规相符”，[1]才能避免出现有身份而无规矩的制度空白，使权、责、德相匹配。

党的十八届三中全会通过的《关于全面深化改革若干重大

〔1〕 参见宋功德：《党规之治》，法律出版社2015年版，第150页。

问题的决定》指出："全面深化改革的总目标是完善和发展中国特色社会主义制度，推进国家治理体系和治理能力现代化。""必须更加注重改革的系统性、整体性、协同性。"但实际上，在加强和推进国家治理体系和治理能力现代化过程中必须加以正视的党的建设方面，也必须要更加注重管党治党的系统性、整体性与协同性。以此为基点，依规治党与以德治党相结合并不是脱离法治基础的随机结合与随意结合，而是在坚持依据国家法律管党治党这一内含于全面依法治国战略之中并作为依法治国基础的有机结合，是在依法治国、依规治党与以德治党一体推进和协同建设过程中的相互结合。换言之，依规治党与以德治党相结合是在党全面从严治党符合法治要求的前提下协同运用党内法规和道德管党治党的必然要求。实际上，管党治党不仅需要依规治党与以德治党相结合，也需要依规治党与依法治国相结合以及依法治国与以德治党相结合，法治、德治、规治缺一不可，其相互间缺乏配合同样不可。就国法、道德以及党内法规在管党治党方面的关系而言，党内法规实际上是国法与道德之间的填缝剂同时是黏合剂，它能够填充和弥补管党治党过程中的真空地带，使管党治党不留余缝，没有死角，令道德与国法能够在管党治党过程中协同发挥作用。以此为基点，在依规治党、依据国家法律管党治党以及以德治党三者之间的关系上，依规治党实际上是在依据国家法律管党治党与以德治党中间加入的一些填缝剂，同时是黏合剂，以便使依据国家法律管党治党与以德治党能够做到无缝衔接，巧妙对接，更紧密结合，使党的治理能够做到更加全面和系统。换言之，依规治党与以德治党相结合是在依据国家法律管党治党、依规治党与以德治党协同推进过程中的有机结合，是以德治党与依据国家法律管党治党相结合的更进一步深化与推进。

（二）依规治党与以德治党相结合的现实路径

党的十八届六中全会分析了全面从严治党面临的形势和任务，指出了办好中国的事情，关键在党，关键在党要管党、全面从严治党，并对全面从严治党提出了更细致、更全面和更高标准的要求。党的十九大进一步指出："坚持和加强党的全面领导，坚持党要管党、全面从严治党，以加强党的长期执政能力建设、先进性和纯洁性建设为主线，以党的政治建设为统领，以坚定理想信念宗旨为根基，以调动全党积极性、主动性、创造性为着力点，全面推进党的政治建设、思想建设、组织建设、作风建设、纪律建设，把制度建设贯穿其中，深入推进反腐败斗争，不断提高党的建设质量，把党建设成为始终走在时代前列、人民衷心拥护、勇于自我革命、经得起各种风浪考验、朝气蓬勃的马克思主义执政党。"〔1〕党的二十大报告则指出："全面从严治党永远在路上，党的自我革

〔1〕 习近平：《决胜全面建成小康社会 夺取新时代中国特色社会主义伟大胜利——在中国共产党第十九次全国代表大会上的报告（2017 年 10 月 18 日）》，人民出版社 2017 年版，第 62 页。

命永远在路上……必须持之以恒推进全面从严治党，深入推进新时代党的建设新的伟大工程，以党的自我革命引领社会革命。”〔1〕而“从严管党治党的根本目的是以马克思主义政党的先进性和纯洁性，鲜明树立和充分展示其永远站在时代前列引领国家社会健康发展的领导党和执政党形象”。〔2〕在此背景下，坚持依规治党与以德治党相结合，使全面从严治党既有底线可守，又要高线可追，已经成为今后管党治党的客观需要，成为加强党的自身建设的必然选择。为此，笔者以为，需要从以下两个方面谋求二者的有机结合。

1.利用党内法规制度建设推进以德治党

从法理上来说，法规与道德具有完全不同的特征，二者发挥作用的场域也不尽相同。法规具有相对确定性、规范性的优点，其在价值理念上是一元的。与法规不同，道德往往是模糊与笼统的，在价值追求上也是多元的，含有很多不确定性。受此限制，空洞地倡导以德治国或以德治党，而不加强相关的道德建制，都只会使人们过于抽象地理解和把握道德，在实践层面难以操作。基于此，无论是在以德治国的过程中，还是在以德治党的过程中，都必须加强必要的道德载体建设，使德治能够找到必要的载体依

〔1〕 习近平：《高举中国特色社会主义伟大旗帜 为全面建设社会主义现代化国家而团结奋斗——在中国共产党第二十次全国代表大会上的报告（2022年10月16日）》，载《光明日报》2022年10月26日，第5版。

〔2〕 参见齐卫平：《修复与创造：在全面从严治党中净化政治生态》，载《中共中央党校学报》2017年第4期。

托。而加强党内法规制度建设，利用党内法规制度建设推进以德治党，则不仅是以德治党的一个重要载体建设，更是依规治党与以德治党相结合的一条重要路径。正如有学者指出："不断提高党员干部的伦理道德水平，就要通过将伦理道德要求制度化，把制度治党提高到党的建设的战略位置，以切实保证伦理道德要求得以遵守。"〔1〕为此，笔者以为，首先，应当参考和借鉴《中国共产党廉洁自律准则》的经验，多发布类似的伦理道德准则，使党对党员模糊的道德要求变成比较明确的思想或行为规范。基于此，需要在党的建设的各个重要领域（如作风建设、思想建设、党内政治生活等方面）以及党员家庭、社会、工作等各相关领域，确立并发布相关的伦理道德要求，使以德治党有更具体的行为指引。其次，应当把社会主义核心价值观融入党内法规制度建设。"核心价值观，其实是一种德，既是个人的德，也是一种大德，就是国家的德、社会的德。国无德不兴，人无德不立。"〔2〕把社会主义核心价值观融入党内法规制度建设，是坚持依规治党与以德治党相结合的必然要求，对发挥党内法规对道德的保障作用，推动党员将道德规范内化于心、外化于行具有重要意义。为此，需要把社会主义核心价值观融入党内法规的具体制度，融入民主立规、科学用规、严格执规、全党守规与依法督规等各个环节，以党内法规体

〔1〕黄明哲：《关于中国共产党执政伦理建设的若干思考》，载《武汉理工大学学报（社会科学版）》2005年第4期。

〔2〕《习近平谈治国理政》，外文出版社2014年版，第168页。

现党在道德建设方面的道德理念，加固以德治党的堤坝，强化党规对道德建设的促进作用。[1]

再次，发挥党内法规对于党员道德建设的引领与保障作用。从道德与法律法规的关系来说，道德是法律法规的基础与支撑，而法律法规则是道德的维护与保障。在党内法规制度建设方面，道德是党内法规的基础与支撑，为党内法规制度建设提供正确的价值引领与方向指引，而党内法规则是道德的维护与保障，它将党员应当遵守的道德规范用法规的形式确立和推广开来，并使之更为明确和具体。党员道德水平的提升固然有赖于党内乃至整个社会的道德建设，但显然也离不开党内法规制度建设。通过强化党内法规制度建设，可以及时发现并处理那些道德败坏的党员，为党内道德建设营造风清气正的环境，优化以德治党的土壤。基于此，在管党治党过程中需要依规及时清理品行败坏的党员，对于那些作风堕落、严重违反社会伦理道德的党员，必须以刮骨疗毒的勇气和魄力，坚决及时清理出党。不仅如此，借助党内法规，还可以建立制度激励机制，通过制度激励形成道德引领，使那些率先垂范、以身作则的道德楷模，能够依规在政治上受尊重、在精神上得荣誉与激励，从而引导人们争学道德模范、争做道德

〔1〕 2016年12月25日，中共中央办公厅与国务院办公厅联合印发了《关于进一步把社会主义核心价值观融入法治建设的指导意见》，并发出通知，要求各地区各部门结合实际认真贯彻落实。这作为我国贯彻落实依法治国与以德治国相结合要求的一项重要工作，实际上就是在利用党内法规建设推进以德治党。

模范。[1]

最后，还需要依规选拔和任用有德行的领导干部。习近平同志指出，“治国之要，首在用人”。[2]在社会治理过程中，领导干部的选拔任用机制具有极为重要的导向作用，它会形成相应的社会示范与价值引领，尤其是在道德建设方面。“一种特定的干部选任制度特别是选拔任用干部的方式，一定能够对社会成员起到行为导向的作用，从而也就直接间接地影响到社会的进步和发展。”[3]《党政领导干部选拔任用工作条例》明确规定了党员干部选拔任用的标准与要求，并明确强调了坚持《党章》规定的“德才兼备、以德为先”的基本原则。基于此，需要在选拔任用党政领导干部时始终遵循这一原则，在考察、选拔和任用过程中坚持“以德为先”，将德行作为干部选任首要考察的标准，坚持依规选拔，使有德行又有能力、符合德才兼备标准且能够真正体现党的先进性的人获得晋升；要把公道正派作为选用干部的核心理念与核心要求，弘扬忠诚老实、光明坦荡、公道正直、实事求是、艰苦奋斗、清正廉洁等价值观，公道对待干部、公平评价干部、公正使用干部，

---

〔1〕 参见王政堂：《新时期党员干部道德建设：现状·问题·对策》，载《中共云南省委党校学报》2014年第5期。

〔2〕 参见中共中央文献研究室编：《十八大以来重要文献选编（上）》，中央文献出版社2014年版，第337页。

〔3〕 桑玉成：《干部选任：关键环节及其关键问题》，载《探索与争鸣》2017年第11期。

力求做到选一名干部立一面旗帜，树一个标杆。[1]这既是依规治党的要求，也是以德治党的需要，是对广大党员进行党规教育及道德教育的生动教材。总而言之，在惩恶扬善方面，党内法规必须要发挥应有的作用，以德治党必须在依规治党的过程中体现出来，并借助党内法规推进，贯彻下去。

2.利用道德建设优化依规治党的环境

道德的作用之一就是使人不去单纯追求眼前的物质利益，而是追求精神层次的肯定。“它使道德生活具有高于现实的理想性，给人以激励和导向……道德从经验层次的事物中做出超经验层次的说明，给人以安身立命的根据。”[2]而法律法规的作用之一则在于给人以必要的确定性，使人明确并保持自己行为的底线。在此意义上，以德治党为全面从严治党提供了精神灯塔、价值引领和道德熏化，依规治党为全面从严治党提供了根本依据、现实载体和推进方式。[3]依规治党与以德治党相结合需要借助党内法规制度建设强化党员的思想道德建设，需要利用依规治党推进以德治党；同时，也需要借助道德建设培育党内法规制度建设的土壤，利用道德建设优化依规治党的氛围与环境。道德的力量在于使人们

---

〔1〕 参见中共中央宣传部理论局：《全面从严治党面对面》，学习出版社、人民出版社2017年版，第133页。

〔2〕 陈根法主编：《心灵的秩序——道德哲学理论与实践》，复旦大学出版社1998年版，第303页。

〔3〕 参见刘先春、王小鹏：《论依规治党和以德治党相结合》，载《探索》2016年第3期。

形成并保持是非心、对错感、荣辱观念、善恶意识，从而令人们追是、求对、逐荣、向善，也即使人们心里有一杆正义之秤！只要人们心里有这样一杆秤，他们就能够很好地掂量自己的言行，说对的话，做对的事；就能够服从内心的召唤，自愿遵纪守法，自觉循规蹈矩。对于党员这一来自群众的先进分子来说，其心里更应当有这样一杆秤，更应该明白是非对错、荣辱善恶，这显然是其认同党纪国法的思想基础。所以，道德是法规的基础，是法规能够成为法规的重要支撑。在依规治党的过程中，必须学会通过强化道德建设优化依规治党的环境。

一般而言，法规建设的效果重在强制和指引，而道德建设的效果则重在激励与示范。为此，在依规治党与以德治党相结合的过程中，需要加强党内道德建设的法规化、制度化，利用党内法规的约束性乃至强制力激发党员道德意识，从而形成对于我国传统优秀道德以及共产主义道德之尊崇，在自觉践行道德建设的同时，大力加强党的道德建设，探索建立道德示范及促动机制。在这一方面，需要发挥高级干部在道德建设方面的垂范作用。领导干部特别是高级干部必须带头践行社会主义核心价值观，讲修养、讲道德、讲诚信、讲廉耻。各级领导干部是人民公仆，没有搞特殊化的权利，要带头执行廉洁自律准则，自觉同特权思想和特权现象作斗争，注重家庭、家教、家风，教育管理好亲属和身边工作人员。[1]而在普通党员的道德建设方面，则应要求每一位党员都恪尽职守。尽职尽责既是党内法规对于党员的一般要求，也是道德对于党员的基本要求。从职业道德的角度来说，爱岗敬业、尽职守责是最基本的德行，“道德修养的现实途径应当与自己的本职工作结合起来，忠于职守，精习勤进，关键时刻勇于承担重任，不计名利得失”。[2]这一点，无论对于党员还是对于一般群众，都是如此。党员作为具有共产主义觉悟的先锋战士，作为先进分子的代表，更应当忠于自己的岗位，甘于奉献，恪尽职守。恪尽职守是最基本的道德要求，也是党内法规赋予党员的一项基本义务。[3]党员只有忠于职守，尽职尽责，才能够成为一名合格的党员，也才能够发挥其模范带头作用。为此，对于丧失责任担当精神、无法回归党员状态的同志，需要正确落实关于党员退出的有关规定，健全不合格党员退出机制，果断将其清理出党组织，从而确保党组织的先进性和纯洁性，使依规治党和以德治党相结合在基层组织层面得以充分体现。[4]

---

〔1〕 参见《中国共产党第十八届中央委员会第六次全体会议公报》，载《时事报告》2016年第11期。

〔2〕 参见陈根法主编：《心灵的秩序——道德哲学理论与实践》，复旦大学出版社1998年版，第9页。

〔3〕 《党章》第3条第2项规定的“贯彻执行党的基本路线和各项方针、政策，带头参加改革开放和社会主义现代化建设，带动群众为经济发展和社会进步艰苦奋斗，在生产、工作、学习和社会生活中起先锋模范作用”，显然就是对党员爱岗敬业、恪尽职守的规定。

〔4〕 参见肖泳冰：《以责任为本位全面推进依规治党和以德治党相结合》，载《中国特色社会主义研究》2016年第5期。

此外，应当结合道德发挥作用的机制，注意加强对党内立品树德方面的舆论引导。对于那些具有高尚道德情操、爱岗敬业、甘于奉献、不计个人得失、大公无私的党员，应当作为先进典型积极予以正面宣传，并给予适当表彰，使其在党内乃至党外都能够更为充分地发挥示范引领作用，形成对于党内良好道德风尚的助推与激励。而对于那些缺乏责任感与公益心、道德沦丧、品行败坏、腐化堕落、自私自利的党员则应予以及时的教育、批评、处分或惩罚，甚至可以考虑将之纳入反面教材在开展各种政治学习活动时供全党警示和反思，以此增强广大党员对于道德的认同、敬畏与遵从，使道德成为广大党员心中的标杆，成为促使广大党员保持先进性与纯洁性的活的法。这作为利用道德建设优化依规治党环境的必要举措，显然也是坚持并推进依规治党与以德治党相结合的内在需要。

第六章　党内法规制度实施中的两个问题

“秩序的存在是人类一切活动的必要前提。”[1]执政党党内秩序的存在与维系则是执政党从事政治活动的必要前提。而党内法规作为管党治党的基本规范，显然是调整党内关系，维系党内秩序的客观需要，也是党进行管党治党活动的基本保障。长远来看，党要管党、全面从严治党，已经成为党的自身建设伟大工程的需要与必然，成为党的建设的新常态。基于此，无论从主观上还是客观上都需要进一步强化党内法规制度建设，借助党内法规推进和强化党内法治，实现依规全面从严管党治党。党内法规制度建设需要厘清包括党内法规概念、性质、定位及其历史发展等在内的党内法规方面的基础性理论问题，需要关注和重视党内法规的作用及其在当代国家治理中的作用机理，需要坚持依规治党与以德治党相结合，也需要梳理并协调好党内法规与国家法的关系。为此，有关党内法规上述几个方面的理论研究需要被重视和强化。但党内法规制度建设方面的理论研究显然不限于此，还应当包括诸如党内法规制定、备案审查、效力、体系化以及实施评估

〔1〕 张文显主编：《马克思主义法理学——理论、方法和前沿》，高等教育出版社 2003 年版，第 226 页。

等在内的众多方面的内容。然而，由于时间、精力等诸多方面的原因，笔者难以而且无意对党内法规制度建设做面面俱到的理论探讨。为此，笔者特设此章，对党内法规普法以及党内法规执行两个党内法规实施过程中值得关注和重视的问题加以探讨。

第一节　党内法规的普法问题

党的十八届四中全会《决定》将党内法规明确纳入我国社会主义法治体系，使得党内法规与国家法并列成为我国社会主义法治体系的组成部分。在此背景下，中央宣传部、司法部《关于在公民中开展法治宣传教育的第七个五年规划（2016—2020年）》（以下简称《"七五"普法规划》）明确规定"深入学习宣传党内法规。适应全面从严治党、依规治党新形势新要求，切实加大党内法规宣传力度。突出宣传党章，教育引导广大党员尊崇党章，以党章为根本遵循，坚决维护党章权威。大力宣传《中国共产党廉洁自律准则》《中国共产党纪律处分条例》等各项党内法规，注重党内法规宣传与国家法律宣传的衔接和协调，坚持纪在法前、纪严于法，把纪律和规矩挺在前面，教育引导广大党员做党章党规党纪和国家法律的自觉尊崇者、模范遵守者、坚定捍卫者"，将党内法规也纳入《"七五"普法规划》，使其成为"七五普法"的内容之一。而中央宣传部、司法部《关于开展法治宣传教育的第八个五年规划（2021—2025年）》（以下简称《“八五”普法规划》）承继了《“七五”普法规划》的精神，继续将党内法规纳入普法规划之中，要求“深入宣传党内法规。以党章、准则、条例等为重点，深入学习宣传党内法规，注重党内法规宣传同国家法律宣传的衔接协调。突出学习宣传党章，教育广大党员以党章为根本遵循，尊崇党章、遵守党章、贯彻党章、维护党章。把学习掌握党内法规作为合格党员的基本要求，列入党组织‘三会一课’内容，在考核党员、干部时注意了解相关情况，促进党内法规学习宣传常态化、制度化”。在大多数人的潜意识中，普法的内容应当是国家法律法规，党内法规作为专门引导和约束党员和党组织的组织规范，似乎不宜作为普法内容被纳入普法规划。那么，党内法规是否真的不宜被纳入普法的范围呢？笔者不以为然，相反，在作为我国执政党的中国共产党的自身建设直接关涉我国社会主义建设兴衰成败的情势下，笔者以为，党内法规应当被纳入普法的内容之中。

一、党内法规自身的特性是其能够被纳入普法的基础

党内法规之所以也可以被纳入普法的范畴，其基础在于党内法规自身所有的法律属性以及特殊社会功能。党内法规作为一种行为规范是专门适用于中国共产党党员以及各级党组织的规矩，就是党员及各级党组织必须严格遵循的法律，是党加强自身建设，实现“党要管党、全面从严治党”的客观需要。党内法规作为

一种特殊类型的法，也具有法的基本作用。

党内法规作为法所具有的作用意味着党内法规是各级党组织与党员需要严格遵守的规矩，能够给其行为提供相应的指引，能够通过其自身的规定使党员及各级党组织预测到其行为的后果，能够使党员及党组织的行为在党内乃至党外获得相应的评价，能够发挥其对于违规党员及党组织的强制作用，能够通过党内法规的实施对所有党员起到教育作用，也能够通过“奖优惩劣”发挥其作为法而对于党员的激励作用。同时，党内法规作为贯彻落实“党要管党、全面从严治党”的重要手段，是党加强自身建设，保持自身纯洁性与先进性，保持党的战斗力的关键所在，也是确保党获得广大人民群众拥护和爱戴，为党执政合法性提供支撑的关键。党内法规存在的价值之一就是要使党依规加强自身建设，保障并增强其执政的合法性，为党从事政治活动提供内在保障。不仅如此，党内法规作为党加强自身建设的制度保障，客观上会对其他社会行为规范尤其是那些在伦理道德要求层面低于党内法规的社会行为规范产生示范引领作用。此外，党内法规作为一种法，还具有法治作用，它能够通过调整党内关系，保障党始终在宪法与法律的框架下开展活动；通过调整党内关系，使党及国家的关系更加法治化、规范化，更符合法治的要求；同时，党内法规也保障和促进各级党的领导干部运用法治思维和法律手段治党治国理政。

由此可见，党内法规作为管党治党的规矩，也具有法律的属性，它不仅在党自身的建设中发挥着无法替代的规矩作用，而且在我国当代社会治理中也发挥着法的作用。对党内法规的普及不仅有助于党自身的建设，有助于推进依规治党，更有助于社会法治环境的优化。而这显然是其自身能够被纳入普法范畴的基础。

二、党内法规普法应当成为普法的基本内容

笔者认为，在党内法规已经被明确纳入我国社会主义法治体系的背景下，将党内法规纳入国家普法规划之中，并将之作为我国普法的基本内容，基础在于党内法规对各级党组织与党员而言具有法的作用，客观上则是普法自身的内容与需要。

（一）普法中的“法”并不限于国家法

从法的效力来源以及社会治理层面来说，法可以被划分为“硬法”以及“软法”。其中，硬法是指以国家强制力为保障的国家法，如全国人大及其常委会通过的法律、国务院颁布的法规、各部委颁布的规章以及地方人大及政府颁布的地方性法规或规章等。而软法的范围则相对较广，依据学界有关软法内涵的界说，凡是国家法之外的、适用于不特定人群且能够产生具有类似法律约束力的行为规范都属于软法，如行业规章、技术标准、单位章程、社团纪律等，党内法规作为不依赖国家强制力保障实施的行为规范显然也是其中之一。从法理上来说，“软法亦法”，因为就

其本质而言，法是一种体现社会公共意旨的行为规范。正如前文所指出的，“判断是否法律规范的一个很重要基准，就在于去判定规范是否对人有约束力”。[1]这是我们践行法治的过程中所必须明确和理解的一个重要事实与理念。就此而言，党内法规作为一种软法，也是我国社会主义法治体系的重要组成部分，只不过它与国家法不属于同一规范层面而已。而普法作为国家有目的、有计划地使全体国民掌握法律的一种活动，本质上属于国民教育的一种，[2]其目的在于“教育公民尊重法律，法律至上，人人平等，尊重他人的权利，勇于捍卫自己的利益，主体性地参加社会事务、国家管理”。[3]在当代社会治理中，软法作为一种法，在提升公民规则意识，培养其尊重法律、遵守规则，主体性地参加社会事务、国家管理方面，具有特殊作用。就此而言，各种软法实际上也有必要被纳入普法的内容。至于党内法规则更具这样的必要性。中国共产党作为我国的执政党，其一言一行都会产生示范效应，其对法律的尊重与遵守将直接引领整个社会尊法、守法的风尚。就此而言，党员干部带头守法是引导全国人民模范守法的关键。而敦促和引导领导干部认真学习、遵守党内法规是令其明确党的

---

〔1〕参见宋华琳：《论技术标准的法律性质——从行政法规范体系角度的定位》，载《行政法学研究》2008年第3期。

〔2〕参见谢晓斌：《对普法工作的反思与重构——基于普法性质的考量》，载《人民论坛》2011年第35期。

〔3〕参见管士寒、王格：《普法教育的面目》，载《河南司法警官职业学院学报》2013年第2期。

要求与纪律，提高其党性修养，从而模范守法的前提。就此而言，普法的内容不应仅限于国家法，也应包括作为一种软法而一般只对党员及各级党组织适用的党内法规。

此外，就普法的对象来看，普法的对象是一切有接受教育能力的公民，重点是领导干部和青少年，而主要目标则是令“公民对法律法规的知晓度、法治精神的认同度、法治实践的参与度显著提高，全社会尊法学法守法用法的自觉性和主动性显著增强”。不难看出，普法的对象中，党员是重点对象之一，而普法的一个重要目标就是使全体党员党章党规意识明显增强。对于党员来说，不仅国家法是法，党内法规更是法，而且是在考察其是否符合党员标准时需要优先适用的法。就此而言，将党内法规纳入普法规划，是完全符合法理的，也是经得起我国法治实践检验的。

（二）党内法规也是我国社会主义法治体系的重要组成部分

就党内法规的性质及其在党的规矩中的定位而言，党内法规也是一种法。党内法规的法律性质在有关规范性法律文件中也有着明确的规定。例如党的十八届四中全会《决定》中就明确提出，“全面推进依法治国，总目标是建设中国特色社会主义法治体系，建设社会主义法治国家。这就是，在中国共产党领导下，坚持中国特色社会主义制度，贯彻中国特色社会主义法治理论，形成完备的法律规范体系、高效的法治实施体系、严密的法治监督体系、有力的法治保障体系，形成完善的党内法规体系，坚持依法治国、依法执政、依法行政共同推进，坚持法治国家、法治政府、法治社会一体建设，实现科学立法、严格执法、公正司法、全民守法，促进国家治理体系和治理能力现代化”，并指出，“依法执政，既要求党依据宪法法律治国理政，也要求党依据党内法规管党治党”“党内法规既是管党治党的重要依据，也是建设社会主义法治国家的有力保障”。〔1〕过去，学术界对于党内法规的法律性有着比较大的争议，很多人并不认同党内法规的法律性，认为不宜将党内法规（或党法）作为法，甚至认为“党内法规”的提法都有损于国家的法治建设，应当慎用这一词汇。〔2〕实际上，正如有学者所指出的，把中国共产党制定的自我管理、自我约束的各种规范统称为“党内法规”，是成立的。〔3〕党的十八届四中全会正式将党内法规体系纳入中国特色社会主义法治体系，使关于能否使用“党内法规”一词的纯粹概念之争画上了休止符。〔4〕而既然党内法规体系是我国社会主义法治体系的组成部分，则普法的内容自然就应当包括党内法规在内。

〔1〕 参见《中共中央关于全面推进依法治国若干重大问题的决定》，载《中国法学》2014 年第 6 期。

〔2〕 参见石文龙：《依法执政与“党法”》，载《太平洋学报》2011 年第 2 期。

〔3〕 参见王振民：《党内法规制度体系建设的基本理论问题》，载《中国高校社会科学》2013 年第 5 期。

〔4〕 参见付子堂：《法治体系内的党内法规探析》，载《中共中央党校学报》2015 年第 3 期。

三、党内法规普法客观上具有极为重要的现实意义

将党内法规纳入普法规划进行宣传普及不仅是普法自身的内容与需要，客观上也具有极为重要的现实意义。它不仅有利于体现党全面推进依法治国的决心，有利于党员干部深入学习和遵守党内法规，有利于人们对党员干部加以监督，也有利于保持广大人民群众对党的领导的信心。

（一）有利于体现党全面推进依法治国的决心

作为中国特色社会主义事业领导核心，中国共产党目前有9900多万党员，已经成为普法对象中最不容忽视的一个组成部分。党作为执政党的领导地位与客观上必然会产生的示范效应，决定了党员模范地尊法与守法必然会成为全社会模范尊法守法的关键，对于我国全面推进依法治国有着极其重要的影响。而党内法规作为党对全体党员提出的行为规范要求，是党员行为的指针。由于党内法规是中国共产党立足法治思维，从党组织的角度对党员提出的高于国家法的行为规范要求，因此，了解、认同并遵守党内法规会有助于推动党员更模范地遵守国家法，从而令党员在遵守国家法方面更好地发挥模范带头作用，带动广大人民群众对国家法的认同和遵守。如果党员不熟悉甚至不了解党内法规，就很难认同和遵守这些党内法规，就没有依规治党的意识，难以

实现依规治党，也就难以通过依规治党来带动全面依法治国。正因为如此，邓小平同志才一针见血地指出："没有党规党法，国法就很难保障。"[1]由此不难发现，依规管党治党是依法治国的重要前提和政治保障。以此为基点，对党内法规进行普法有利于体现党对党内法规的重视，体现党对制度与规则的尊重，体现党全面推进依法治国的决心与勇气。

（二）有利于党员干部深入学习和遵守党内法规

尊法、守法是实现法治不可或缺的条件，但知法则是人们尊法守法的前提。普法的目的就在于对我国法律加以宣传，使人们了解和掌握法律的内容，逐步提高自身的法律素养，养成尊重规则、尊重法律的习惯。为此，普法中必须使广大普法对象全面了解法律的内容，准确把握法律的要求。在我国，中国共产党是最大的一个政党，也是唯一的执政党，有着 9900 多万党员的庞大队伍，这是我国普法的重要对象之一。而党员干部除了需要遵守国家法律这一底线行为规范要求之外，还需要遵守作为党员必须要遵守的、作为其基本行为规范的党内法规。因为对于党员来说，不仅国家法是法，党内法规同样是法。国家法是党员做人的底线要求，而党内法规则是党员作为党员的基本要求。党员不仅要规范做人，遵守做人的道德底线，也要很好地履行一个党员的职责，

〔1〕《邓小平文选》(第 2 卷)，人民出版社 1994 年版，第 147 页。

遵守党员的底线,成为一名合格的党员。正如许耀桐指出的:“党规严于国法。党规党法列入法治体系,但不是要推广去管人民,而是要把党内的每一个党员管好。”[1] 尊规信规守规用规的前提是学规知规。[2]然而,长期以来,由于对于党内法规的不重视甚至是刻意回避,多数党内法规制定出台后都疏于宣传报道,宣传普及的力度远远不够。将党内法规纳入普法规划并进行普及,有助于广大党员干部了解和掌握这些党内法规的要求,有助于帮助和敦促其成为一个合格的党员,也有助于提升其自觉遵守党内法规乃至国家法的自觉性与主动性,并有助于培养其法治思维以及运用法治思维应对和解决问题的能力。

(三)有利于人们对党员干部加以监督

普法是知法的客观需要,而知法则是守法的必要前提。法律只有为人们所知悉,才能够更好地被遵守和贯彻。不仅如此,知法也是法律监督的必然要求,法律监督作为“所有国家机关、社会组织和公民对各种法律活动的合法性所进行的监督”,[3] 作为法律运行的必要环节,作为人们监督并推进法律运行的活动,也需要以人们知法懂法为前提。就此而言,普法不仅是知法守法的需要,也是强化法律监督的内在要求,普法不但有助于人们了解和

〔1〕 韩冰:《党规党法列入法治体系是要把每一个党员管好》,载人民网,http://legal.people.com.cn/n/2014/1115/c188502-26031474.html。

〔2〕 参见宋功德:《党规之治》,法律出版社 2015 年版,第 4 页。

〔3〕 参见葛洪义主编:《法理学》,中国人民大学出版社 2007 年版,第 257 页。

遵守法律，还有利于人们监督法律的运行。党的十八届六中全会指出，“监督是权力正确运行的根本保证，是加强和规范党内政治生活的重要举措。必须加强对领导干部的监督，党内不允许有不受制约的权力，也不允许有不受监督的特殊党员。要完善权力运行制约和监督机制，形成有权必有责、用权必担责、滥权必追责的制度安排。党的各级组织和领导干部必须在宪法法律范围内活动，决不能以言代法、以权压法、徇私枉法”。[1]将党内法规纳入普法规划并对党内法规的内容进行普及宣传，不仅可以使广大党员干部充分学习并严格遵守党内法规，明确党对其自身的行为规范要求，还可以使广大人民群众全面了解党内法规的内容，把握党内法规对于党员干部的具体要求，从而更好地监督党员干部遵守和执行党内法规的情况，有利于广大人民群众对党员干部加以监督，防范和减少党员干部违法乱纪现象的发生。

（四）有利于保持广大人民群众对党的领导的信心

对党内法规进行普法有助于宣传和树立党的良好形象，使广大人民群众了解党对党员及各级党组织的严格要求，从而建立并保持对党的领导之信心。党内法规一词的使用客观上会令人们立足法律的标准了解党章、党纪以及其他各种党内工作规则的要求，从而进一步强化党内法规的法律性，使其更具有法律威严。

---

〔1〕《中国共产党第十八届中央委员会第六次全体会议公报》，载《中国纪检监察》2016年第21期。

不仅如此，对于党员来说，党内法规也是其加强党性修养，保持党性纯洁的客观需要。因为党内法规对其所提出的各种要求其实是一个党员所必须达到和实现的基本要求，是体现其先进性与纯洁性并印证其有资格作为一个党员的基本标准。我们党区别于其他党派以及一般社会组织的一个重要特征，就在于我们的党内法规要求党员须具备其他党派的党员以及普通群众所不具有的思想道德境界和个体行为标准。这是我们党在选拔和评价党员时所关注和坚持的一项基本指标。如果一个党员做不到这些要求，就说明他达不到或已经失去了作为一个党员的资格，还不是一个合格的党员。〔1〕就此而言，将党内法规纳入普法规划，并作为普法的基本内容，有助于使人们透过法律的标准了解并增进党对党员的高标准与严要求，加强对党员干部的监督，并以此促使我党更好地约束各级党组织与党员。而这些客观上必然有助于保持党的先进性与纯洁性，有助于提升党的战斗力，提高党长期执政的能力，并使广大人民群众树立并保持对党的领导之信心，从而坚决拥护党的领导。

四、加强党内法规普法的路径与方法

将党内法规纳入我国普法工作是普法应有之义，也是我国社

〔1〕 参见刘长秋：《软法视野下的党规党法研究》，载《理论学刊》2012年第9期。

会主义法治建设的客观需求，无论在理论上还是在实践中，都具有极为重要的意义与价值。为此，在我国“十四五”期间乃至今后，都需要重视和强化党内法规的普法工作，将普法工作作为党内法规制度建设工作中不可忽略的一个重要环节，并切实予以推进。为此，需要采取以下几个方面的路径与方法。

（一）认真落实《“八五”普法规划》的要求

基于普法在我国法治建设中的重要性，党一直高度重视普法问题。党的十八届三中全会要求“健全社会普法教育机制”；党的十八届四中全会要求“坚持把全民普法和守法作为依法治国的长期基础性工作，深入开展法治宣传教育”；党的十八届五中全会要求“弘扬社会主义法治精神，增强全社会特别是公职人员尊法学法守法用法观念，在全社会形成良好法治氛围和法治习惯”。而《法治中国建设规划（2020—2025年）》提出“全面依法治国需要全社会共同参与，必须大力弘扬社会主义法治精神，建设社会主义法治文化，引导全体人民做社会主义法治的忠实崇尚者、自觉遵守者、坚定捍卫者”。为了贯彻落实以上精神，中共中央、国务院专门转发了《“八五”普法规划》，要求改进创新普法工作，加大全民普法力度，增强全民法治观念。建立健全立法工作宣传报道常态化机制，对立法热点问题主动发声、解疑释惑。全面落实“谁执法谁普法”普法责任制。深入开展法官、检察官、行政复议人员、行政执法人员、律师等以案释法活动。加强突发事件应对法治宣传教育和法律服务。党内法规作为“八五”普法的重要内容，显然也需要贯彻落实这些要求。为此，需要把党内法规制度体系纳入全国干部、党员教育培训规划，纳入各级党校、行政学院、干部学院和社会主义学院的学科体系、教材体系和课程体系，各级党委讲师团要围绕党内法规制度体系，组织好对党员干部和基层群众的宣讲活动。[1]需要各级党委和政府在加强对党内法规普法的领导与工作指导，并加强经费保障的基础上，健全党内法规普法教育机制，坚持把党员普法与守法作为依规治党的基础性工作，深入开展党内法规方面的宣传教育，在全党形成良好的规矩意识与法治意识。需要各级党组织始终坚持全面从严治党、依规治党，切实履行学习宣传党内法规的职责，把党内法规作为学习型党组织建设的重要内容，充分发挥正面典型倡导和反面案例警示作用，为党内法规的普及和实施营造良好的氛围。

（二）借力党内思想政治工作开展普法宣传

思想政治工作作为中国共产党的政治优势与光荣传统，是运用党的指导思想及党的创新理论和科学知识培育人的工作，是提高各类劳动者思想道德素质和科学文化素质的工作，是充分调动各方面人员劳动、工作积极性和主动性的工作，概而言之，是做

〔1〕 参见万纪耀：《党内法规制度体系在管党治党和治国理政中的作用及途径》，载《福州党校学报》2015年第1期。

人的思想的工作。[1]思想政治工作直接解决的是人的思想认识问题。通过思想政治工作能够提高人的思想认识，端正人的自身态度，提升人的素质，增强人的能力，更好地实现人的价值，并进而更好地创造社会的经济价值、政治价值、文化价值。党内法规作为要求上高于国家法且内容上严于国家法的规矩，是对党员提出的行为标准。对于党员而言，遵守党内法规而不是仅遵守国家法才是其行为的底线。这一点应该成为其思想上始终绷紧的弦，成为其自觉。当前，一些党员干部党内法规意识匮乏，法规意识薄弱，一些基层党员干部甚至不知道近期出台了哪些党内法规，不知道党内法规对党员思想与行为作了哪些要求，有些党员干部甚至认为国家法律才是自己的"底线"，党内法规可有可无，遵不遵守无所谓。这实际上已经不仅仅是法规与纪律的问题，更已成为思想政治问题，而思想政治问题显然需要通过思想政治工作加以解决。所以，党内的思想政治工作在宣传教育方面，应该配合党内法规的出台开展一系列的普法宣传活动，形成全党学法守法的舆论氛围，有针对性地设计教育活动的形式。[2]

（三）进一步强化党内法规制度建设

法律的普及需要宣传教育，需要通过宣传教育使人们知法、

〔1〕 参见余杰：《思想政治工作的价值及其实现形式》，载《唯实》2005 年第 5 期。

〔2〕 参见田丽：《论党内法规与思想政治工作对政党治理的作用》，载《学术探索》2015 年第 5 期。

尊法、敬法。但很显然，法律的普及又不仅限于宣传教育，法的宣传教育只是普法过程中最初始、最直接、最基础的一个环节。在普法层面，强化法治建设本身就是推进普法以提高普法成效的重要步骤。党内法规的普法也需要在强化党内法规自身建设的过程中逐步推进。党内法规体系的不断健全，其制度规则的日益完善，全面从严治党在依规治党层次上的不断深化，其过程本身具有的教育启发意义给全党和社会，尤其是党员领导干部和各级党组织带来的法治思想培育，则在思想上为推进全面依法治国做了启蒙准备。〔1〕为此，需要进一步加强党内法规制度建设，借助党内法规制度建设的不断推进和深入推进党内法规普法。在党内法规制定过程中，应当尽可能坚持开门立法，把制度制定过程变成宣传教育过程，广泛凝聚共识，增强法规制度的科学性和认同感。〔2〕这显然是强化党内法规普法，进一步发挥其应有作用的客观需要。

（四）促进党内法规的严格实施

从法理上来说，不仅立法是推进普法工作的重要要求，执法与法的实施也是推进普法的客观需要。党的十八届四中全会《决定》指出，法律的生命力在于实施，法律的权威也在于实施。全面

〔1〕 参见葛志强：《十八大以来党内法规体系建设的成就、特点及意义》，载《廉政文化研究》2016年第3期。

〔2〕 参见王怀臣：《带头践行依规管党治党根本要求》，载《中国纪检监察》2014年第22期。

推进依法治国，重点就在于保证法律严格实施，做到严格执法。法律只有严格实施，才能体现出其生命力，才能保障其权威，也才能够获得人们更真切的了解、认同和接受。党内法规的生命也在于实施，党内法规的价值只能在实施中得到实现，党内法规的规范效力也只能在实施中得到体现。〔1〕党内法规只有被严格执行和有效实施，才能获得广大党员乃至广大人民群众发自内心的认同、接受与敬畏，也才能在执行与实施中得到宣传和普及。就此而言，促进党内法规的严格实施也是强化党内法规普法的必然选择。为了更好地普及党内法规，需要狠抓党内法规制度落实，领导干部在作出表率的同时，还要盯着抓、反复抓，加强监督检查和追责问责，注重以良好的党内政治文化提升法规制度的执行力、影响力；强化政治责任和领导责任，把党内法规制度建设融入党的建设工作中，统一安排部署，推动党的各项工作走上制度化轨道。〔2〕

第二节　党内法规的执行力问题反思

“徒善不足以为政，徒法不能以自行。”〔3〕任何制度或法律法

〔1〕 参见王振民、施新州等:《中国共产党党内法规研究》，人民出版社2016年版，第185页。

〔2〕 参见莫纪宏:《以制度建设为依托推进全面从严治党》，载《人民日报》2016年12月30日，第7版。

〔3〕《孟子·离娄上》。

规，无论其内容有多良好与完备，总需要人加以实施，需要由纸面上的规则变为现实中活生生的律法。就此而言，立法是力行法治的前提和基础，没有立法，法治就只能是一句空话；而执法则是力行法治的关键与保障，没有执法，立法会成为好看而不中用的装饰，法治同样只能是一句空话。作为我国社会主义法治体系重要组成部分的党内法治建设显然也是如此。

党的二十大报告明确提出了党领导人民以中国式现代化全面推进中华民族伟大复兴的中心任务，使党的事业迈上了新征程。然而，尽管“经过十八大以来全面从严治党，我们解决了党内许多突出问题，但党面临的执政考验、改革开放考验、市场经济考验、外部环境考验将长期存在，精神懈怠危险、能力不足危险、脱离群众危险、消极腐败危险将长期存在”〔1〕，中国共产党要领导人民走好新征程、实现中华民族伟大复兴，必须持续强化党的领导和加强自身建设，以提高自身执政能力、推进国家治理体系和治理能力现代化。作为党管党治党重要依据与保障的党内法规，显然需要继续被重视和强化。而党内法规的执行力建设则是我们继续重视和强化党内法规制度建设时必须重点予以关注和加强的一个内容。就党内法规制度建设的未来发展来看，中国共产党历经一百年依规治党的实践，已经形成了比较完善的党内法规体系。

〔1〕 习近平：《高举中国特色社会主义伟大旗帜 为全面建设社会主义现代化国家而团结奋斗——在中国共产党第二十次全国代表大会上的报告（2022年10月16日）》，载《光明日报》2022年10月26日，第5版。

“二十大之后依规治党的着力点必将越来越集中到解决党内法规制度执行问题上。”〔1〕在这种背景下，反思党内法规制度执行力建设的问题并提出科学的对策建议，无疑具有重要的现实意义。

一、党内法规执行力概述

据有学者考证，“执行力”这一概念是由美国人拉里·博西迪和拉姆·查兰在其合著的《执行：如何完成任务的学问》中率先提出的，最初主要是一个企业管理学中的概念，并流行于国外企业界。此后，国内也兴起了有关企业管理过程中“执行力”问题的研究。〔2〕而随着国内外理论与实务界对企业管理过程中执行力问题研究的逐渐深入，执行力这一概念逐步被引入行政管理领域以及法学研究领域，用以强调制度执行或法律执行的效果与力度，成为行政管理领域乃至法学领域经常被用及的一个概念。现在，国内外有关执行力尤其是有关制度执行力方面的研究成果已经大量涌现，成为管理学、政治学乃至法学研究领域的一个研究热点。而随着党内法规在我国依法治国战略中作用的日益显现以及过去很长一段时间内党内法规执行情况的疲弱，有关党内法规执行力

〔1〕 刘长秋、潘牧天：《党内法规制度执行力建设：历史、规律及其展望》，载《广西社会科学》2023年第1期。

〔2〕 参见周敬青等：《党的制度创新与执行成效研究》，人民出版社2014年版，第6页。

的研究也已经越来越为学界所关注，成为党内法规学研究的一项重要内容。

就其概念而言，执行就是实现和达成目标的具体行为过程，而执行力显然就是完成执行目标的能力和手段，亦即个人或组织完成目标或任务的实际程度。“执行力是一个以‘结果’为导向的概念。”〔1〕制度执行力就是指制度本身所具有的被执行落实的强制力、执行效力，以及相关组织在执行相关制度时的执行力量和执行效力。〔2〕而党内法规的执行力则是党内法规的实施主体完成执行党内法规目标的能力与手段，是党内法规作为一种管党治党制度在被执行时的速度、力度与效果，归属制度执行力的范畴。研究党内法规的执行力具有非常重要的理论意义与实践价值。就其理论意义而言，党内法规执行力研究是党内法规研究乃至整个党的制度研究中不可或缺的一个基本方面，从理论上深入探讨党内法规的执行力及其保障显然是党内法规理论研究以及整个党的制度研究乃至党的建设的内在要求，对于丰富和深化党内法规研究以及党的制度研究乃至整个党建研究，具有不言自明的重要推进意义，而对于我国国家法律实施的研究也不乏重要参考价值。就其实践价值来说，对党内法规执行力的研究有助于理性认识和科学把握党内法规实施过程中可能遇到的障碍与困难，从而采取

〔1〕 麻宝斌、段易含：《再论制度执行力》，载《理论探讨》2013年第2期。

〔2〕 参见莫勇波、张定安：《制度执行力：概念辨析及构建要素》，载《中国行政管理》2011年第11期。

改善和优化党内法规制度实施的方法与路径，保障其实施效果，使党内法规由纸面空洞的规则转化为现实中真正有效的制度，切实在管党治党方面发挥应有的作用。同时，对党内法规执行力的研究，也有助于我们从动态效果上考察和反思党内法规规则设计的科学性与制度安排的合理性，从而采取相应的措施使党内法规在内容上更加科学、合理和完善。

二、提高党内法规执行力的意义

从法理上来说，法律的生命力在于实施，法律的权威也在于实施。这一点，无论对于国家法，还是对于党内法规，都是如此。党内法规的执行是党内法规制度建设的重要环节，也是党内法规制度建设能够取得成效并发挥作用的关键所在。不能得到有效执行的党内法规，便失去了其存在的价值。党内法规的生命力在于其能够在实践中得到全面有效的执行，能够为广大党员所遵守，否则，再好的党内法规也会成为一纸空文。而提高党内法规的执行力则有利于充分体现党内法规的法律性，有利于体现“党要管党、全面从严治党”的决心，有利于推进党的执政能力建设，也有利于助推全面依法治国战略的深入实施。

（一）有利于充分体现党内法规的法律性

党的十八届四中全会提出，要加强党内法规制度建设，要运用党内法规把党要管党、全面从严治党落到实处。而提高党内法规执行力则是全面贯彻落实党内法规的重要保障。“法立而不行，与无法等”，[1]党内法规的生命力生于制定，但贵在执行。没有得到有效执行的党内法规，是缺乏生命力的党内法规，失去了其存在的价值，其法律性就很难得到彰显，更毋宁其权威会得到维护。只有正确地执行党内法规，才能发挥其应有效能，树立其应有权威。习近平同志指出，“依规治党，首先是把纪律和规矩立起来、严起来、执行起来。”[2]在《八项规定》推出以前，由于党内存在比较严重的有规不依的问题，造成了很多党内法规制度虚置，使党内法规很多时候成为一种摆设，而丝毫没有法律的威严，没有体现出党内法规作为一种法应当具有的法律性。[3]这不仅会极大地影响广大党员及人民群众对于党内法规的好感及其法律性的认同，且令其形同虚设，难以在党的建设方面发挥预期作用。由此可见，党内法规执行力的强弱，会直接影响党内法规的威严以及人们对于党内法规之法律性的认同。通过优化党内法规的执行机制，提高其执行力，充分发挥党内法规的作用，使党内法规在实践中得以充分贯彻落实，则可以充分体现党内法规的法律性，体现党内法规作为法的威严，使党内法规与其法的地位更加契合。

---

〔1〕 参见沈家本：《历代刑法考》，中华书局 1985 年版，第 34 页。

〔2〕 中共中央党史和文献研究院编：《习近平关于依规治党论述摘编》，中央文献出版社 2022 年版，第 152 页。

〔3〕 有学者已经对党内法规虚置的问题进行了专门探究，具体可参见廖怀高：《从潜规则视角看党内法规的虚置化及对策》，载《理论与改革》2016 年第 6 期。

（二）有利于体现“党要管党、全面从严治党”的决心

法规的执行效果直接影响着人们对于法规的评价，也影响着人们对于法规制定者真实目的的判断。一般来说，法规执行得好，则其获得人们认同与好评的可能性就会更大，而人们通常也就相对更加能够理解并认同这些法规制定时的立法目的。党内法规也遵循此律。具体而言，如果党内法规制定出来且被执行得很好，则人们就会很容易认同这些党内法规，认同这些党内法规旨在管党治党，也就相应地会认同作为法规制定者的执政党的信用，认为作为法规制定者的执政党讲诚信、守承诺，言出必行，从而真切体会到党管党治党的决心，并给以坚决的拥护和有力的支持。而广大党员也可以据此感受到党管党治党的魄力，从而心存对党规国法的敬畏，模范地遵守国法党规。反之，如果有党内法规但这些法规得不到有效实施，则对于广大党员乃至人民群众来说，可能就意味着党尽管为其自身以及党员立了严厉的规矩，但并没有真正实施这些规矩的勇气和决心，这些规矩很多时候只是摆设，管党治党只是虚张声势、耍花腔或者“只闻雷声，不见雨点”，是假管假严。这无疑会使其质疑党管党治党的真实性，以致影响党自身的信用与权威。而提高党内法规的执行力则意味着党在“党要管党、全面从严治党”方面并不是虚张声势、耍花腔，也不是“雷声大，雨点小”，而是动真格的，是真管严管，敢管敢严，长管长严，从而在彰显“党要管党、全面从严治党”决心的同时，增强广大党员以及人

民群众对于党的信任以及党的领导的信心。

（三）有利于推进党的执政能力建设

党内法规执行力也事关党的执政能力。通过党内法规向全党以及全国乃至全世界做出“党要管党、全面从严治党”的承诺，表明和宣示了党作为一个具有开阔胸襟的执政党的执政魄力与决心，但能否真正将这些法规落到实处，使其切实发挥管党治党的作用，却不是仅凭承诺就可以做到的，还需要具备足够的能力。制定党内法规并保障这些法规能够最终落地，本身就是党执政能力的内含之义。一个政党如果连自己制定的法规都无法执行下去，连自己的党员都管不好，则其自然难以管理整个国家，难以实现社会的良好治理。只有使自己制定的法规具有执行力，能够得到切实实施，才能够彰显其管党治党的能力，并以此体现其治国理政的能力。不仅如此，提高党内法规执行力更有助于推进党的执政能力建设。制度作为理性的产物，其实施能够保障治理的权威性与成效，党内法规作为管党治党的制度，其实施显然也能够发挥这样的作用。党内法规执行力的实质是党的政治执行力。〔1〕通过严格执行党内法规，可以保证党的主张和意志能够得到落实，可以使广大党员真切地感受到党内法规的严肃性以及党全面管党与从严治党的决心，从而自觉加强对自己的要求，与党中央

〔1〕 参见刘长秋：《习近平法治思想中党内法规制度执行力问题研究》，载《广西社会科学》2021 年第 12 期。

保持高度一致，维护党中央权威，认真且无折扣地执行党的决议。在此意义上，提高党内法规执行力有利于提升党通过党内法规管党治党的效率与权威，并以此带动和提升党依法执政的能力，推进党的执政能力建设，维护和强化党的社会主义建设事业坚强领导核心的地位。

（四）有利于推动全面依法治国战略的深入实施

全面依法治国作为“四个全面”战略的重要组成部分，是新形势下发展人民民主的根本保障，是实现国家治理现代化的重要内容和主要途径，也是深化市场经济体制改革的内在需要。而依法治国离不开党的领导。坚持党的领导，是社会主义法治的根本要求，是党和国家的根本所在、命脉所在，是全国各族人民的利益所系、幸福所系，是全面推进依法治国的题中应有之义。换言之，党的领导是全面实施依法治国战略的关键所在。而党内法规则是实现“党要管党、全面从严治党”的基本保障，是维护和完善党的领导，提高党的执政能力的保障。历史经验告诉我们，如果党内法规执行得好，法律法规能得到较好的遵守，法治建设就能顺利推进；如果党内法规执行得不好，法律法规的权威树立不起来，依法治国也就无法实现。〔1〕正因为如此，党的十八届四中全会《决定》将党内法规体系纳入我国社会主义法治体系，使其成为我国

〔1〕 参见许耀桐：《党内法规在法治中的重要作用》，载《北京日报》2016 年 12 月 5 日，第 17 版。

社会主义法治体系不可或缺的组成部分。但很显然，党内法规发挥管党治党作用以维护和改善党的领导的关键是其能够得到严格的执行，能够由纸面上的规则变成现实中活的规范，否则，它就只能是僵死的规则，是内容尽管很好却发挥不了实际效能而只能够起到制度装饰作用的具文。就此而言，提高党内法规执行力无疑可以推进党内法规管党治党的效果，从而改善党的领导，为全面依法治国提供更为坚实的保障。此外，提高党内法规执行力过程中所积累起来的经验与教训还可以为解决国家法实施过程中所遇到的执法难题提供很好的参考，从而有助于国家法的实施。总而言之，党内法规执行力问题直接关涉国家的法治建设，关涉全面依法治国战略的推进与全面实施，而提高党内法规执行力则有利于助推全面依法治国战略的深入开展和实施。

三、党内法规执行力的问题分析

“健全制度很重要，提高制度执行力和约束力更重要。”[1] 作为党内法规建设过程中更为重要和关键的环节之一，党内法规执行力问题具有不言自明的重要意义。它是党内法规得以真正发挥管党治党作用的关键。然而，无论从党内法规发展的历史来看，

〔1〕 黄伟力、张玲：《推进社会主义核心价值体系建设与党的建设有机融合》，载上海市中国特色社会主义理论体系研究中心编：《中国特色社会主义理论体系与科学发展理论研讨会文集》，上海人民出版社 2012 年版，第 489 页。

还是从现今管党治党的实际需求来看，党内法规执行力不足一直是整个党内法规建设过程中最为薄弱、问题最多和最需要推进与强化的一个环节。

从党的建设的实践来看，无论是我党现行有效的党内法规还是历史上曾经存在的党内法规，其中的绝大多数都并不乏内容良好的制度规定，很多党内法规都对违反法纪的相关责任追究作出了明确规定，但这些规定在执行过程中显然没有被严格执行，客观上存在避重就轻、执行走样或执行力不足的问题。例如，江西某县纪检干部“向菩萨保证娶情妇为妻”，对于如此恶劣且已经严重败坏党形象的事件，有关部门在处理时并没有直接开除相关当事人的党籍，而仅仅撤销其职务，留党察看一年。〔1〕这无疑为其留在党内继续亵渎党的良好形象、引发广大人民群众对党全面从严治党的决心之疑虑提供了可能。再如 2013 年 5 月 9 日《中国青年报》报道的河南省固始县国土资源局两名干部“戴罪提拔”事件。〔2〕对于已经严重违法而本应作严肃党纪政纪处分的党员干部，执法部门不但没有给予严厉处分，反而戴罪提拔，这显然严重违反了《党政干部选拔任用工作条例》的规定。而类似的情况在党内法规的执行过程中并不少见，尤其是在党的十八大之前，

〔1〕 参见王剑：《向菩萨保证娶情妇为妻 江西一纪检书记被撤职》，载中新网，http://www.chinanews.com/gn/2013/02-26/4597992.shtml。

〔2〕 参见骆沙：《“不知道他被判刑”能说得过去吗》，载《中国青年报》2013 年 5 月 9 日，第 11 版。

这类情况甚至堪称党内法规执行中的常态，使得党内法规在相当长的一段时期内都存在“花瓶”与“纸老虎”之嫌，没有在管党治党方面发挥真正的作用。而诸如“不接巡视组电话而被问责事件”“办公室喝牛奶被处分事件”等则暴露了党内法规执行走样的问题，也令党内法规全面发挥作用受到了很大影响。

从理论上来说，“党内法规制度是经过精心考虑、精密设计的，科学正确地执行，才能发挥出应有的效用”。[1]然而，实践中，有规不执、执规不严、违规不究或轻究的情况时有发生，很多部门在执行过程中还经常存在片面执行或扭曲执行的严重问题，有的如盲人摸象，抓住一点、不及其余；有的则不顾实际、层层加码，弄得适得其反。以反“四风”为目的的《八项规定》之贯彻与执行为例，一些部门和单位抓改进作风本来是针对党员干部的，但在执行过程中走了样，变了味，成了“党员群众一刀切”，将一些群众原本应该享有且体现党对群众关怀的正当的福利补助统统取消。其结果，不但曲解了相关党内法规制度的本意，且造成群众对党的不满。党内法规有规不执、执规不严、违规不究或轻究以及片面执规、扭曲执规等，客观上都会直接弱化党内法规自身的效能，使党内法规难以在管党治党方面全面发挥作用，而且会令广大人民群众对于我党“管党治党，必须严字当头，把严的要求贯

〔1〕参见中组部研究室部刊处：《党内法规制度执行力不强的主要表现——提高党内法规制度执行力课题研究报告（摘登之二）》，载《党建文汇：上半月》2016年第2期。

彻全过程，做到真管真严、敢管敢严、长管长严”[1]的决心产生怀疑，进而对党的领导心生失望。以此为立足点，在党内法规建设的过程中，必须在强化党内法规立、改、废、释等工作的同时，更加关注和重视党内法规的实施问题，使写在纸面上的党内法规变成现实的活的规范，切实发挥党内法规的法之效能。

总体来看，党的十八大以来，党内法规制度的制定和执行都有了很大进展。问卷调查显示，有 60.94% 的人认为党内法规制度的执行力“很强”和“比较强”；认为党员干部、党员领导干部、党组织、制度制定和执行机关的执行力“很强”和“比较强”的分别占 59.33%、68.97%、71.08%、68.48%。[2]而党的二十大报告审议通过的《十九届中央纪律检查委员会向中国共产党第二十次全国代表大会的工作报告》，指出：“五年来，中央纪委国家监委立案审查调查中管干部 261 人。全国纪检监察机关共立案 306.6 万件，处分 299.2 万人；立案审查调查行贿人员 4.8 万人，移送检察机关 1.3 万人。在高压震慑和政策感召下，8.1 万人向纪检监察机关主动投案，2020 年以来 21.6 万人主动交代问题。”[3]这在一定程度上宣示了党的十八大以来党内法规在执行方面的突出成就。

---

〔1〕《习近平谈治国理政》(第 2 卷)，外文出版社 2017 年版，第 43-44 页。

〔2〕参见中组部研究室部刊处：《党内法规制度执行力不强的主要表现——提高党内法规制度执行力课题研究报告（摘登之二）》，载《党建文汇：上半月》2016 年第 2 期。

〔3〕《十九届中央纪律检查委员会向中国共产党第二十次全国代表大会的工作报告（2022 年 10 月 22 日中国共产党第二十次全国代表大会通过）》，载《中国纪检监察》2022 年第 21 期。

但我们也要清醒地看到，由于诸多因素的影响，党内法规制度的执行状况依旧不容乐观，在一些地方和一些单位以及一些党员干部中，制度意识比较淡薄，遵规守纪的自觉尚未形成，不同程度地存在“重制定、轻执行”问题，“有令不行、有禁不止”“上有政策、下有对策”等现象时有发生。[1]一些党内法规贯彻执行不力依旧是当前党内法规建设较突出的问题。

党内法规执行力不足至少会产生以下三个方面的危害：一是危及党内法规建设自身的发展。党内法规的生命力在于执行。如果好的党内法规制度得不到有效执行，不仅不能发挥应有作用，反而会损害制度自身的公信力。[2]就此而言，党内法规执行不力必然会危及党内法规自身的发展，使党内法规形同虚设，成为“稻草人”“纸老虎”。二是阻碍全面从严治党战略的推进。党内法规建设不单是指党内法规的制定，更重要的还是党内法规的执行。[3]而且，相比党内法规的制定而言，党内法规的执行更是党内法规建设需要关注的重点，因为如果制定出台的各项党内法规得不到有效执行，则党内法规就不会在管党治党方面真正发挥作用，其存在也就不会有实质性意义。因此，党内法规执行不力势

〔1〕 参见中组部研究室部刊处：《党内法规制度执行力不强的主要表现——提高党内法规制度执行力课题研究报告（摘登之二）》，载《党建文汇：上半月》2016 年第 2 期。

〔2〕 参见沈孝鹏：《党内法规执行不力：多重诱因与治理之策》，载《求实》2017 年第 8 期。

〔3〕 参见沈孝鹏：《党内法规执行不力：多重诱因与治理之策》，载《求实》2017 年第 8 期。

必阻碍全面从严治党的顺利推进。三是妨碍全面依法治国战略的推进和实施。全面依法治国战略是坚持和发展中国特色社会主义的本质要求和重要保障，是实现国家治理体系和治理能力现代化的必然要求，事关我们党执政兴国，事关人民幸福安康，事关党和国家长治久安。依法治国，必须坚持中国共产党的领导，党的领导是中国特色社会主义最本质的特征，是社会主义法治最根本的保证。而“党内法规既是管党治党的重要依据，也是建设社会主义法治国家的有力保障”。〔1〕

党内法规执行力不足的危害是显而易见的，需要我们高度重视。总体来看，党的十八大之后，党内法规的执行状况相比之前有了实质性改善，这对于推进更好地反腐以保持党的先进性与纯洁性起到了至关重要的作用，但相比党管党治党的现实需要而言，党内法规的执行力不足依旧是个亟待解决的问题。党的十八届六中全会、党的十九大及党的二十大已经对全面从严治党提出了更多新的要求，这些要求既需要在党内法规制度设计上进一步体现出来，更需要通过党内法规的实施，切实在管党治党方面发挥应有的作用。在此背景下，如何提高党内法规执行力，已经成为落实全面从严治党要求、进一步强化党的建设并由此带动国家法治建设的当务之急。

〔1〕《中共中央关于全面推进依法治国若干重大问题的决定》，载《中国法学》2014年第6期。

四、党内法规执行力不足的原因与对策

从理论上来说，学术研究的目的在于通过研究具体的问题，挖掘出其背后隐含的相应理论，并在此理论的指导和启发之下，找到化解问题的相应思路与方法，从而使这类问题得以顺利解决。对党内法规执行问题的研究显然也在此列。理论上，无论是在党自身建设的过程中，还是在党领导全国人民推进依法治国方面，党内法规都具有不可抹杀、难以替代的重要作用。然而，长期以来，这些作用并没有得到很充分的发挥。之所以出现这样的状况，根本原因就在于这些党内法规的执行中出现了各种问题，导致其执行力不足，令很多制度没有被很好地执行下去。这种情况会产生严重的负面影响，不仅加深了民众对执政党能否通过党内法规解决问题能力的质疑，同时也引发了某种“抗体”反应，即每当一个新的党内法规出台部分党员干部和群众并不认为这一措施会持久或真正实施。〔1〕实际上，党内法规执行是党内法规制度建设的内含之义。〔2〕正如习近平总书记指出的，贯彻执行法规制度关键在真抓，靠的是严管。加强党内法规制度建设，必须一手抓制定完善，一手抓贯彻执行，制度执行到人到事，坚决纠正随意变

---

〔1〕 参见蒙慧、王雅菲：《导向·理念·对策：十八大以来党内法规建设研究》，载《长白学刊》2017 年第 2 期。

〔2〕 刘长秋、潘牧天：《党内法规制度执行力建设：历史、规律及其展望》，载《广西社会科学》2023 年第 1 期。

通、恶意规避、无视制度等现象。[1]为此，需要我们在理论上分析成因，并据此找到相应的对策。

（一）党内法规执行力不足的原因

笔者以为，导致党内法规执行力不足的原因是多方面的，其中，既有思想方面的原因，又有党内法规自身制度设计方面的原因，还有对具体党内法规制度执行监督方面以及违规追责不利等方面的原因。

1.长期弱化党内法规法律性引致思想上的不重视

从行为学的角度来说，人的行为是受其思想意识支配的，有什么样的思想往往会产生什么样的行为，人们的行为是其思想意识作用的直接结果。对中国共产党这样一个高度强调思想建党且一直把思想政治工作作为政治优势和优良传统的政党来说，其党员思想对行为的指引与支配更毋庸讳言。对于党的组织以及党员来说，党内法规就是具有法律性质的规矩，就是必须遵从的法。这本应当成为所有党员的共同认知，成为所有党员头脑中紧绷的弦。然而，长期以来，受传统法学教育过于偏爱、关注和强调国家法的影响，党内法规也是法的实质地位一直没有得到应有的重视甚至正视，无论在理论界还是实务界，都远没有形成对于党内法规法律性的认同和接受。党内法规的法律性没有突出和显现

〔1〕 参见中共中央宣传部：《习近平新时代中国特色社会主义思想三十讲》，学习出版社 2018 年版，第 323 页。

出来，其作为法律性质的规矩之权威性不够，强制性不足，甚至很长一段时期，党内法规都被不少党员视为制度装饰，视为有爪无牙的“纸老虎”，没有从思想上重视甚至正视其法律性。“党法党规不具有宪法、法律的权威性和强制性，使得党内的一系列禁止性规范变得形同虚设，一些党的组织和党的干部视党法党规为儿戏，有令不行、有禁不止，从而削弱了党法党规的作用。”〔1〕这成为党内法规执行力不足的重要思想根源。

2.党内法规的执行意愿不够强烈

执行意愿不强烈是导致党内法规执行力不足的另一原因。从理论上来说，“执行力不等同于执行能力，有执行能力的执行力差可能是由于缺乏执行意愿导致。因此，缺乏执行意愿，执行力一定低”。〔2〕党内法规作为专门适用于具有共产主义觉悟的党员及其组织的规范，理应更具有执行力，但现实情况并非如此，其执行力不足已经成为影响党内法规建设以及党管党治党的突出软肋。笔者以为，这很大程度上是由于缺乏执行意愿。党内法规作为管党治党的重要规范，其规范的对象是所有党员以及各级党组织，而与国家法的要求相比，党内法规的要求要高于国家法。这实际上意味着，对于党员而言，党内法规的执行将使其放弃依据国家法所本该享有的一些公民权利以及体现在这些权利背后的利

〔1〕 刘松山:《建议将党规党法上升为国家法律》，载《理论与改革》2000年第6期。

〔2〕 参见李拓:《制度执行力是治理现代化的关键》，载《国家行政学院学报》2014年第6期。

益。这一点，对于普通党员来说如此，对于专门执行这些法规的党员与党组织来说，也是如此。马克思指出："人们奋斗所争取的一切，都同他们的利益有关。"[1]党内法规的高标准与严要求使得作为党内法规执行者的党组织及其构成人员自身的利益需求也会受到一定抑制。这势必在一定程度上影响党内法规执行者的积极性，降低其执行意愿，阻却党内法规的实施，导致党内法规执行力下降，执行效果不理想。在我党近年来的反腐过程中，包括执规不作为、选择性执规等在内的执规者自身的腐败问题作为一个显性问题，已经成为影响和制约党内法规执行力建设必须要关注和正视的问题。

3.党内法规的程序性制度较少

党内法规制度是党内法规执行的依据，因此党内法规制度自身是否合理与完备将对其执行力起着直接决定作用。在党内法规制度中，程序性制度的合理性与完备程度对党内法规的执行起着至关重要的作用。程序性制度是实现实体性制度的有力保障，是保障程序正义以维护实体正义的客观需要。"程序是法律制度的生命形式。失去了程序，法律就失去了生命。"[2]"正当程序是法治与恣意的人治的基本区别，无程序就无良法，更无法治可言，所

---

〔1〕《马克思恩格斯全集》(第1卷)，人民出版社1956年版，第82页。

〔2〕张文显主编：《马克思主义法理学——理论、方法和前沿》，高等教育出版社2003年版，第91页。

以说程序正义是法治的必然要求，也是法治的基本品格。"[1]正因为如此，程序正义成为多年来中国法学界和司法界广为关注的一个重要问题，而我国法治实践中长期形成的重实体而轻程序的做法也一直备受批评。就目前来看，现有党内法规制度体系的一个重要不足就在于程序性立法与制度的不足。重实体而轻程序的法规，将会带来使用混乱的后果。[2]要让党内法规切实在管党治党中发挥作用，就必须使其得到严格执行。而在当代法治的大背景下，执行需要由专门机关依照法定程序进行，这显然有赖于程序性法规的规定。现行党内法规中实体性制度规范较多，程序性制度规范太少，存在"重实体轻程序"现象，[3]程序性制度规范的缺失，实体性制度规范和程序性制度规范的不协调，导致实体性制度规范的运行不畅，影响了党内法规的落实。这显然也是导致党内法规执行力不足的现实原因之一。

4. 对党内法规的解释不足

任何法都需要加强对其自身的解释，因为"法律不重诵读，而重解释"，要准确理解和严格遵守法律语言背后的价值立场，就需要对法律文本语言进行解释。[4]党内法规作为法，尽管与国家法律有着很大的不同，不依赖国家强制力的保障实施而是依靠党的

〔1〕 李平：《程序正义价值探析》，载《甘肃理论学刊》2004年第5期。

〔2〕 参见吴新叶：《依法执政应包括党内法规》，载《探索与争鸣》2010年第4期。

〔3〕 参见潘泽林：《中国共产党党内法规及其体系构建问题研究》，载《南昌大学学报（人文社会科学版）》2007年第1期。

〔4〕 参见王利明：《论法律解释之必要性》，载《中国法律评论》2014年第2期。

组织强制力保障实施，但也属于法，也需要满足法应当具备的规范性要求，尤其是在内容上。为此，党内法规也需要像国家法那样被科学地解释，尤其是对于那些事关党员权利保障乃至普通群众福利与民生问题的党内法规或相关制度，否则，就很容易引发人们对党内法规制度的质疑，影响其执行。就目前来看，党内法规的解释问题显然还没有引起足够的关注和重视。例如，《八项规定》作出了“要厉行勤俭节约，严格遵守廉洁从政有关规定，严格执行住房、车辆配备等有关工作和生活待遇的规定”的重要规定，对于防腐、反腐以及改善和维护党的良好形象无疑起到了重要作用，然而，由于没有明确的解释，这一规定在具体操作层面也引发了巨大的争议。因为绝大多数党政机关及事业单位在实施这一规定时都进行了从严处理，不仅取消了以往党员作为“单位人”所享有的节日福利（如发月饼、粽子之类的节日礼品），甚至连普通群众的这些福利也一并取消，造成了群众的强烈不满。对此，全国总工会的相关文件认为，这些福利属于可发放的范围。然而，由于全国总工会并不是《八项规定》的发布者，其解释是否越权有效等都值得讨论。诸如此类的问题显然也严重影响了党内法规的执行力。

5.对党内法规贯彻执行的监督检查不力

制度的执行需要制度自身在设计上科学合理，有必要的程序辅助与机制保障，有利于执行；需要制度的执行者具有执行的意愿且主观上重视，但也离不开及时必要的监督检查。如果没有对党内法规贯彻执行的监督检查，法规的执行就会流于形式。诚如习近平总书记指出的，“抓好法规制度落实，必须落实监督制度，加强日常督察和专项检查。要用监督传递压力，用压力推动落实”。〔1〕为此，党的十八届六中全会指出：“党内监督的任务是确保党章党规党纪在全党有效执行，维护党的团结统一……党内监督的主要内容是遵守党章党规和国家宪法法律，维护党中央集中统一领导，坚持民主集中制，落实全面从严治党责任……”〔2〕而《中国共产党党内监督条例》也明确规定，党内监督的首要内容是：遵守党章党规，坚定理想信念，践行党的宗旨，模范遵守宪法法律情况。〔3〕但就目前来看，党内法规贯彻执行的监督检查机制还不健全，对现有法规制度贯彻落实的监督检查力度不够，对于组织和个人的考核比较难于落到实处，党员行使监督权的热情与积极性没有得到很有效的激发，一些违法违纪现象没有及时得到反映、反馈和处理，部分党员视法规为纸花和装饰，这必将影响和制约党内法规制度的贯彻落实。例如，《党政机关办公用房建设标准》对干部办公用房使用面积作了明确规定，但是在实践中，想尽各种办法把办公室进行切割装修、安装暗门、多挂牌子、虚报办公人数等违规超标使用办公用房的现象还在一定程度上存在。对

〔1〕 参见中共中央纪律检查委员会、中共中央文献研究室编：《习近平关于严明党的纪律和规矩论述摘编》，中央文献出版社、中国方正出版社2016年版，第90页。

〔2〕 《中国共产党第十八届中央委员会第六次全体会议公报》，载《时事报告》2016年第11期。

〔3〕 参见《中国共产党党内监督条例》第5条。

于这种违规现象，监督检查机关却没能及时查处。这作为党内法规监督检查不力的体现，显然也是造成党内法规执行力不足的一个重要原因。

（二）强化党内法规执行力的对策建议

“一切法律都必须严格地执行与遵守，这是现代法治的一项基本原则。”[1]依规治党作为当代社会中党运用法治思维等思维管党治党的客观产物与加强党自身建设的必然结果，作为当代社会治理不可或缺的组成部分，显然也适用这一基本原则。在依规治党过程中，必须使党内法规得到严格的遵守和执行，从而真正发挥出党内法规作为法的威力与效用。为此，需要在分析党内法规执行力不足之原因的基础上，找到可行的破解之道，并提出相应的对策建议。基于以上对党内法规执行力不足的原因分析，笔者认为，在今后党内法规建设的过程中需要以强化党内法规执行力为目标，采取以下几个方面的对策建议：

1.加强对党员党内法规方面的学习和教育

党内法规之所以出现执行力不足的问题，首先在于广大党员思想意识上的不重视以及相关部门及领导执行意识的薄弱，毕竟，人的行为是受其思想意识支配的。思想意识方面的问题显然更需要从思想上加以解决。笔者以为，导致广大党员思想意识上

---

〔1〕 张文显主编：《马克思主义法理学——理论、方法和前沿》，高等教育出版社2003年版，第183页。

不够重视以及相关领导执行意识不强的原因是多方面的，但最不容忽视的一个原因则在于广大党员干部对于党内法规自身重要性认识的不足。而加强学习则是使广大党员尤其是领导干部从内容上了解党内法规，从而强化对其重要性之认识，以便从思想意识上解决对党内法规重视程度不够以及执行意识偏弱的内在要求。“加强学习是党员、干部自觉执行党内法规的基础与前提，学深才能悟透，悟透才能内化于心、外化于行。”〔1〕目前，“总体来看党员的党性修养、执行意识、执行能力有待增强，尤其是对党内法规认识并不深入、学习并不透彻，党员及领导干部既对党内法规的具体规定认识模糊，可能出现不知是否违法、不知违法轻重的问题，又对党内法规的重要价值认识不足，对于党内法规没有自觉遵守执行的意识”。〔2〕基于此，党员、干部应自觉、认真地学习党内法规，强化对于党内法规的理解和认同，增强执行党内法规的主动性和自觉性。党员必须从讲政治的高度理解和认识党内法规执行问题的重要性。“党内法规服从和服务于党的路线、方针和政策，是党完成各项任务的组织保障。”〔3〕为此，各级党组织应当以各类党内教育为契机与抓手，有计划、有步骤地加强对广大党员党内法规方面的学习敦促与教育引导，加强党内法规在党内的普法力

〔1〕 陈永胜：《从“三个强化”入手　进一步提高党内法规执行力》，载《人民日报》2017年2月20日，第7版。

〔2〕 参见潘牧天、钱静瑶：《论新征程中党内法规制度执行力建设》，载《上海政法学院学报（法治论丛）》2023年第3期。

〔3〕 蔡文华：《论依规治党的内涵、目标及其实践路径》，载《探索》2016年第4期。

度，使对党内法规的学习、了解、掌握和遵守成为广大党员内心紧绷的一根弦，以此培养其崇规意识、守规意识、执规意识。而对于党内法规的执行部门而言，则需要在加强对党内法规学习和教育的同时，提高对党内法规重要性的认识，应从党执政能力的兴衰与党生死存亡的高度重视党内法规的执行工作，提高执规的责任感与主动性。这是从主观方面提高党内法规执行力，确保党内法规各项制度由纸面规则变成现实制度之需要。

2.重视党内法规执行的示范引领

在中国长期以来的政治文化中，官员的引领垂范向来发挥着至关重要的作用。早在两千年以前，法家的代表人物韩非子就曾指出："人主者，守法责成以立功者也。闻有吏虽乱而有独善之民，不闻有乱民而独治之吏，故民主治吏治吏不治民。"〔1〕而孔子也指出："政者，正也。子帅以正，孰敢不正？"〔2〕这都说明了为政者引领垂范的重要性。也正因为如此，在我国历朝各代，执政者一直高度重视治吏的问题，重视各级官吏对于国法朝规的遵守及其对于广大民众的垂范。在当代社会中，尽管政治已非阶级社会中的政治，但官员的引领垂范对于政风乃至世风的形成与发展依旧发挥着不可抹杀的重要作用，它是整个社会的风向标。在党内法规的执行和遵守方面，领导干部的示范引领作用更为突出，领导干部自身尤其是高级领导干部对于党内法规遵守与否，直接影

〔1〕《韩非子·外储说右下》。

〔2〕《论语·颜渊》。

响着广大党员对于党内法规的认同与遵守。正如有学者指出的，“制度的执行力取决于领导干部的率先垂范”。[1]而党的十八大以来制度治党、依规治党之实践显然也印证了这一点。党的十八大以来，以习近平同志为核心的党中央身体力行、率先垂范，坚定推进全面从严治党，坚持思想建党和制度治党紧密结合，集中整饬党风，严厉惩治腐败，净化党内政治生态，党内政治生活展现新气象，赢得了党心民心，为开创党和国家事业新局面提供了重要保证。[2]基于此，在党内法规执行方面，必须高度重视党员干部的垂范。党员干部尤其是高级干部应当以身作则，模范遵守党章党规，严格执行党规党纪，坚持不忘初心、开拓前进，坚持率先垂范、以上率下，为全党全社会作出示范，以此推进党内法规的实施。与此同时，需要加强党内法规执规者自身的党性修养和法治素养，立足于忠诚于党的维度提高对其执规的要求，减少或避免执规者自身违规甚至是腐败的问题，做到“打铁必须自身硬”，最大可能地提升其执行党内法规的意愿，使其从全面从严治党的高度理解和认同党内法规的执行，从而全面理解党内法规执行的重要性及其职责的重要性，在管党治党过程中认真实施党内法规。

---

〔1〕 参见管新华:《依规治党的历史溯源、现实设计和未来推进》，载《探索》2016 年第 2 期。

〔2〕 参见《中国共产党第十八届中央委员会第六次全体会议公报》，载《中国纪检监察》2016 年第 21 期。

“执行党内法规制度是履行政治义务的需要。”[1]党员领导干部应当立足于政治保障的高度认识党内法规的执行问题，在遵守和执行党内法规方面率先垂范、自觉示范，切实担负起执行党内法规的政治责任。

3.健全和完善程序性党内法规及其制度建设

法律法规对人们行为的调整是在程序中实现的。然而，“重实体而轻程序”一直以来都是我国法治建设中的一个现象，也是长期以来影响我国法律正义及其公信力的一个问题。这一问题显然也影响了作为法的党内法规制度建设，致使党内法规制度建设过程中也存在比较明显的“重实体而轻程序”的突出问题。实际上，程序性制度规范与实体性制度规范是相辅相成的，没有程序化的工作规范与流程，党内法规的落实就会处于无序和相对混乱的状态，其执行力就难以保证。党内法规作为高度约束党员的行为规范也应突出法治精神和原则，也应是实体性法规与程序性法规的有机统一，体现社会主义法治国家所要求的法律理性。[2]就目前来看，党内法规制度建设已经进入一个体系化的渐愈完善阶段，在党中央的正确领导与高度重视下，很多立法空位已经开始着手补足。然而，党内法规的程序性制度建设方面却

〔1〕 刘长秋、段占朝、潘牧天：《党内法规制度执行力建设研究》，法律出版社2022年版，第137页。

〔2〕 参见王建芹、章逸琦：《党内程序性法规与实体性法规协调性研究》，载《桂海论丛》2017年第1期。

一直进展缓慢。迄今为止，党内法规体系中还没有一部类似于国家法体系中《民事诉讼法》《刑事诉讼法》之类的程序立法。这使得党内法规的执行缺乏明确具体的指引，影响了党内法规执行的效率与效果，甚至也一定程度上制约了党内法规执行的公正性与公信力。为此，亟须在今后党内法规制度建设的过程中，制定一部类似的法规，并从程序保障的角度增加或完善已有党内法规中有关实体制度执行程序的规定，增强其执行的针对性与可操作性。从程序正义的角度来说，健全和完善程序性党内法规的制度建设也是运用法治思维，通过党内程序性法规使那些实体性法规的规定落到实处，借助程序正义保障实体正义的必然选择。〔1〕

4. 加强对党内法规的解释

任何法律都需要加以解释，这是由法作为一种规则的特点决定的。法作为一种行为规范只能确立并为人们提供一种行为模式，而在实践中，人们面对的问题往往千差万别，对于不尽相同的问题如何行为，需要有专门的解释。这是力行法治的内在要求。从法理上来说，对于法律的实施而言，法律解释是至关重要的。法律解释能够使原本原则、笼统以及模糊的立法语言精细化、明

〔1〕 值得注意的是，2018 年 12 月 16 日，中共中央办公厅印发了《党组讨论和决定党员处分事项工作程序规定（试行）》；2022 年 9 月，中共中央印发了《中国共产党处分违纪党员批准权限和程序规定》。作为两部极为重要的党内程序性法规，其发布势必对进一步强化党内程序性法规制度建设带来重要影响。

确化、具体化，使其在执行过程中更具有针对性和可操作性。党内法规作为法，也需要加以解释。这是明确党内法规适用范围和适用对象，增强其制度实施的针对性与可操作性，提高其执行力的重要保障。当前，党内法规解释的问题还远未引起足够的关注和重视，党内法规解释的相关理论与制度还不够强化。基于此，需要从理论与实践两个层面加强对党内法规的解释。具体而言，在理论上，应加强对党内法规解释方面的理论研究，强化其学理解释，为党内法规解释提供更多的理论支持和借鉴；在实践中，则应依据党内法规法律性的要求并契合管党治党之实际需要，明确党内法规解释的主体、范围以及解释过程中需要遵循的原则，强化党内法规的文义解释、体系解释与法意解释，使党内法规制度在内容上更具有明确性，更具有执行力。

5.加强对党内法规监督执行的力度

监督是权力正确运行的根本保证。而执行党内法规作为各级党组织尤其是各级纪委的职责和义务，显然也是一种权力，也需要被监督。否则，就容易导致执规权被滥用，导致党内法规执行力不足。这一点已经为我党多年来的反腐实践充分证明。在党内法规的监督执行方面，首先需要坚持并完善党内监督。正如王岐山同志所指出的，“解决党自身存在的问题，根本要靠强化自我监督。党的执政地位决定，在党和国家各项监督制度中，党内监督是第一位的，党内监督缺失，其他监督必然失效。党内监督是党的建设重要方面，目的是坚持和加强党的领导”。[1]为此，需要强化《中国共产党党内监督条例》的实施，优化党内监督的体制机制，使党内监督成为确保党内法规严格执行的保障；需要领导干部在模范遵守党内法规，作出表率的同时，还要盯着抓，反复抓，加强监督检查；需要通过日常检查和专项督查等形式，推动每项法规落到实处，对执行不力的坚决追究责任，切实形成提升执行效果的倒逼机制，推动解决实践中存在的不愿、不会、不敢执行党内法规的问题；需要很好地借助和利用目前正在有效实行的党内巡视制度，将对党内法规执行情况的监督作为巡视工作的基本内容；需要尊重党员主体地位、保障党员民主权利，落实党员知情权、参与权、选举权、监督权等基本权利，保障全体党员平等享有党章规定的党员权利、履行党章规定的党员义务，坚持党内民主平等的同志关系，保障党员能够对党内法规的执行进行有效监督。另外，也需要强化、优化和推进对党内法规执行的社会监督尤其是媒体监督工作。党的各级组织以及党员干部应认真对待、自觉接受社会监督，欢迎媒体监督。对于党员违反党内法规的行为以及相关党组织执规不作为或乱作为的行为，应当鼓励广大人民群众以及媒体以正确的方式举报或检举，以此敦促党内法规获得有效实施。这也是提高党内法规执行力的客观需要。

---

〔1〕 参见王岐山:《全面从严治党 承载起党在新时代的使命》,载《人民日报》2016 年 11 月 8 日,第 3 版。

余论：我国党内法规学研究的光明前景

自党内法规被明确纳入社会主义法治体系，国内有关党内法规研究的热度便有增无减。不仅很多相关的学术研讨会已经开始集中探讨这类问题，而且一些高校与科研机构甚至专门成立了党内法规研究机构。党内法规学作为一门新学科开始备受关注，甚至显现出了逐步发展为独立一级学科的可能。在党内法规已经纳入中国特色社会主义法治体系且依规治党被认为是依法治国的前提和必要条件的基础上，进一步推进党内法规制度建设以推进依规治党，已经成为当代中国国家治理的一个内在要求。正因为如此，党中央对党内法规制度建设给予了高度重视且倾力推进，这必将为国内党内法规学的研究带来光明的前景。

一、依规治党的迫切需要必然推动党内法规学的积极发展

正如 2018 年 3 月 11 日修改通过的《宪法》所明确指出的，“中国共产党领导是中国特色社会主义最本质的特征”。中国共产党是中国特色社会主义事业领导核心，是执政党，是中国特色

社会主义事业取得成功的关键，“党的生死关乎国家存亡”。〔1〕为此，党中央反复强调，办好中国的事情，关键在党，关键在党要管党、全面从严治党。在法治已经成为当代社会主旋律的背景下，管党治党需要依规。党的十八届四中全会《决定》明确将“形成完善的党内法规体系”作为全面推进依法治国的基本目标，将党内法规纳入我国社会主义法治体系，并对党内法规与国家法律的关系进行了科学阐释。党的二十大的胜利召开意味着党的国家的事业开始迈进新征程。新征程中，党依旧面临着执政考验、改革开放考验、市场经济考验、外部环境考验，且依旧需要直面精神懈怠危险、能力不足危险、脱离群众危险、消极腐败危险，需要以永远在路上的精神推进自我革命和全面从严治党。而党内法规是党的自我革命和全面从严治党的核心制度保障，也是全面推进依法治国的重要支撑，是当代“中国之治”的显著制度优势。加强党内法规制度建设，推进依规治党，是全面从严治党的长远之策与根本之策，是全面依法治国的必然要求。从理论上来说，加强党内法规制度建设、依规治党，作为制度治党的实践与内在要求，显然需要建立在一定的理论指导之上，需要有相关的学科为其提供理论支撑。党内法规学就是承担这样使命的一个学科。作为中国特色社会主义法治体系的重要组成部分，党内法规受关注和重视的程度与同样作为中国特色社会主义法治体系组成部分的国家法

---

〔1〕 参见秦强：《强化依规治党打造全面从严治党制度利器》，载《前线》2016 年第 11 期。

还无法同日而语。与国家法制建设已经有了深厚的理论支撑与智力引导不同，党内法规制度建设还没有一个合适的学科来充分支撑其发展。〔1〕这使得党内法规制度建设尽管已经取得了重要进展，但在基础理论研究上还比较薄弱，甚至连党内法规自身的性质和定位等这类基础问题还存在不小的争议。而这无疑制约了党内法规制度建设的进一步推进，影响了依规治党的深入开展。正因为如此，2023 年年初中共中央办公厅、国务院办公厅印发的《关于加强新时代法学教育和法学理论研究的意见》明确要求："优化法学学科体系……坚持依法治国和依规治党有机统一，加强纪检监察学、党内法规学学科建设。"法学是一个实践性学科，其存在和发展的目的在于应对和解决现实需求，而党依规治党的迫切需要必然带来的对党内法规制度建设的高度重视必然推动着国内党内法规学进一步向深入发展。

---

〔1〕 2018 年 9 月国务院学位办印发《关于推进部分学位授予单位设置"党内法规"研究方向的通知》，确定武汉大学等 10 所高校为"党内法规"研究方向试点单位。在此背景下，一些高校已经开始在法学、纪检监察学等相关学科下设置党内法规学的独立二级学科。但各个学科习惯性"画地为牢"与故步自封的学科建设意识决定了学科发展模式必然会制约党内法规学的发展。实际上，党内法规学作为一门交叉学科，需要在融汇包括法学、政治学、中共党史党建学以及纪检监察学等在内的各相关学科理论与研究方法之上，形成一门独立的一级学科。2024 年年初，中国学位与研究生教育学会编修发布的《研究生教育学科专业简介及其学位基本要求（试行版）》将党内法规学明确纳入了法学二级学科体系，使之成为法学的一个二级学科。但很显然，作为一种权宜之计，将党内法规学纳入法学二级学科并不是有利于党内法规学高质量发展的最佳选择与最终方案。

二、贯彻落实中央依规治党精神客观上必然要求强化加强党内法规学研究

当前，全面从严治党作为“四个全面”战略的重要组成部分，已经成为管党治党的主旋律，成为新时代推进党的建设的伟大工程的必然需求和重要保障。就全面从严治党与依规治党的关系来说，全面从严治党是依规治党的目的与归宿，而依规治党则是全面从严治党的客观要求、基本路径和内在保障。治党务必从严，从严必依法度。正因为如此，在全面从严治党已经成为当前及今后管党治党主旋律的情势下，加强党内法规制度建设以推进依规治党，成为党中央高度关注和反复强调的一个极其重要的问题。在党的十八届四中全会、五中全会、六中全会以及党的十九大，十九届四中全会、六中全会与党的二十大等通过的决议、公报或报告中，都无一例外地强调了加强党内法规制度建设以推进依规治党的重要性，甚至中共中央还专门于 2016 年 12 月以及 2021 年 12 月召开了两次全国党内法规工作会议，就党内法规工作作出专门部署。中共中央 2021 年年初印发的《法治中国建设规划（2020—2025 年）》指出，“加快形成覆盖党的领导和党的建设各方面的党内法规体系，增强党依法执政本领，提高管党治党水平，确保党始终成为中国特色社会主义事业的坚强领导核心”，并因此要求“健全党内法规体系”“抓好党内法规实施”“强化党内法规制度建设保障”。2023 年 4 月，中共中央又印发了《中央党内法

规制定工作规划纲要（2023—2027 年）》。规划以习近平新时代中国特色社会主义思想为指导，全面贯彻党的二十大精神，对今后 5 年中央党内法规制定工作进行顶层设计，是新起点上引领党内法规制度建设的重要文件。在此背景下，强化党内法规制度建设以推进依规治党的重要性已经不言而喻。加强党内法规学科建设以通过党内法规学科建设带动党内法规制度建设，实现依规治党、全面从严治党，已经成为贯彻落实党中央相关决议与会议精神的理性选择。这客观上会助推国内党内法规学的研究，使该学科受到更多的关注和重视。

三、已有的研究基础会很好地支撑党内法规学的进一步发展

党的十八届四中全会以来，国内学术界有关党内法规的研究呈现出极度火热的状态。就目前来看，国内学术界对于党内法规的研究已经具备了相当基础，不仅出版了数十部教材与专著，发表了数千篇论文，且研究人员日众，研究视角相对多样，内容也比较全面。其中，既有政治学视角的研究，也有法学立场的探讨，还有中共党史党建学、纪检监察学以及历史学与经济学视角的考究和梳理；既涉及党内法规学学科建设本身，也涉及党内法规的基本理论与制度，还涉及党内法规工作的强化与推进；既有国内党内法规理论与制度的探讨，又有对国外党内法规理论与制度的引介，还有对党的领导人党内法规思想的研究。可以说，国内党内

法规的研究已经呈现出良好的发展态势，有关党内法规的理论研究已经在党内法规本体论、价值论、方法论、历史论、实践论等层面全面铺开。不仅如此，有关单位已经在全国及各个省市层面召开了众多专项研讨会，有的甚至已经逐渐形成品牌，如武汉大学举办的全国党内法规研究机构建设东湖论坛、山东大学（威海）举办的全国党内法治高端论坛等，参与研讨的专家以法学、政治学、中共党史党建学研究者为主，并兼有历史学、经济学等多个学科的研究人员。总体来看，国内现有的研究已经使党内法规学成为一个跨越法学、政治学、中共党史党建学等多个学科的热点新学科，成为国内哲学社会科学研究领域一个备受瞩目的新显学，党内法规学术共同体已然形成并呈巩固和扩大趋势，党内法规学研究的前景值得期待。

四、纪检监察学研究的兴起势必助推党内法规学研究的进一步深入

2022 年 9 月，国务院学位委员会、教育部印发《研究生教育学科专业目录（2022 年）》《研究生教育学科专业目录管理办法》，新版目录自 2023 年起实施。在新版目录中，纪检监察学被明确增列为法学门类下的独立一级学科。纪检监察学是与党内法规学关系极为密切的一个学科，该学科以纪检监察为研究对象，关注党的纪律建设及其实施问题研究。而党的纪律很大一部分是以党内法规的形式体现出来的，并且借助党内法规来体现其相比国家

法律的高要求与严厉性。这使得纪检监察学的深入发展必然需要而且离不开党内法规研究的支撑。伴随纪检监察学成为独立一级学科，很多高校和科研机构纷纷成立了纪检监察学院或研究院，加大力度开展纪检监察学学科建设，如上海政法学院于 2022 年 5 月公开成立了上海市首家实体性纪检监察学院，辽宁大学、西南政法大学、河南大学等也成立了实体性纪检监察学院，而包括内蒙古大学、江苏大学、清华大学、中国人民大学、复旦大学、华东师范大学、海南大学、西北政法大学、河南省社会科学院等在内的数十家高校则成立了纪检监察研究院或研究所。这些学院或研究机构很多都依托学校之前已经成立的党内法规研究机构推进纪检监察理论研究、教学与人才培养，如上海政法学院纪检监察学院、辽宁大学纪检监察学院、湘潭大学纪检监察研究院、华东政法大学纪检监察学院等，在推进纪检监察学学科建设的同时势必极大地助推党内法规学进一步深入开展。

主要参考文献

[1] Joseph Raz, *Between Authority and Interpretation: On the Theory of Law and Practical Reason*, Oxford University Press, 2009.

[2] Stephen Martin, *The Construction of Europe*, Kluwer Academic Publishers, 1994.

[3] P.W.Birnie & A.E.Boyle, *International Law and the Environment*, Oxford University Press, 2002.

[4][德]伯恩·魏德士:《法理学》,丁晓春、吴越译,法律出版社 2013 年版。

[5][美]E. 博登海默:《法理学——法律哲学与法律方法》,邓正来译,中国政法大学出版社 1999 年版。

[6][美]罗斯科·庞德:《法律与道德》,陈林林译,中国政法大学出版社 2003 年版。

[7][美]罗斯科·庞德:《法理学》,封丽霞译,法律出版社 2007 年版。

[8][美]道格拉斯·C. 诺斯:《制度、制度变迁与经济绩效》,刘守英译,上海人民出版社 1994 年版。

[9][法]爱弥尔·涂尔干:《乱伦禁忌及其起源》,汲喆、付德

根、渠东译，上海人民出版社 2003 年版。

[10][法]蒲鲁东:《什么是所有权》，孙署冰译，商务印书馆 1982 年版。

[11][德]京特·雅科布斯:《规范·人格体·社会: 法哲学前思》，冯军译，法律出版社 2001 年版。

[12][美]罗纳德·德沃金:《认真对待权利》，信春鹰、吴玉章译，中国大百科全书出版社 1998 年版。

[13][德]黑格尔:《法哲学原理》，杨东柱、尹建军、王哲编译，北京出版社 2007 年版。

[14][英]哈特:《法律的概念》，张文显等译，中国大百科全书出版社 1996 年版。

[15][澳]维拉曼特:《法律导引》，张智仁、周伟文译，上海人民出版社 2003 年版。

[16][德]马克斯·韦伯:《经济与社会(上)》，林荣远译，商务印书馆 1997 年版。

[17]张文显主编:《马克思主义法理学——理论、方法和前沿》，高等教育出版社 2003 年版。

[18]张文显:《法的概念》，法律出版社 2011 年版。

[19]葛洪义主编:《法理学》，中国人民大学出版社 2007 年版。

[20]高其才:《法理学》，清华大学出版社 2007 年版。

[21]付子堂:《法律功能论》，中国政法大学出版社 1999

年版。

[22]殷啸虎、叶青主编:《法学理论前沿》,上海社会科学院出版社 2016 年版。

[23]罗豪才等:《软法与公共治理》,北京大学出版社 2006 年版。

[24]宋功德:《党规之治》,法律出版社 2015 年版。

[25]李军:《中国共产党党内法规研究》,天津人民出版社 2016 年版。

[26]李忠:《党内法规建设研究》,中国社会科学出版社 2015 年版。

[27]王振民、施新州等:《中国共产党党内法规研究》,人民出版社 2016 年版。

[28]殷啸虎主编:《中国共产党党内法规通论》,北京大学出版社 2016 年版。

[29]刘红凛:《政党政治与政党规范》,上海人民出版社 2010 年版。

[30]夏赞忠主编:《党内民主法规制度研究》,中国方正出版社 2000 年版。

[31]王光华:《中国共产党法规与制度建设研究》,电子科技大学出版社 2005 年版。

[32]宋功德:《党规之治:党内法规一般原理》,法律出版社 2021 年版。

[33]姜明安主编:《党员干部法治教程》,中国法制出版社2014年版。

[34]郑志飚主编:《党的执政规律研究》,中共中央党校出版社2006年版。

[35]杨斐:《法律修改研究:原则·模式·技术》,法律出版社2008年版。

[36]陈根法主编:《心灵的秩序——道德哲学理论与实践》,复旦大学出版社1998年。

[37]王金玲:《中国共产党党章发展史》,中共党史出版社2008年版。

[38]中共中央文献研究室、中共中央党校编:《刘少奇论党的建设》,中央文献出版社1991年版。

[39]中共中央宣传部理论局:《法治热点面对面》,学习出版社、人民出版社2015年版。

[40]本书编写组编:《学习全面推进依法治国决定专家学者十人谈》,中共党史出版社2015年版。

[41]本书编写组编:《全面从严治党党员干部读本》,北京联合出版公司2015年版。

[42]中共中央文献研究室编:《十六大以来重要文献选编(中)》,中央文献出版社2006年版。

[43]上海市社会科学界联合会编:《马克思主义与中国百年变迁》,上海人民出版社2011年版。

[44]王长江主编:《2014 执政党建设研究年度报告》,江苏人民出版社 2014 年版。

[45]《毛泽东选集》,人民出版社 1969 年版。

[46]《邓小平文选》(第 2 卷),人民出版社 1994 年版。

[47]《马克思恩格斯全集》(第 18 卷),人民出版社 1964 年版。

[48]韦建桦主编、中共中央马克思恩格斯列宁斯大林著作编译局编译:《马克思恩格斯文集》(第 10 卷),人民出版社 2009 年版。

[49]《斯大林全集》(第 11 卷),人民出版社 1955 年版。

[50]黄相怀等:《不忘初心:中国共产党为什么能永葆朝气》,中国人民大学出版社 2016 年版。

[51]胡锦涛:《坚定不移沿着中国特色社会主义道路前进 为全面建成小康社会而奋斗——在中国共产党第十八次全国代表大会上的报告(2012 年 11 月 8 日)》,人民出版社 2012 年版。

[52]周益扬、陈武明编:《反腐败研究(第七集)》,浙江大学出版社 2008 年版。

[53]中共中央宣传部编:《习近平总书记系列重要讲话读本》,学习出版社、人民出版社 2014 年版。

[54]吴黎宏编著:《把纪律挺在前面》,中共中央党校出版社 2016 年版。

[55]上海市社会科学界联合会:《中国的实践与展望:社会转

型与制度建设》，上海人民出版社 2010 年版。

[56] 崔耀中：《全面从严治党：新要求、新特点、新部署》，人民出版社 2016 年版。

[57] 祝灵君：《中国共产党人的党性与党性修养》，人民出版社 2016 年版。

[58] 夏纪森：《旁观者的同情：亚当·斯密的伦理学思想研究》，上海三联书店 2015 年版。

[59] 韩强：《党的建设制度改革研究》，知识产权出版社 2015 年版。

[60] 罗豪才、毕洪海编：《软法的挑战》，商务印书馆 2011 年版。

[61] 中共中央文献研究室编：《习近平关于全面依法治国论述摘编》，中央文献出版社 2015 年版。

[62] 周敬青等：《党的制度创新与执行成效研究》，人民出版社 2014 年版。

[63] 上海市中国特色社会主义理论体系研究中心编：《中国特色社会主义理论体系与科学发展观理论研讨会文集》，上海人民出版社 2012 年版。

[64] 叶青、陈庆安、尤俊意等：《加强和改进党对全面推进依法治国的领导》，上海人民出版社 2016 年版。

[65] 中共中央宣传部理论局：《全面从严治党面对面——理论热点面对面·2017》，学习出版社 2017 年版。

[66]上海市中国特色社会主义理论体系研究中心编:《大视野 新理念 新台阶》,上海人民出版社 2017 年版。

[67]习近平:《决胜全面建成小康社会 夺取新时代中国特色社会主义伟大胜利——在中国共产党第十九次全国代表大会上的报告(2017 年 10 月 18 日)》,人民出版社 2017 年版。

[68]习近平:《高举中国特色社会主义伟大旗帜 为全面建设社会主义现代化国家而团结奋斗——在中国共产党第二十次全国代表大会上的报告(2022 年 10 月 16 日)》,人民出版社 2022 年版。

[69]程维荣主编:《新民主主义革命时期中国共产党党内法规》,上海三联书店 2018 年版。

[70]刘长秋、段占朝、潘牧天:《党内法规制度执行力建设研究》,法律出版社 2022 年版。

[71]夏小和、潘牧天主编:《强化党规研究 推进依规治党》,法律出版社 2022 年版。

[72]王立峰:《党规原理论》,人民出版社 2021 年版。

[73]李寿初:《权力——依法治权的法政治学分析》,中国社会科学出版社 2023 年版。

[74]秦强:《党内法规概论》,中国人民大学出版社 2023 年版。

[75]刘练军:《党内法规学讲义》,北京大学出版社 2023 年版。

后　记

对于笔者而言，走上软法研究乃至后来走上党内法规及纪检监察研究的道路实属偶然，现在想来甚至还颇有些不可思议。实际上，对于软法这样一个概念以及十年前就已经开始在我国国内学术界开展得风风火火的软法研究，笔者最初是极度排斥甚至还有些嗤之以鼻的——这同笔者最初并不认同自己如今早已经接受甚至颇有些热衷乃至执迷的生命法与生命法学这样的概念而对之不屑一顾的情形，有些类似！因为作为一个长期从事传统法学研究的学者，笔者感觉中国法治最关键的症结其实并不在于无法可依或现有的法律不够用，而在于有法不依、执法不严、违法不究；或者说，在于国家的法律过于软，不够硬。而在这样一种背景下探讨软法，并把软法建设抬到一个应受国家关注和重视的位置，看上去似乎有些不合时宜，甚至有进一步软化国家法，从而制约中国法治建设的可能。也正是在这样一种先入为主观念的影响之下，笔者对于软法的概念以及与之相关的研究一直难以认同和接受，甚至反感和排斥，以至于根本就对之不屑一顾。而看了当时国内从事软法研究的诸多学者的名录之后，笔者更为惊诧，因为在国内软法学的研究中，不但有诸如沈岿、莫于川、宋功德、石佑启等这样的知名教授，甚至还有姜明安、江必新等这样的法学大家，而作为国内软法学研究的倡导者与推动者的罗豪才教授，更是国内行政法学界大名鼎鼎的大师级的法学家。笔者当时一直不明白，这么多法学名家、大家甚至是大师，怎么会在国家法治建设更亟须加强法律的硬度以推进法律实施，从而提升我国法治建设实效的时候，走上了一条看上去似乎有悖上述目标实现的道路，而选择研究并倡导软法建设呢？难道他们为了在学术上标新立异，已经到了一种走火入魔而完全忘记了自己作为法学家所应承担的时代使命的程度？

然而，人生真的很奇妙。很多时候，一些经历经常会悄无声息地改变我们对一些人或事物的看法，甚至会帮我们消除很多成见，并会因此影响甚或改变我们的人生。笔者对于软法认识上的改变显然也在此列。而改变恰恰源自笔者在自己过去并不认同为法的党内法规方面的一次深刻的经历。

2004 年 11 月，中共中央印发了《关于在全党开展以实践“三个代表”重要思想为主要内容的保持共产党员先进性教育活动的意见》（以下简称《关于保持党员先进性教育活动的意见》），并自 2005 年开始分批次地在全党范围内轰轰烈烈地开展先进性教育活动。对于这次活动，笔者最初其实并没有太过在意，以为它只是和以往其他的一些政治学习活动一样，最多摆摆形式，走走过场，热闹不过几天便结束。但活动拉开大幕之后，笔者发现自己完全错了。因为整个先进性教育活动从始至终都贯彻了全面从严治党的精神，建台账、做笔记、谈体会、开展批评与自我批评，活动过程中不得迟到、早退，不得无故请假……可以说，整个学习活动过程都极为强调党的组织纪律。这让笔者在深刻感受党内法规制度之威严的同时，也开始反思以往自己一直不认为能够在我国法治建设中发挥多少作用的党内法规之约束力问题，并进而开始反思诸如《关于保持党员先进性教育活动的意见》等在内的党内法规或党的规范性文件的性质及其作用等问题。很显然，党内法规或党的文件不是国家法律，其调整党内关系且一般只适用于党内的特点决定了其不可能具有更毋宁会取代国家法的作用与地位。但对于党员而言，党内法规或党的文件显然又是具有约束力的，否则，在包括先进性教育、“两学一做”、党史学习教育、习近平新时代中国特色社会主义思想主题教育等在内的各类政治学习或教育中，党员完全可以自行其是。那么，这些具有约束力但又不是国家法的党内法规究竟是什么？是否就是很多学者所说的软法？正是带着这些问题，笔者开始查阅并研究国内外有关软法的论著，并在这些研究中获得了一个相对清晰的答案，即党内法规就是国家法之外在社会治理乃至国家治理中发挥着现实作用的一种软法。这成为笔者关注和研究软法的起因。

也恰恰是这次先进性教育活动使笔者开始对党内法规等“党法”问题产生了浓厚的兴趣。过去，笔者一直认为党内法规基本上都是形同虚设的，对党员没有多少实际约束力。而先进性教育活动所显现出来的严肃性则让我深刻感受到了作为专门对党员和各级党组织提出的行为规范之党内法规或党的文件之不逊于国家法的约束力之存在。后来，笔者在总结这次学习活动时曾经指出，假如党内法规对各级党组织和党员的这种约束力能够一直受到重视且可以持续不断地发挥作用的话，则在中国特色社会主义必须坚持党的领导这样一个前提下，中国社会根本不太可能会出现数量如此惊人的腐败现象！因为中国共产党作为工人阶级的先锋队并同时也是中国人民与中华民族的先锋队，作为一个有着先进性要求与纯洁性本质的执政党，理论上本该一直遵循党内法规这样一种在要求上更高的思想与行为规范。在这样一种高标准的思想与行为规范的要求和规范下，党员不太可能会连国家法这样一种对于一般公民而言都属于行为底线的标准都做不到。因此，在中国，只要通过党内法规把党建设好，保证党员不腐败，则中国的腐败就不难从根本上得到遏制。后来的《八项规定》及其在党内雷厉风行的实施及良好的反腐效果，无疑很好地印证了笔者的判断。也正是从那时候起，笔者开始关注并有意识地思考党内法规制度建设方面的诸多问题，并尤其开始注意立足软法理论的视角对党内法规问题展开探讨。

2015 年 6 月，恰逢北京大学法学院软法研究中心与中国行为法学会软法研究会推出软法研究方面的联合招标课题，笔者便以“作为软法的党法研究”为题进行了申报，承蒙评审专家以及上述两家单位的支持，该课题幸运中标为一般项目。这令笔者在党内法规方面的研究有了第一桶金，从而可以省去很多经费方面的顾虑而比较放心地去开展党内法规研究。就此而言，本书的出版首先要感谢北京大学法学院软法研究中心与中国行为法学会软法研究会，感谢沈岿教授、姜明安教授、宋功德教授等以及北京大学法学院软法研究中心与中国行为法学会软法研究会相关专家的大力支持，正是这一支持让笔者有了立足于软法视角深入研究党内法规的动力与热情。当然，需要特别感谢的是已经去世的罗豪才先生。作为中国软法学的奠基人，罗老师不仅学问高深，以其睿智的眼光开创了中国软法学的鸿篇伟业，为包括笔者本人在内的学术后辈们留下了一笔无比宝贵的财富，而且其为人极度谦和、儒雅，令笔者感受到了真正的法学大师的风范。笔者与罗老师只有过比较有限的几次接触，却多次蒙他肯定和鼓励。如今，先生虽已驾鹤西去，但其音容笑貌依旧萦绕笔者脑际，令笔者深深感怀。

本书的出版同时要感谢上海社会科学院原党委书记于信汇教授，作为专管党务工作的领导，于书记不仅对笔者从事党内法规研究这样一个其实笔者以往并不专长的方向给予高度肯定与不遗余力的鼓励和支持，令本人坚定了研究党内法规的信念，更在为人处世方面给予了笔者很多的教化与点拨，这成为笔者人生路上收获的一笔重大财富。本书的出版也要感谢上海社会科学院法学所原所长叶必丰教授，作为笔者长期景仰和崇拜的法学大家之一以及笔者攻读博士学位期间的授课老师之一，叶必丰教授在很多方面都给予了笔者默默的支持与帮助，也以其超人的稳重与极度容忍的胸怀让笔者学到了很多东西。而上海政法学院原党委书记夏小和，现书记葛卫华，校长刘晓红，副书记潘牧天、刘刚以及副校长胡继灵、郑少华、罗立刚、高志刚等也都对笔者的研究给予了大力支持。当然，亦需要感谢笔者近年来指导或教授过的几位学生，如马彦、史聪、李静、刘锋、张冉、严佳扬、石华琛、周苏汇、李如意、崔星辉、左琳、高婉琪、戴文婕、吴一凡、王荣升、张准、付永康、潘敏、吕冰冰、孟祥兆等。作为导师或老师，笔者尽管并没有给他们太过专业和细心的指导，却从与他们一起成长中体会到了一个老师的快乐。当然，需要感谢的人还有很多，笔者难以一一列举，只能在此深表歉意。

此外，本书的出版还需要特别感谢法律出版社的李军编辑。正是因为李编辑对本书的鼎力推荐和其认真负责的编辑与一丝不苟的校对，才使本书得以顺利问世。

笔者一直认为，经历是人生最大的收获，也是人生最宝贵的财富，不管这些经历之于我们是幸福快乐的，还是愤懑忧郁的，抑或伤感悲怆的！因为只有经历才能使我们变得成熟而坚强，内敛而有度，也只有经历才能够真正丰富和充实我们的生活，并令我们的人生可以品味且值得回味。掐指算来，笔者的人生已经度过了近 50 个年头。在这近 50 个年头里面，除了少不更事以外，笔者可谓经历了太多太多，所收获的“财富”已经足够笔者今生受用。这令笔者不得不感慨、感怀和感恩！笔者深知，在自己今后的人生旅途中，依旧需要面对各种各样的经历——无论是自己愿意面对的，还是自己不愿面对的。“人生百般滋味，生活需要笑对。”对于这些经历，笔者将坦然接受，而且也会欣然接受。

当前，国内党内法规学的研究已经拉开了大幕，一大批从事法学、政治学、纪检监察学、中共党史党建学乃至历史学研究的学者开始加入党内法规学研究的队伍之中，大量党内法规的专门研究机构也开始成立。这对于作为新学科的党内法规学的成熟与发展，以及强化和完善党的建设并进而推进全面依法治国，显然具有不言自明的重要意义。但很显然，相对我党全面从严治党的现实需要以及我国法治建设的迫切需要而言，党内法规学的研究还只能算起步未久。进一步加强并深化这一方面的研究，依旧任重道远。

如果从 2000 年笔者开始读研究生时起算，笔者的学术生涯已逾 20 年之久。20 多年的学术研究生涯给予了笔者足够的历练和沉淀，使得笔者日甚一日更加成熟。现在，笔者不仅已经远远超然于为标新立异而做研究的情衷，更早经过了为赶追时髦而做学问的阶段——尽管之前实际上从来也没有追赶过！而自党的十八届四中全会之后，研究党内法规已经成为学术界的一种时髦，很多人都开始加入这一行列。但很显然，本书写作及出版绝不是追风或赶时髦的结果，而是笔者多年来对于党内法规这样一个长久以来一直萦绕在笔者心头与梦境的法治现象同时也是政治现象加以深入思考的产物。笔者从开始关注并思考软法以及党内法规至今已经走过了十余年的历程。十余年中，笔者已经由一个曾经沉迷于攻城略地、披荆斩棘的学界追风少年落寞转为一个早就看淡了人世繁华而再没有多少雄心壮志的沧桑大叔，早已经没有了“一脉豪情展雄风，两腔热血溅功名”的威武与“纵使奇志今不在，也留豪迈贯斜阳”的雄壮，甚至也早没有了“我将痴心空对月，醉看落花总无情”的无聊与无奈。岁月的风烟除了在笔者眼角吹下了难以抹去的鱼尾纹与无法言说的疲累，更在笔者内心沉下了对于学术乃至人生的丰厚积淀。

最后，由于阅历、精力以及水平、时间等诸多方面的限制，本书难免存在一些不足甚或勘误之处。笔者在此恳请学界同人以及从事实务工作的同志不吝指正，以帮助笔者在党内法规研究方面能够有进一步的提高！

刘长秋

2025年3月于上海